FRANK J. KINSLOW

El SISTEMA KINSLOW

editorial Sirio

Si este libro le ha interesado y desea que lo mantengamos
informado de nuestras publicaciones, puede escribirnos a
comunicacion@editorialsirio.com,
o bien registrarse en nuestra página web:
www.editorialsirio.com

Título original: THE KINSLOW SYSTEM
Traducido del inglés por Elsa Gómez Belastegui
Diseño de portada: Editorial Sirio, S.A.

Para oír la radio de Hay House, conectar con www.hayhouseradio.com

EDITORIAL SIRIO, S.A.
C/ Rosa de los Vientos, 64
Pol. Ind. El Viso
29006-Málaga
España

NIRVANA LIBROS S.A. DE C.V.
Camino a Minas, 501
Bodega nº 8,
Col. Lomas de Becerra
Del.: Alvaro Obregón
México D.F., 01280

ED. SIRIO ARGENTINA
C/ Paracas 59
1275- Capital Federal
Buenos Aires
(Argentina)

www.editorialsirio.com
sirio@editorialsirio.com

I.S.B.N.: 978-84-7808-855-3
Depósito Legal: MA-2050-2013

Impreso en Imagraf

A mis lectores, con inmensa gratitud

Introducción

Hola, y gracias por abrir este libro. Créeme si te digo que lo que sostienes ahora en las manos puede influir inimaginablemente en tu vida a muchos niveles y de una multitud de maneras distintas. Me gustaría presentarme brevemente. Soy el descubridor y promotor del Quantum Entrainment® (QE™), una técnica revolucionaria que, en la actualidad, innumerables profesionales de la salud y personas de todo tipo han incorporado ya a sus vidas como algo natural y vital al mismo tiempo. A medida que leas estas páginas, irás descubriendo que el QE es más un amigo que una técnica. No proviene del exterior, sino de dentro de ti, de un lugar que existe mucho más allá de la mente y que es morada de la paz y la armonía. El QE es un retorno a nuestra esencia más primigenia, en la que se encendió la primera chispa de individualidad en el amanecer de la conciencia. Es un reconocimiento, místico y mundano, sutil e imperioso, imbuido de compasión por la condición humana. Es nuestro, y está a un latido de distancia.

No es que me propusiera crear una técnica de sanación universal (explico con más detalle cómo descubrí el QE en «La historia de nada y de cómo cambió el mundo», que encontrarás casi al final del libro), pero debido a la singular historia de mi vida y a un tenaz deseo de deshacerme de todo aquello que no fuera útil, el proceso que hoy en día se conoce como Quantum Entrainment afloró y se fue expandiendo en mi conciencia como una burbuja que emergiera del fondo de un estanque. ¡Pop! Y eso fue todo. Había nacido el Quantum Entrainment. Llegó plenamente formado, y listo para hacerse cargo de este mundo de caos, conflictos y dolor. Pronto, le siguieron los Principios Universales del Vivir Lúcido para inspirarnos y guiarnos más allá de nuestras vidas limitadas y del sufrimiento colectivo que hemos llegado a aceptar como normal. El Quantum Entrainment, su aplicación en la vida cotidiana y los Principios Universales constituyen los tres pilares del Sistema Kinslow™.

El sistema Kinslow nos ofrece las herramientas e instrucciones básicas para que podamos no solo elevarnos por encima de las calamidades y conflictos de la vida, sino transmitir además a otros nuestra alegría recién descubierta. La humanidad no ha llegado al final de su proceso evolutivo. En los momentos de silencio, cuando vemos el sufrimiento que inflama las almas de este mundo, sabemos que ser humano significa mucho más de lo que estamos acostumbrados a creer. El Quantum Entrainment y el Sistema Kinslow, desde un promontorio que se alza entre la oscuridad y la belleza, esperan nuestro apasionado abrazo. Primero, debemos volvernos hacia dentro para apreciar nuestra propia divinidad; luego, no tenemos más que alargar la mano y tocar la luz. Es así de simple.

Independientemente de cuánto profundicemos en la vida o en cuál de sus infinitos niveles elijamos examinarla, siempre encontraremos, en la raíz de todo, el Principio de la Quietud Dinámica. Este principio explica que el movimiento nace de la quietud, que la energía erupciona de la nada y que el orden es inherente al desorden. La vida, en todas sus manifestaciones, es reflejo de estas dos cualidades aparentemente opuestas: la quietud y la actividad. Por eso, un estudio de la vida, de tu vida y de la mía, estará incompleto si no tiene en cuenta las dos fuerzas que intervienen en este principio.

El Sistema Kinslow está estructurado precisamente de acuerdo con él. Es un sistema completo que aplica sin esfuerzo esta ley para la plena realización de todo tu potencial. Aplicar las técnicas que constituyen el Sistema Kinslow afectará literalmente a cada aspecto de tu vida. Es tan normal, tan fácil de aplicar, tan sencillo que más de una vez descubrirás una mejoría en facetas de tu vida que ni siquiera sabías que necesitaran mejorarse. Es extraordinario y completamente natural.

El Sistema Kinslow está basado en los Principios Cuánticos para un Vivir Lúcido. Los Principios de la Resonancia Cuántica (QE) son indicadores de aplicación universal colocados a lo largo del camino para vivir con plenitud y sin sufrimiento. Cada principio integra las circunstancias de tu entorno cotidiano con esa parte de ti que es tu esencia; de ese modo, tu esencia íntima e ilimitada, que existe más allá del tiempo y el espacio, se convierte en los cimientos sobre los que edificarás una existencia dinámica, satisfactoria y coronada por la abundancia. Descubrirás que siempre puedes recurrir a los principios del QE, por muy caótica o insoportable que tu vida se vuelva.

Además de estos principios cuánticos, el Sistema Kinslow tiene dos ramas de conocimiento principales: las enseñanzas internas, que te ayudarán a explorar el misterio y la magia de tu esencia, es decir, la cara silenciosa de la vida, y la rama dirigida al exterior, de conocimientos orientados a la acción. La cara silenciosa del Sistema Kinslow engloba todas las técnicas de Quantum Entrainment –la «triangulación» del QE, el QE refinado, la intención del QE y los conceptos de eumoción («emoción eufórica») y conciencia del Ser–, mientras que el lado activo comprende todas las aplicaciones de estas técnicas –entre ellas el QE emocional y a distancia, el QE de grupo para la paz mundial, el QE para niños y el QE para las relaciones y los problemas económicos, para amar, trabajar, dormir e incluso cepillarte los dientes–. En este libro encontrarás todas estas aplicaciones y muchas más. Cuando practicas el Sistema Kinslow, vives en abierta armonía y empiezas a hallarte muy cerca de ser plenamente humano.

Aunque las técnicas y ejercicios del QE son de por sí enormemente efectivos, no he querido que este libro sea simplemente un eco de las obras anteriores, de modo que he añadido cinco capítulos totalmente nuevos y más de veinticuatro nuevas aplicaciones para que rejuvenezcas y regeneres tu vida. Estas aplicaciones te abrirán a vibrantes panoramas que estoy seguro de que te servirán de estímulo e inspiración. Podrás acceder a innumerables experimentos de percepción consciente, ideados para mejorar tu pericia y refinar tu apreciación de la conciencia pura, la eumoción y, en última instancia, este regalo inestimable al que llamamos vida. ¿Y todo esto para qué? Indudablemente, para enardecer la pasión de ser plenamente humano.

Este libro responde a las preguntas «¿quién soy» y «¿cuál es el propósito de mi vida?» al ofrecerte acceso directo a tu existencia –desde la nada de la conciencia pura hasta sus abundantes e infinitas formas que moldean el mundo en el que vives– y medios para sanarla a todos los niveles. Leerlo te revelará lo que significa ser plenamente humano, y cómo vivir luego esa plenitud. El 99% de los humanos estamos viviendo solo la mitad de nuestra vida, y, sin embargo, desarrollar nuestro pleno potencial no es tan difícil como podrías imaginar. De hecho, no es nada difícil. Resulta que vivir en plenitud es en realidad bastante sencillo.

En el capítulo 1, vas a conocer cinco de los principios cuánticos para ser plenamente humano y se te mostrará lo sencillo que es traer a tu vida armonía, crecimiento y prosperidad. En este primer capítulo se identifican nuestras preocupaciones más básicas, derivadas de los principales problemas a los que hemos de hacer frente a diario en este mundo caótico y, con frecuencia, muy poco cordial. En los capítulos siguientes, aprenderás a eliminar en la práctica esos problemas con los mínimos aspavientos y el máximo disfrute. Este libro es una guía práctica para mejorar... ¡para mejorarlo todo! Úsalo para desembarazarte de algunos aspectos y añadirle otros, para modificar tu vida y afinarla, y, en definitiva, para edificarla sobre los inequívocos principios del cambio, el crecimiento y la prosperidad.

Las técnicas y ejercicios que describo en este libro están tomados de cuatro de mis obras anteriores: *La curación cuántica*, *El secreto de la vida cuántica*, *La eumoción* y *Beyond Happiness*, y, como su principal objetivo es la experiencia, he reducido al mínimo las disquisiciones de tipo filosófico.

El libro está dividido en tres secciones. La primera parte está compuesta principalmente por material extraído de *La curación cuántica* y *El secreto de la vida cuántica*. Si has leído ya estas dos obras, buena parte de lo que encuentres en esta te servirá de repaso, pero ten cuidado, porque hay también material completamente nuevo –un ejemplo es el capítulo 5, «Meditación de un minuto»–. Te sugiero que releas todas las técnicas, y de ese modo no pasarás por alto los detalles y las nuevas ideas que aporta este libro. Si es la primera vez que lees una de mis obras y te gusta ir directamente a lo que te interesa, saltándote páginas y capítulos, puedes hacerlo, pero te recomiendo encarecidamente que leas y practiques todas las técnicas de la primera parte, capítulo a capítulo, respetando el orden en que aparecen. Luego, lee al menos los capítulos 20, «Cómo tener una intención del QE» y 21, «Intención del QE para poner fin al sufrimiento emocional». Después de eso, puedes leer, con toda libertad, el resto de los capítulos en el orden que más te interese.

✦✦✦

La primera parte te dará a conocer la triangulación y las técnicas refinadas del Quantum Entrainment, dos procedimientos que constituyen el pilar de la experiencia del QE;

en ella te propongo además unos sencillos ejercicios que te proporcionarán una experiencia práctica de esas técnicas.

En la segunda parte, conocerás tres de las herramientas que con más eficacia pueden ayudarte a lograr plenitud y a liberarte del sufrimiento: la eumoción, la conciencia del Ser y la intención del QE, de un alcance y poder extraordinarios. En el capítulo 27, «Cómo crear la relación perfecta», te embarcarás en la que estoy seguro de que será una apasionante exploración personal del misterio que entrañan las relaciones interpersonales y la destreza que exigen. En este capítulo descubrirás de un modo fácil y efectivo el proceso de tres pasos con el que crear relaciones espontáneas y basadas en el afecto.

La tercera parte te invita a practicar y jugar con más de treinta experimentos de QE, la mayoría de ellos presentados en letra impresa por primera vez. Algunos de los temas que encontrarás son QE para el hambre y la sobrealimentación, el QE y el ordenador, cómo oler tu eumoción, los problemas con la gente, viajar con el QE, ayudar a los niños a eliminar el estrés, sueño e insomnio, ser consciente de tus estados de ánimo y muchos otros.

Me emociona particularmente presentarte el capítulo 58, «Cómo organizar un grupo de práctica del QE», en el que encontrarás una guía que explica paso a paso cómo constituir tu propio grupo de práctica, ya que no hay manera más rápida ni satisfactoria de disfrutar de lo que significa empezar a ser plenamente humanos que compartir el QE con otros individuos. En un grupo de QE, los resultados personales se magnifican y tienen un efecto reflejo exponencial en cada uno de los participantes. Los grupos de práctica intensifican la capacidad individual de sanar y de establecer armonía, a la vez que ofrecen la posibilidad de entablar relaciones profundas y valiosas con otros miembros del grupo. En esencia, en las páginas de este libro encontrarás cuanto necesitas para organizar tu propio grupo de práctica del QE.

Pero esto no es todo; te he reservado lo mejor para el final. El capítulo 59, «Programa de noventa días de QE», describe el programa ideal para que alcances el momento álgido del Quantum Entrainment y disfrutes a un tiempo de la dicha que acompaña al sosiego interior y del dinamismo y el éxito de la actividad externa. Piensa en los años que tienes y multiplícalos por cuatro. Ese es el número de períodos de noventa días que has vivido. Bien, simplemente con que tengas en cuenta las sugerencias que se te hacen en este único capítulo, puedes renovar tu vida por completo en uno más de esos períodos de noventa días. El QE no supone ningún esfuerzo; es más, por asombroso que parezca, solo de esa manera funcionará: sin hacer ningún esfuerzo. Y, finalmente, te diré que los dos últimos capítulos son el hilo que reúne las joyas de perfección que hay dispersas entre las páginas de este libro.

He disfrutado mucho escribiendo *El sistema Kinslow: el camino hacia el éxito, la salud, el amor y la vida*, y me hace feliz que lo estés leyendo en este momento. Con este libro como compañero, abrirás la puerta al placer, la alegría y el exuberante entusiasmo por la vida que existen dentro de ti para deleite tuyo y de todos los que te rodean. Léelo relajado y con sentimiento lúdico, y él te abrazará y, en un susurro, te hablará de la alegría de ser plenamente humano.

Dr. Frank Kinslow
Sarasota, Florida

Primera parte

TÉCNICAS DEL QUANTUM ENTRAINMENT

Capítulo 1

Empezar a ser plenamente humanos

¿Qué pensarías si te dijera que solo estás viviendo la mitad de tu vida? ¿Qué pensarías si te dijera que, con solo hacerte consciente de algo que ya tienes, podrías enriquecer tus facultades y talentos inconmensurablemente? ¿Y qué pensarías si te digo luego que podrías empezar a vivir tu vida al completo hoy mismo? ¿Te interesaría? Espero que así sea, ya que el crecimiento no supone ningún esfuerzo, sino que es expresión natural de la vida. Es saludable y humano explorar y expandirse, buscar el sentido y el propósito de nuestros actos y, en última instancia, descubrir qué melodía somos cada uno de nosotros en esta excepcional sinfonía a la que llamamos vida.

El libro que tienes en las manos te enseñará a hacerlo. Te presentará la otra cara de tu vida –esa cara que, en la mayoría de nosotros, aunque es fértil, en este momento se encuentra en barbecho–, y cuando descubras tu «otra cara», hallarás lo que te faltaba. Entonces, desde la plenitud recién descubierta, sembrarás las semillas de la salud, la prosperidad y la satisfacción, con lo que eres y lo que ya tienes.

Lo que estás a punto de aprender no tiene nada de místico ni de irreal; es una enseñanza que se basa en la observación científica, la experiencia directa y el sentido común. Se fundamenta en la máxima de que el conocimiento está formado por dos brazos inseparables que se apoyan mutuamente: la comprensión y la experiencia. A lo largo de este capítulo voy a hablarte de las leyes de la naturaleza, principios sencillos que, una vez comprendidos y asimilados, cambiarán tu vida para siempre. Y esto no es una fanfarronada sin fundamento, sino una realidad para miles de personas, de las más diversas culturas de todo el mundo. Los principios de los que hablo hacen referencia a lo que es igual en todos nosotros, y tienen el poder de plantarnos los pies con firmeza en el camino que lleva a ser plenamente humanos.

El resto del libro está lleno de ejercicios que te ayudarán a descubrir y a expresar tus deseos más profundos. Los principios son absolutamente evidentes y los ejercicios, de una efectividad inmediata. No te pido que me creas; dentro de unos minutos empezarás a comprobarlo tú mismo. La técnica principal del Sistema Kinslow es el Quantum Entrainment (QE), la Resonancia Cuántica. Ya sé que es un término científico de sonido rimbombante, pero no dejes que eso te asuste; el QE es un proceso sencillo, igual de natural que respirar. Si estás leyendo estas líneas, tienes ya cuanto necesitas para empezar. Gracias a la sencilla técnica del QE, tu conciencia se abrirá con rapidez a la percepción de un significado más profundo y a una mayor apreciación, y pronto te alinearás con tus verdaderos deseos y metas supremas. Con solo un poco de atención y un poco más de trabajo, los dividendos serán asombrosos.

Principio de la Armonía Universal

Hemos oído decir muchas veces y de muy distintas maneras que la vida es equilibrio, que la vida es perfecta tal como es; pero ¿entendemos de verdad el sentido profundo de estas palabras? Normalmente, consideramos que nuestra vida está equilibrada si no trabajamos en exceso, y repartimos el tiempo y la energía que nos sobran entre la familia, el ocio, el enriquecimiento espiritual y algún rato en el que estar solos. Lo cierto es que esta es solo una parte de la historia, ya que se trata de un equilibrio relativo, de naturaleza superficial, que reduce apreciablemente nuestra productividad y, lo que es más importante, nuestra calidad de vida.

Una vez que aprendas lo que es el verdadero equilibrio, te resultará de lo más fácil llevarlo a la práctica en tu vida cotidiana, por la sencilla razón de que es natural y normal para los seres humanos vivir en equilibrio. Todos disponemos de las herramientas necesarias, solo que no las hemos utilizado como es debido. Pero eso va a cambiar muy pronto. A continuación incluyo un extracto de mi libro *Beyond Happiness: Finding and Fulfilling Your Deepest Desire* que te mostrará una manera efectiva de aplicar el Principio de la Armonía Universal.

La regla de dos

Un simple cambio de percepción mental puede eliminar gran parte de la confusión de tu vida. Deja que te ofrezca dos reglas muy sencillas que le ayudarán a tu mente a dar un giro que puede aliviar mucho del sufrimiento autoinfligido. A lo largo de mi vida de adulto, me he dejado guiar por estos dos sencillos y perspicaces axiomas, que me han proporcionado a la vez comodidad y dirección. El primero es el Principio de la Armonía Universal, y establece que «la vida es armonía», es decir, que siempre hay orden en el universo, incluso cuando parece que no lo hay. El segundo establece que «el mundo no es como yo lo veo», puesto que, habida cuenta de mi imposibilidad para conocer, sentir o percibir la totalidad de cualquier situación dada, mi comprensión ha de ser por fuerza incompleta. Estos dos sencillos aforismos han tenido una profunda influencia en mi evolución personal. Si el mundo no fuera armonioso, quizá tendría que aceptar como naturales el sufrimiento o las limitaciones, y si creyera que mi visión del mundo es completa, quizá pensaría que mi postura es la «correcta». Pero cada vez que me he quedado atascado o estancado, me he recordado a mí mismo que la vida es básicamente dichosa y que mi percepción presente no refleja esa realidad.

Pronto empecé a ver más allá de las apariencias. Poco a poco estas dos reglas tan simples me fueron persuadiendo de que aflojara los puños y dejara pasar la vida como si fuera una melodía serpenteante. De hecho, es una buena analogía. Cuando de verdad disfrutamos de la música es cuando dejamos que la melodía fluya a través de nuestra conciencia como un río. Si intentamos aferrarnos incluso a una sola nota, nos perdemos la sinergia de la composición. Y nuestras vidas son como la música: deberían fluir libremente; aferrarnos a personas, ideas y objetos interrumpe el flujo y arruina la melodía.

Tú y yo somos iguales, y al mismo tiempo completamente distintos. Nuestra igualdad nos une, y nuestras diferencias añaden dulzura a esa igualdad. Cuando estos dos opuestos encuentran el equilibrio, todo se beneficia de ello; esta ha sido siempre la fórmula para vivir de manera completa y próspera. Te digo esto no porque crea que no lo sabes, sino porque tal vez lo hayas olvidado. Si vivo en conformidad con estos dos principios, no es porque los haya extraído de alguna tediosa filosofía, sino porque me llegan de mi vida anterior, de cuando era niño. Estos dos principios son los faros de la niñez. Existían antes de que se nos enseñara lo que es el tiempo y antes de que el espacio se llenara de las herramientas «necesarias y prácticas» para triunfar en la vida. Pero si de verdad quieres explorar la validez que tienen para ti estas dos reglas tan sencillas, no empieces por recordar lo que has olvidado; empieza donde te encuentras en este instante, antes de que la memoria o la esperanza puedan tomar las riendas.

Principio de la Quietud Dinámica

El Principio de la Quietud Dinámica revela que el movimiento nace de la quietud, que la energía erupciona de la nada y que el orden es inherente al desorden. No es un principio del que normalmente seamos conscientes. Tendemos a atribuirle un gran valor a llevar las cosas a cabo, y no nos damos cuenta de que todo lo creado –el gas cósmico, las amebas unicelulares, los bolígrafos– procede en última instancia de la quietud absoluta. Es así: toda entidad, objeto y pensamiento existentes en la creación nacen de la quietud. La física cuántica ha identificado esa quietud, esa no energía inmóvil, como orden implícito. Se trata de la no forma de la que emerge toda forma, así como la interacción energética entre la infinitud de formas, por efecto del fuego de la creación, del intervalo entre cada pensamiento y el siguiente, intervalo que tiene lugar en todos y cada uno de nosotros generación tras generación.

Sin embargo, no basta con entender tan extraordinario principio; solo una vez que hemos entrado en contacto directo con esa no energía ilimitada podemos conectarnos con la armonía y el poder de la creación. Como pronto experimentarás tú mismo, la capacidad de establecer contacto con la quietud absoluta es inherente al ser humano; lo único que se precisa es un cambio de perspectiva. No son nuestros cuerpos ni nuestras mentes los que establecen el contacto, sino la percepción consciente de la quietud absoluta, exenta de complicaciones, que en su inocencia nos transforma, abriéndonos a un patrón de armonía, salud y amor.

Principio del reposo y el resurgir

El principio del reposo y el resurgir nos informa de que, cuando nos hacemos conscientes de la quietud, la vida se reorganiza a nuestro favor. Como ya he dicho, la vida tiene dos caras: la activa y la inmóvil o silenciosa, y cuando somos conscientes de la ella, aumenta la abundancia de la primera. Tradicionalmente, aprobamos el lado activo e ignoramos el silencioso; quizá imaginemos que, con dormir bien por la noche y pasar unos minutos hojeando el periódico tranquilamente mientras nos tomamos una taza de café, ya hemos cubierto la cuota de descanso diario. Nada más lejos de la realidad.

Es muy probable que vivas en una sociedad industrial fascinada y obsesionada con *hacer*. Piénsalo un momento: ¿cuántos ratos hay a lo largo del día en que no hagas absolutamente nada? Si permaneces unos minutos sin realizar ninguna actividad, normalmente es debido a circunstancias ajenas a ti. Tal vez te ves obligado a esperar a alguien que llega tarde a una reunión o te encuentras inesperadamente con unos minutos libres. ¿Y qué ocurre entonces? Buscas algo que hacer, ¿me equivoco? Tomas un libro o una revista y empiezas a leer, compruebas si hay algún mensaje nuevo en el buzón de voz o escribes un mensaje de texto contando lo aburrido que estás, sentado esperando a que ocurra algo. Cuando aplicas el Sistema Kinslow, es imposible que te aburras.

Por una u otra razón, se encuentra ya muy arraigada en nuestra psique la idea de que debemos estar siempre en movimiento. Tenemos la sensación de que, si no hacemos algo, estamos perdiendo el tiempo; puede que incluso nos sintamos culpables por ello.

«Es lo natural. ¿Cómo, si no, vamos a evolucionar y a hacernos seres humanos más eficientes? Y, a fin de cuentas, la naturaleza aborrece el vacío», alegarás en tu defensa. Te diré que, aunque esto sea cierto en lo que respecta a la naturaleza, esa no es tu verdadera naturaleza. «Pero ¿no acabas de decir que hemos nacido para evolucionar?», protestarás. Es cierto; sin embargo, si queremos saber lo que es ser plenamente humanos, tenemos que empezar por hacer algo inaudito, algo que sabemos que es absolutamente verdad pero que hasta ahora tristemente hemos ignorado. Debemos descansar.

Mucha gente piensa que, a mayor actividad, mayor éxito. Creen que trabajar hasta caer rendidos es la mejor manera de conseguir lo que desean. No obstante, a menos que lo que quieran sea una vida estresada, plagada de relaciones rotas y crecientes problemas de salud, están equivocados. El éxito, en su sentido más profundo, se basa en el descanso. ¿Qué significa esto? Significa sencillamente que un cuerpo y una mente descansados serán más productivos que un cuerpo y una mente que no se permiten descansar. ¿Que a qué me refiero por descanso? Me alegro de que lo preguntes.

Los seres humanos distinguimos por lo general tres niveles principales de descanso, que corresponden al estado de vigilia, de sueño y de sueño profundo. Cuando estamos despiertos, la mente y el cuerpo se encuentran más activos que cuando estamos profundamente dormidos; cuando soñamos, no se hallan tan activos como cuando estamos despiertos ni tan en reposo como cuando estamos sumidos en el sueño profundo. Sin embargo, en el número de la revista *Science* del 27 de marzo de 1970, el doctor Robert Keith Wallace publicó un artículo que hablaba de un cuarto estado de reposo, aún más acentuado que el sueño profundo. Lo llamaba «estado fisiológico hipometabólico de vigilia», aunque, para una mayor comprensión, se puede simplemente decir que es un nivel de reposo muy, muy profundo. Lo interesante es que mientras experimentamos este estado, a diferencia de lo que ocurre en el sueño profundo, la mente permanece en realidad muy alerta.

En trabajos posteriores, el doctor Wallace mostró que este estado de reposo muy, muy profundo era muy, muy beneficioso para nuestro cuerpo, nuestra mente y nuestra capacidad de llevar una vida productiva y satisfactoria. Se ha demostrado que el hecho de ser conscientes de este estado de reposo sumamente profundo crea un equilibrio en los otros tres estados de reposo. Por tanto, no es un lujo, sino una necesidad, experimentar este cuarto estado de descanso, pues, como ya sabes, el equilibrio es imprescindible para poder ser plenamente humanos.

Quizá tu pregunta ahora sea: «¿Y qué puedo hacer para experimentar ese estado? ¿Tengo que sentarme con las piernas hechas un nudo, correr quince kilómetros al día, practicar el pensamiento positivo?». No, no y no. Cuando pasas de un estado de reposo a otro, se trata de una función natural del cuerpo-mente, ¿no es cierto? Si estás cansado y te quieres dormir, lo único que tienes que hacer es dejar de moverte, y te quedarás dormido de un modo natural. Con la misma naturalidad, pasas del sueño profundo a los estados de sueño, de forma rutinaria y sin esfuerzo y, cuando has descansado lo suficiente, te despiertas. Bien, el estado de profundo reposo es también natural, y por tanto se experimenta sin hacer ningún esfuerzo.

Sin hacer ningún esfuerzo significa que no es necesario que intentes nada. ¿Has tratado alguna vez de quedarte dormido? ¿Y qué ha sucedido? Que el esfuerzo de intentar quedarte dormido te mantenía despierto, ¿a que sí? Lo mismo ocurre en este caso. Si intentas experimentar el nivel de reposo más profundo, no lo conseguirás.

«Ya, pero ¿cómo puedo hacer algo sin intentar hacerlo?», preguntarás ahora. Aquí es donde entra el Quantum Entrainment. El QE te enseña a pasar, de modo natural, del estado de vigilia al más profundo estado de reposo. Como decía anteriormente, es una función natural de los seres humanos, pero una función que llevamos mucho tiempo ignorando. Habría sido tarea de nuestros padres y profesores enseñarnos a hacerlo, pero ellos no conocían este estado, porque sus padres y profesores tampoco lo conocían. Desarrollaré esta idea en páginas posteriores, pero, por ahora, vamos a centrarnos en descubrir y experimentar este estado de profundo reposo en nosotros mismos.

Antes de quedarte dormido de modo natural, eres consciente de que estás cansado. Luego, cuando te despiertas, eres nuevamente consciente de que el período de dormir ha terminado y es hora de empezar el día. Para el tema que nos ocupa, no nos importa demasiado si estás a punto de dormirte o te acabas de despertar; lo que más nos interesa es de qué eres consciente al pasar del estado de vigilia al de sueño, y viceversa, así que vamos a dedicar un minuto a hablar de tu percepción consciente.

El aspecto más característico del estado de vigilia es que permanecemos conscientes, algo que no ocurre durante el sueño profundo y la mayor parte del tiempo en que soñamos.

Si eres como la mayoría de la gente, durante las horas de vigilia tu percepción consciente parece vagar por la mente absorta en los pensamientos. Es como si te dejaras llevar por una especie de piloto automático hasta que necesitas centrar tu atención con más claridad, como cuando conduces un automóvil: la mayor parte del tiempo la mente está en otra parte, pero en cuanto ves encenderse las luces de freno del coche que hay delante, tomas conciencia al instante del aquí y el ahora.

La percepción consciente es también el punto crucial para entrar en el estado de profundo reposo. De hecho, atraviesas por él cada vez que cambias de un estado de reposo a otro. Cuando pasas de estar despierto a estar dormido o de estar dormido a empezar a soñar, siempre entras suavemente en el nivel de reposo más profundo que existe entre ellos. Es como tener tres estanques. El primero sería una piscina; el segundo, una bañera de agua caliente, y el tercero, un tanque de flotación en el que te ves privado por completo de actividad sensorial.

La piscina representa el nivel de vigilia, de actividad; la bañera de agua caliente, que te ayuda a liberar las tensiones físicas y emocionales del día, sería el estado de sueño, y el tanque de flotación, en el que queda en suspenso toda actividad sensorial constituiría, por supuesto, el sueño profundo. Si quieres ir de un estanque al otro, tienes que salir de aquel en el que te encuentras antes de entrar en el siguiente. Si, por ejemplo, quieres pasar de la piscina a la bañera de agua caliente, tienes que salir de una para entrar en la otra, y si quieres pasar de la bañera al tanque de flotación, debes salir de la primera y entrar en la segunda. Sencillo, ¿no? ¿Y qué ocurre cuando estás entre un estanque y otro? Sigues existiendo, pero no recibes los beneficios de ninguno de los tres depósitos de agua. Al pasar de uno a otro, te hallas en una especie de limbo. Esta analogía te ayudará a entender dónde se puede encontrar el nivel más profundo de reposo y, finalmente, cómo experimentarlo.

A veces notarás que, justo antes de quedarte dormido, la mente se vacía de pensamientos y sentimientos mundanos. Por unos momentos, permaneces en una especie de limbo en el que tu mente está despierta, pero no piensas en nada en particular. Es una percepción consciente momentánea, igual de delicada que de fugaz, un estado silencioso de tranquilidad que se disuelve con suavidad en la inconsciencia del sueño profundo. Cuando te despiertas de forma natural, tal vez notes también ese mismo estado de percepción consciente silencioso y tranquilo justo antes de que tu mente empiece a generar pensamientos sobre todo lo que debes hacer a lo largo del día que comienza. En la analogía de los tres depósitos de agua, este suave estado de percepción consciente sin pensamientos es como el momento en que pasas de uno a otro. Cada vez que pasamos de un estado de reposo a otro, atravesamos este pacífico estado de conciencia pura. Y esta es una buena forma de denominarlo: *conciencia pura*. A partir de ahora, es el nombre por el que me referiré al estado de más profundo reposo.

De modo que ahora conoces los cuatro estados de conciencia principales: la vigilia, el sueño, el sueño profundo y la conciencia pura. En el capítulo siguiente, empezarás a aprender cómo ser consciente de este último estado y «utilizarlo» para equilibrar tu vida en el camino que te lleva a hacerte plenamente humano. Pero no te apresures; antes de eso, todavía nos quedan unos cuantos principios básicos de los que hablar, y creo que sería una buena idea empezar por averiguar qué cantidad de descanso profundo, derivado de la conciencia pura, se necesita para equilibrar y mantener un estilo de vida muy activo.

Principio del Progreso

Una vez que el Principio del Reposo y el Resurgir empieza a formar parte de tu vida, el Principio del Progreso entra automáticamente en acción. Este principio revela que cuanta más quietud invites a tu vida, más organizada y dinámica será tu actividad.

Sus impactos se perciben de dos maneras muy claras. Por una parte, cuando la percepción consciente de la conciencia pura equilibre en tu vida los niveles de vigilia, de sueño profundo y de soñar, tu actividad será más ordenada y dinámica; por otra, un mayor orden y energía significan que tu nivel de éxito crecerá de manera apreciable y que ese éxito se conseguirá con más facilidad y rapidez. Vamos a dedicar un momento a ver cómo funciona en realidad el Principio del Progreso.

Si una noche hemos dormido poco, lo que hagamos durante el día siguiente será menos efectivo y placentero; si dormimos bien, nos sentimos revitalizados y ocurre todo lo contrario. Las tareas que, cuando estamos cansados, nos suponen un esfuerzo, las realizamos con sencillez y precisión si hemos dormido profundamente. Cuando estamos descansados, solemos ser menos negativos, el tiempo pasa más deprisa y quizá incluso nos descubramos caminando con más vitalidad mientras tarareamos una cancioncilla alegre. Este es un ejemplo de cómo un descanso profundo tiene como resultado una actividad más energética y satisfactoria. No cabe la menor duda de que, cuanto más descansados estamos, más energética es nuestra actividad. Hasta ahora, el descanso más profundo que conocíamos era el del sueño profundo. Y es que, curiosamente, aunque la conciencia pura, el nivel de reposo más profundo, sea igual de natural que los otros tres, parece que nos hubiéramos olvidado de que existe. Y aquí es donde entra el Quantum Entrainment.

Cuando practicas el QE, «recuerdas» la conciencia pura, te haces consciente de ella mientras estás despierto. Esto no es del todo exacto, pero vamos a dejarlo así por el momento, pues te ayudará a entender lo que sigue; ya ajustaré tu forma de pensar una vez que hayas tenido la experiencia real de la conciencia pura y estés preparado para incrementar tu energía y, como consecuencia, mejorar tu productividad.

Es cierto que experimentamos la conciencia pura cada vez que pasamos de un estado de reposo a otro, pero, si no nos percatamos de ella cuando está presente, no nos sirve de herramienta para conseguir mayor prosperidad, productividad y disfrute. Es como si una persona tiene sed, se acerca a un pozo de agua fresca y hunde en él su cuenco boca abajo. Al sacarlo, estará vacío. Del mismo modo, para llenar nuestro cuenco llamado «ser plenamente humanos», tenemos que darnos cuenta de la existencia de la conciencia pura, y eso es lo que nos enseña a hacer el Quantum Entrainment. Al practicar QE durante las horas de vigilia, inmediatamente nos percatamos de la conciencia pura. Esta técnica nos enseña a experimentar el nivel de descanso más profundo mientras pensamos, actuamos y vivimos. ¿Te das cuenta de lo que esto significa? Hemos añadido el silencio absoluto de la conciencia pura para que apoye el lado dinámico de la vida, que se vuelve completa. Ya no estamos desequilibrados; hemos dejado de ser una pirámide de actividad frenética colocada en posición invertida, que se tambalea hacia un lado o hacia otro según la índole de los acontecimientos. Ahora la base de nuestra pirámide está firmemente asentada en la conciencia pura, y sobre esos cimientos del reposo más profundo, creamos, vivimos y amamos al completo.

Naturalmente, tu pregunta ahora es cuánto trabajo implica practicar el Quantum Entrainment y experimentar el nivel más profundo de descanso estando despiertos. La respuesta es que casi ninguno. Recuerda que percatarse de la conciencia pura es un acto natural, y eso significa que ya dispones de todo lo necesario para llevarlo a cabo. Que no lo hayas hecho en el pasado no quiere decir que no sea natural; de hecho, resulta más difícil no ser consciente de la conciencia pura que serlo. Míralo así: ¿cuánto te cuesta quedarte dormido cuando estás cansado? No supone ningún esfuerzo, ¿verdad? Basta con que dejes de moverte y te tiendas el tiempo suficiente como para que el sueño se apodere de ti. Lo único que haces es crear las condiciones apropiadas para dormir, y a partir de ahí el proceso es automático. Pues bien, exactamente lo mismo sucede cuando te haces consciente de la conciencia pura.

Cuando practicas el Quantum Entrainment, creas las mejores condiciones para experimentar la conciencia pura. Es como ofrecer una cama a una persona cansada: una vez que se acuesta, se quedará dormida con total naturalidad. Lo mismo sucede con el QE: experimentas la conciencia pura sin el menor esfuerzo. Y ahora que te has dado cuenta de la conciencia pura, ¿qué tienes que hacer? La respuesta es: nada. ¡Como lo lees! Una vez que eres consciente de la conciencia pura, no necesitas hacer nada más. Lo mismo que el cuerpo y la mente rejuvenecen cuando duermes profundamente, la percepción de la conciencia pura te rejuvenecerá y energizará, y organizará completamente tu vida del modo más natural, sin que hagas ningún esfuerzo. Hay a quien le parece increíble. A mí lo increíble me parece que hayamos ignorado la cara silenciosa de nuestra vida en favor de la actividad eternamente creciente y el sufrimiento derivado de ella.

Vamos a continuar. Sé que estoy a punto de extralimitarme con la analogía que antes utilicé, pero te pido un poco de paciencia, porque hay algo que necesito explicarte. Imagina que nunca te hubieran enseñado cómo quedarte dormido. Día tras día, cuando te sentías agotado, te animaban a seguir trabajando, a mantenerte activo, para que la productividad fuera mayor, con el fundamento de que, si dedicabas unas horas a dormir, sería un tiempo desperdiciado que podrías haber dedicado a conseguir algo «práctico». Harías lo que se te había enseñado y te forzarías a estar siempre activo, negándoles a tu cuerpo y a tu mente el restablecimiento que ofrece el hecho de dormir. Supongamos ahora que la falta de sueño y el desequilibrio llegasen a tal punto que todos los aspectos de tu vida reflejasen el esfuerzo y el abatimiento. Empezarías a tener problemas digestivos, sobrepeso y, con el tiempo, aparecerían los problemas cardíacos o la diabetes; se te embotarían las facultades mentales, te sentirías aturdido y disperso, y vivirías en un estado de irritabilidad constante, al borde de la ira, o caerías en una depresión. Para escapar de todo ello durante unas horas, te harías adicto a la televisión, a la comida, al alcohol o a las drogas, o, por extraño que parezca, a más actividad. Sentirías que tenías que estar continuamente ocupado porque, de otro modo, se apoderaría de ti un cansancio terrible. ¿Te suena lo que digo? Claro que sí. Acabo de describir al hombre moderno de la sociedad industrializada, sobrecogido por la velocidad y la diversidad que envuelven el simple hecho de levantarse de la cama por la mañana.

Claro que sabes que todas estas enfermedades y distorsiones son una aberración. Y sabes también que una sola noche de sueño reparador contribuiría notablemente a curarlas de un modo natural, y que dormir la noche entera de forma normal encendería en cada uno de los rincones de tu cuerpo una chispa de energía y una renovada pasión por la vida.

Lo único que has hecho para activar la curación ha sido equilibrar el estado de actividad con el descanso relativo de los estados de sueño y de sueño profundo. Invocas el Principio del Éxito Creciente, y la armonía se restablece sin que hagas ningún esfuerzo. No necesitas intentar reparar tus relaciones, pues lo que les faltaba era la energía inmensa del amor que nace de vivir en equilibrio. Tu cuerpo y tu mente responderán con rapidez a la influencia sanadora del sueño regular. La irritabilidad y la depresión se esfumarán, y estarás en el camino de sanar todo lo que tiene que ver contigo: tus relaciones, tu trabajo, tu familia, tu cuerpo, tu mente y tu alma.

¿Te das cuenta de que no era necesario que te ocuparas de cada síntoma individual cuando el problema era la falta de sueño? Basta con añadir la cantidad de sueño necesaria para equilibrar la sobreactividad, y los síntomas desaparecen por sí solos. Exactamente lo mismo sucede cuando empiezas a percatarte de la conciencia pura. Recuerda que, sin ella, la vigilia, el sueño y el dormir se hallan en un estado de relativo desequilibrio; necesitan que la conciencia pura los complete. Del mismo modo que el dormir y el soñar neutralizaban la sobreactividad y la fatiga, la conciencia pura pone fin al desequilibrio de los estados de vigilia, de sueño y del sueño profundo. En cuanto te haces consciente de este cuarto estado, la sanación se lleva a cabo automáticamente dentro de ti, y los síntomas que sufres empiezan a desaparecer de inmediato.

¿Que por dónde empiezas? Empiezas por practicar el Quantum Entrainment, por supuesto. El QE abre tu percepción a la conciencia pura, equilibrando de forma natural todas las áreas de actividad interior y exterior. Después, no tienes más que sentarte cómodamente y observar cómo se despliegan los pétalos de tu mundo a la luminosa alegría de comenzar a ser plenamente humano.

Principio del Vivir Lúcido

El Principio del Vivir Lúcido demuestra que, cuando eres consciente de la quietud durante la actividad, lo cual se conoce también como conciencia del Ser, en ese momento te hallas en completa armonía contigo mismo y con todas las demás manifestaciones de la creación. Eres plenamente humano. Cuando equilibras el profundo reposo que acompaña a la percepción de la conciencia pura con la actividad, creces en plenitud.

La progresión suprema del hombre es la plenitud. El progreso humano encuentra su compleción en la plenitud, que consiste en un equilibrio a todos los niveles funcionales: mental, emocional, físico, espiritual, social, etcétera. Si hay algo en lo que la mayoría de nosotros podemos estar de acuerdo es en que el ser humano está desequilibrado, y una de las razones de ese desequilibrio es que acostumbramos a medir el progreso en términos muy limitados y superficiales. Las definiciones comunes de progreso incluyen la idea de una continua innovación científica o una expansión global de los derechos humanos a todos los niveles de la sociedad, y, como consecuencia de ellas, la erradicación del hambre y la enfermedad, un mayor bienestar económico o el fin de la guerra. Resulta indudable que el desarrollo en cada una de estas áreas es señal de progreso, pero un progreso de naturaleza limitada, reducida. Incluso aunque combinemos las asombrosas innovaciones científicas y tecnológicas de los últimos cien años, los extraordinarios pasos que se han dado en materia de derechos humanos en todo el mundo y la reducción del hambre y la enfermedad, es raro encontrar un solo individuo que se sienta realmente satisfecho, es decir, alguien que haya aprendido a equilibrar la paz interior con el éxito exterior.

La plenitud, la verdadera satisfacción, no está más allá de nuestras posibilidades; al contrario, forma parte de nuestra naturaleza innata. No es que tengamos que trabajar más, aprovecharnos de los avances tecnológicos o lograr más dinero para sentirnos completos. La plenitud trasciende nuestra dependencia de las fuentes o recursos externos. Sin lugar a dudas, estos pueden intensificarla y enriquecerla, pero en ningún caso depende de ellos. La plenitud, la auténtica satisfacción, es cualidad única del ser humano, y el resto de este libro está dedicado a que aprendas a recuperar lo que es tuyo y hagas realidad esa plenitud. Antes de seguir adelante, vamos a explorar brevemente lo que es la plenitud y cómo puedes integrarla en tu vida con la mayor sencillez.

Cuando descansas más profundamente, no solo eres capaz de realizar con más energía cualquier actividad, sino que esa actividad es también más armoniosa. Como en el caso de todos los principios que he explicado hasta ahora, este tiene una aplicación universal. Toda la creación se expande o avanza sobre dos piernas, por así decirlo: una es la del descanso; la otra, la de la actividad. El ciclo de descanso y actividad es el motor básico de la creación y continuación del universo. Pero ya tienes una experiencia directa de cómo actúa este principio. ¿No se contrae y relaja tu corazón? ¿No te encuentras con una súbita quietud que te espera después de cada inspiración y espiración? Tu cuerpo tiene la necesidad de descansar al final de un día de trabajo. Cuando debes concentrarte en un problema, tu mente lo resuelve con más eficiencia si se le permite desconectar de él de vez en cuando y sumirse por unos momentos en pensamientos intrascendentes y más rejuvenecedores. Los primeros rayos de sol rasgan la quietud de la noche y llenan de caos el día. La Tierra descansa en invierno y florece en verano... Vemos por tanto que este principio de la actividad y el reposo rige cada uno de los procesos y elementos de la creación.

El Principio del Progreso está activo también detrás de lo que puede observarse, más allá de lo que alcanzan a percibir nuestros sentidos. Lo vemos en una ola, al nivel más fundamental de la creación. La ola sube y luego baja, pero justo después de acabar de subir y justo antes de empezar a bajar, está en reposo. ¿Recuerdas la cantidad de horas de disfrute que te ha dado la simple actividad de columpiarte en un columpio? ¿Te acuerdas de la emoción que vivías de niño al impulsarte hacia arriba con los ojos mirando al cielo? La fuerza del viento en la cara forzaba una sonrisa ancha, seguida de un grito de deleite. Y luego, por un instante, sentías una total ingravidez, suspendido en el aire con las manos aferradas aún más fuerte a las cuerdas que sostenían el asiento del columpio, con el que de pronto habías perdido contacto. Después la gravedad volvía a ejercer su vigilia casi constante, atrayéndote de nuevo al asiento, y el ciclo continuaba a la inversa. Esta es la alegría de la ola: ese momento de completo reposo al final de cada arranque de actividad.

Una ola, una onda marina, no es solo la fase activa ni solo la fase de reposo final. Una ola completa es ambas fases juntas, la activa y la de reposo. Las ondas crean además partículas subatómicas, átomos y moléculas, y, con ellos, toda una infinidad de objetos y energías que nunca llegaremos a conocer al completo. Todo está hecho de ondas y, por consiguiente, todo depende del reposo y la actividad para existir. Para que un árbol, una roca o una persona sigan existiendo y desarrollándose, deben atenerse a la simple fórmula del reposo y la actividad equilibrados. No atenerse a ella supone sucumbir a la Segunda Ley de la Termodinámica, por la cual empieza a degradarse hasta, finalmente, dejar de existir.

Es posible que pienses: «Sí, entiendo que esto pueda ocurrirle a una roca lunar o a un trozo de tarta de manzana, pero ¿cómo influye directamente en mí el Principio del Progreso?».

Creo que esta es una buena manera de entender el efecto directo que tienen la actividad y el reposo en tu felicidad, productividad y sentimiento de bienestar. Percibimos el mundo y reaccionamos a él a través de nuestros sentidos. Sabemos, sin embargo, que el nivel en el que funcionan nuestros sentidos es bastante basto en comparación con niveles de la creación más refinados. Las moléculas, los átomos y el componente más elemental de la creación, es decir, las ondas que los constituyen, escapan del alcance de nuestros sentidos. Sabemos que existen únicamente por su producto final: las montañas, las personas, las galaxias y, puede que lo más valioso de todo, una pizza recién hecha.

Los sentidos están enraizados en la mente, pero la actividad mental tiene naturaleza de onda y es, por tanto, más refinada que nuestros sentidos. Cuando un encefalógrafo mide la actividad cerebral, lo que determina son ondas cerebrales, cuyo resultado es la actividad mental. Y dado que la mente tiene naturaleza de onda, está familiarizada de un modo genérico con la unidad más fundamental de la creación: la onda. Tu mente es un puente que se extiende entre las formas del mundo exterior y la conciencia pura y sin forma. La mayoría de la gente recorre ese puente en un solo sentido: hacia fuera, hacia el mundo, y el Quantum Entrainment es una señal situada en el puente que te dirige hacia el lado silencioso de la vida, de regreso a la conciencia pura. Cuando te percatas de la conciencia pura, puedes cruzar el puente, adentrarte en los dominios del reposo más profundo y beber de su energía, armonía y sabiduría ilimitadas; y luego volver a cruzar el puente para gastar esa energía, armonía y sabiduría en los campos relativos de la vigilia, el sueño profundo y el sueño.

A título ilustrativo, podríamos decir que la conciencia pura es el banco en el que has depositado tu cuenta de ahorros, y esa cuenta tuya tiene acceso directo a los recursos ilimitados de la entidad bancaria, así que nunca te quedas sin dinero. En esencia, tú eres el banco. Si te llenas de conciencia pura los bolsillos y cruzas el puente hasta llegar a la tierra del reposo y la actividad relativos, poco a poco, o rápidamente, se te acabará. Y a medida que disminuye la moneda llamada conciencia pura –«la moneda de la vida»–, experimentas cada vez menos prosperidad y alegría, ya que el impulso que obtienes de los niveles relativos del sueño profundo y el sueño no es lo bastante fuerte como para ayudarte a alcanzar y mantener todo tu potencial y plenitud personal.

Supongamos que, cuando volviste del Banco de la Conciencia Pura, colocaste la mayor parte de tu «moneda de la vida» en una caja fuerte dentro de tu casa. Cada día gastas más conciencia pura en las actividades de trabajar, amar y holgazanear, así que cada noche, al llegar a casa, sacas de la caja fuerte suficiente conciencia pura como para hacer frente al día siguiente. Pronto te das cuenta de que te estás quedando sin recursos, y no tienes más remedio que atenerte a un presupuesto de energía muy estricto, cuyos síntomas son una menor cantidad de energía y de entusiasmo, trabajar más para conseguir menos, la sensación de que la vida ofrece más resistencia de lo habitual, aburrimiento y desasosiego, problemas de salud, un aumento del comportamiento adictivo y el sentimiento de que te estás perdiendo algo..., de que la vida tiene que ser algo más que lo que estás experimentando. En general, cuando andas pellizcando céntimos de conciencia pura, desaparecen la alegría espontánea y la pasión por la vida para dejar paso a una existencia de restricciones en el mundo relativo. Los beneficios que te reporta el descanso del sueño profundo y el soñar no son suficientes para respaldar tu derecho a explorar y acoger íntegramente la paz, el progreso y la prosperidad, que son los síntomas de la plenitud y del hecho de ser plenamente humano.

Tienes aparentemente dos planes financieros que te permitirán rebasar tu limitado presupuesto energético y retirar fondos directamente del Banco de Conciencia Pura. Digo «aparentemente» porque, en realidad, uno de los planes es ilusorio. La enseñanza tradicional dice algo parecido a: «Si sacas un poco de tiempo al día para acercarte al Banco de la Conciencia Pura y reaprovisionarte al completo, dispondrás de suficiente moneda de conciencia pura para gastar al día siguiente». Lo que esta enseñanza no toma en consideración es que tienes agujeros en el bolsillo y, mientras regresas del banco a las costas rocosas de la relatividad, vas perdiendo por el camino la mayor parte del dinero que retiraste de tu cuenta. Así que estamos convencidos de que tenemos que dedicar parte de nuestro tiempo a seguir haciendo el recorrido de ida y vuelta al banco durante muchos años –o, al decir de algunos sistemas filosóficos, durante muchas vidas– antes de que llegue el día en que, finalmente, hayamos atesorado todo el dinero que podemos gastar.

Esta idea ilusoria se ha perpetuado a lo largo de incontables generaciones, pero podemos poner las cosas en su sitio una vez que entendemos esta sencilla explicación. Como sabes, tu mente tiene naturaleza de onda, y eso significa que está familiarizada con la energía y con cómo crear formas; lo que no entiende ni puede entender es la naturaleza informe e ilimitada de la conciencia pura. Esta se encuentra más allá de la mente y escapa, por tanto, a su comprensión. La conciencia pura no está guardada en un banco; ella misma es el banco, el puente y todo lo creado más allá de él. Es ilimitada, y por tanto se halla en todas partes todo el tiempo.

A nosotros nos ha llegado el momento de trascender la idea ilusoria de ir atesorando cada vez más riquezas a lo largo del tiempo y de comprender que ya somos ricos aquí y ahora. Es el momento de que nos abramos a la realidad de ser lo que ya somos, y lo que ya somos es conciencia pura. Tampoco en esta ocasión voy a extenderme sobre esta comprensión de importancia vital, pues hablaré de ella con más detalle en capítulos posteriores. Por ahora, te basta con saber que la conciencia pura es el origen de todo, incluida tu mente, que la conciencia pura envuelve, sostiene e impregna toda energía y toda forma.

Probablemente hayas empezado ya a darte cuenta de la importancia de comprender esto, pues significa que este estado de máximo reposo está justo aquí, donde te encuentras en este momento mientras lees este libro, de modo que no necesitas cerrarlo e ir al Banco de la Conciencia Pura a retirar cierta cantidad; solo necesitas saber que ya eres multimillonario en términos de conciencia pura e, inmediatamente, empezarás a vivir en plenitud. Esta no es una filosofía romántica basada en la fe, la creencia o la esperanza. El QE se fundamenta en principios científicos sólidos, y puede reproducirlo cualquier persona consciente. O sea, tú. Una vez que hayas vivido unas cuantas experiencias de lo que se explica al principio de este libro, ser plenamente humano se convertirá en una absoluta realidad.

Lo que estoy diciendo es de una profundidad enorme. Por favor, presta atención, pues la comprensión de esta realidad es el eje alrededor del cual gira este libro –y, en definitiva, tu vida entera–. Lo que intento que entiendas es que puedes experimentar un nivel de reposo muy profundo incluso mientras estás lavando el coche, abriéndote paso entre el tráfico urbano para llegar puntual a una reunión importante o regateando el precio de la lechuga en el puesto de verduras del mercado. A diferencia de lo que sucede con el sueño profundo y el soñar, en este caso no es necesario que dediques expresamente cierto tiempo de inactividad a percatarte de la conciencia pura. Ahora puedes mezclar el nivel más profundo de reposo y el nivel de actividad más dinámico. Pronto te darás cuenta de que todo aquello que querías comprar con la moneda de la conciencia pura está en sí mismo hecho de conciencia pura. No hay necesidad de comprar nada, de dar energía a cambio de conseguir lo que deseas. Aprenderás a apreciar el reflejo de la conciencia pura lo mismo en una flor que en un neumático pinchado. Cuando así sea, habrás satisfecho el Principio del Progreso. Se trata del nivel de funcionamiento humano más profundo y más bello, y tienes ya cuanto necesitas para hacer que suceda.

Cuando fusionas estos dos niveles –el de máximo reposo, que corresponde al estado de conciencia pura, y el nivel de actividad más dinámica, perteneciente al estado de vigilia–, lo que haces de hecho es crear un inigualable quinto nivel de conciencia –al que denomino «conciencia del Ser»–, caracterizado por un sentimiento de profundo reposo interior, un sentimiento de paz, incluso mientras desempeñas cualquier actividad dinámica. En los siguientes capítulos, me extenderé más sobre esta condición humana absolutamente crucial y esencial, y después te enseñaré a experimentarla de inmediato y a integrarla en tu vida. ¿Por qué esperar muchas vidas, o incluso una sola, a conseguir lo que ya tienes?

«Vale, Frank, pero ahora me gustaría que dejaras de hablar y entráramos ya en cómo ser plenamente humanos», me contestas. Totalmente de acuerdo. Como manda la más pura tradición, que insiste en que los conocimientos deben ser fruto de la comprensión y la experiencia, tienes ya todo el conocimiento inicial que necesitas. El paso siguiente será un sencillo experimento seguido de una explicación breve, a la que acompañará un experimento más profundo y, luego, otra pequeña descripción que dará paso a un experimento de mayor profundidad todavía. Te recomiendo nuevamente que leas la primera y la segunda parte en este orden, pues te guiarán paso a paso a las experiencias más profundas, basadas cada una de ellas en la inmediatamente anterior. Para cuando llegues a la tercera parte, dispondrás ya de los conocimientos básicos para ser plenamente humano, por lo que, a partir de aquí, puedes elegir los experimentos que más te interesen independientemente del orden en que aparezcan en esta sección.

Lo he pasado muy bien hablando contigo, y estoy deseando transmitirte una sabiduría que, en esencia, has llevado contigo toda tu vida. Es un honor para mí llamar tu atención sobre la belleza, el poder y la alegría que albergas dentro de ti. Descubre personalmente tu esplendoroso Ser interior. Reconoce la dicha que eres con certeza absoluta. No pierdas nunca de vista esa conciencia preciosa y sumamente precoz, y haznos a los demás partícipes de ella. La conciencia pura se refleja en cada uno de nosotros de forma distinta; nos habla a su manera, invitándonos a que se la mostremos a otros. En este mundo fragmentado, con el brillo de tu Ser les hablarás tranquilamente a los demás sobre la sencillez, la dicha y la gracia de empezar a ser plenamente humanos.

Cinco principios del QE para vivir con lucidez

1. *Principio de la Armonía Universal*: la vida es equilibrio. La vida es perfecta tal como es.

   La regla de dos:
   - La vida es armonía.
   - El mundo no es como yo lo veo.
2. *Principio de la Quietud Dinámica*: el movimiento nace de la quietud, la energía erupciona de la nada y el orden es inherente al desorden.
3. *Principio del Reposo y el Resurgir*: cuando adquieres conciencia de la quietud, la vida se reorganiza a tu favor.
4. *Principio del Progreso*: cuanta más quietud acojas en tu vida, más organizada y dinámica será tu actividad.
5. *Principio del Vivir Lúcido (Conciencia del Ser)*: cuando eres consciente de la quietud durante la actividad, estás en ese momento en completa armonía contigo mismo y con todas las demás manifestaciones de la creación. Eres plenamente humano.

Capítulo 2

Milagros cotidianos

Colócate con suavidad la yema del dedo índice en el centro de la frente. Ahora presta mucha atención a lo que notas. ¿Qué siente el dedo al estar en contacto con la frente? ¿Qué siente la frente al estar en contacto con el dedo? ¿Cómo está el dedo, caliente o frío? ¿Y la piel, seca o grasa? ¿Sientes un latido en el dedo o en la frente? Presta atención, tranquila pero muy claramente, a lo que tiene lugar en el punto en el que se unen el dedo y la frente. Hazlo durante treinta segundos.

¿Cómo te sientes ahora? ¿Tienes el cuerpo un poco más relajado? ¿Y la mente un poco más tranquila? Sin duda, tu mente está más centrada, menos dispersa, ¿no? Antes de que empezaras a leer el párrafo anterior, tus pensamientos estaban en movimiento. Tal vez estabas ansioso por saber qué ibas a aprender en este libro, o pensaras en lo que has comido hace un rato o en lo que comerás más tarde. Quizá estuvieras recordando la conversación que has mantenido con un amigo o haciendo mentalmente los preparativos para el viaje de la semana que viene. Pero durante este sencillo ejercicio, tu mente se encontraba solo en el presente; tenías una percepción consciente simple y directa, y, como resultado, tu cuerpo se ha relajado y tu mente se siente más tranquila. ¿A qué se debe? ¿Cómo puede un ligero cambio de percepción consciente provocar una transformación inmediata y positiva en el cuerpo y en la mente?

Bien, me alegro de que lo preguntes. Recorre conmigo las páginas de este libro, sencillo y a la vez tan profundo, y aprenderás a utilizar el poder de la conciencia para transformar tu vida en todos los sentidos. Es así. Todos los aspectos de tu salud, tus finanzas, tu amor, tu trabajo y tu búsqueda espiritual rezumarán vitalidad y plenitud; y lo único que has de hacer para ello es aprender a ser consciente. Por cierto, aprender esto es tal vez lo más sencillo que cualquiera pueda hacer.

Si aprendes a ser consciente de la manera correcta, podrás curar dolencias físicas como, por ejemplo, un esguince de rodilla, un dolor de cabeza, una indigestión o dolores de las articulaciones, además de poner fin a las preocupaciones emocionales, entre ellas los celos, el pesar, la ansiedad y el miedo, o tomar las riendas de tu economía, tus relaciones y tu vida sexual. ¡Funciona incluso en los animales domésticos! El proceso que te voy a enseñar es simple, científico, se aprende con facilidad y es efectivo de inmediato. No necesitas sentarte en postura meditativa, contorsionar el cuerpo ni forzar la respiración para ajustarla a ningún patrón. No necesitas afiliarte a ningún grupo ni pagar ninguna cuota. Ni siquiera es necesario que creas en el proceso para que funcione, ya que está más allá de las creencias. Es el Quantum Entrainment, y está abriendo corazones y mentes de todo el mundo al poder armonizador de la conciencia pura, que vas a aprender a experimentar como lo más natural.

¿Cuento con tu atención? ¿Te he hecho dejar sobre la mesa el emparedado de pavo y limpiarte la mayonesa de la comisura de los labios? Bien. Porque atención es lo único que se precisa para hacer que funcione el QE. *Eso es todo*. Es así de simple. Voy a enseñarte a pasar de la mente multidireccional, atestada de pensamientos, al mar en calma de la conciencia pura para que puedas experimentar directamente lo que es estar libre de la agitación mental y la locura emocional. Como dice el *Bhagavad Gita*: «Un poco de conciencia pura libera al alma del miedo atroz». La sabiduría ancestral está justo delante de ti, dentro de las páginas de este libro.

He hecho algunas afirmaciones de mucho peso, y es algo a lo que no me atrevería si no pudiera refrendar mis palabras con acciones de mucho peso también. Creo que ya basta de teoría por ahora. Me gustaría que experimentaras los extraordinarios efectos que puede tener en tu cuerpo la conciencia pura. Sigue atentamente los pasos que te indico en los capítulos siguientes, y te quedarás asombrado de lo que ya eres capaz de hacer... Y esto es solo el principio.

Capítulo 3

Cómo hacer que nos crezcan los dedos

Levanta la mano, con la palma mirando hacia ti, y busca la línea, o arruga, horizontal que se extiende entre la mano y la muñeca. Localiza la misma línea horizontal en la otra mano y coloca las dos muñecas juntas de manera que las dos arrugas coincidan exactamente. Ahora une con cuidado las palmas y los dedos. Ambas palmas deberían estar perfectamente alineadas en posición semejante a la de orar.

Mira el modo en que están alineados los dos dedos corazón: o bien tendrán la misma longitud o uno será más corto que el otro. Para este ejercicio, tomaremos el dedo más corto, y, si ambos son igual de largos, puedes elegir el izquierdo o el derecho, el que prefieras.

A continuación separa las manos y colócalas sobre una mesa o sobre el regazo. Examina el dedo corazón que hayas elegido, hazte consciente de él y piensa: «Este dedo va a crecer». No lo muevas; simplemente sé consciente de él con toda tu atención. Hazlo durante un minuto entero. No necesitas volver a decirle que crezca; con una vez basta. Sencillamente, dale lo que necesita para hacer la transición: tu conciencia totalmente centrada. Durante un minuto, ese dedo recibe toda tu atención. ¡Y eso es todo!

Cuando haya pasado un minuto, vuelve a medir la longitud de los dos dedos valiéndote de la arruga de las muñecas para alinear las manos con exactitud como has hecho antes, y ¡abracadabra!, el dedo que has elegido es más largo. Asombroso. Es como un pequeño milagro. Pero san Agustín enseñaba que «los milagros no suceden en contradicción con la naturaleza, sino solo en contradicción con lo que *conocemos* de la naturaleza». Así que vete acostumbrándote, porque empezarás a hacer pequeños milagros a diario una vez que «conozcas» el secreto de la conciencia.

En el ejercicio del «dedo que crece», te has dicho a ti mismo lo que querías que ocurriera, ¿verdad? Tenías un solo pensamiento: «Este dedo va a crecer», y ha sucedido sin que realizaras ningún otro trabajo, mental ni físico; el único ingrediente que has añadido es tu conciencia, y es lo único que vas a necesitar jamás para conseguir lo que desees. Sé que cuesta creerlo, pero es verdad, y lo habrás comprobado por ti mismo para cuando termines de leer este libro. El ejercicio del «dedo que crece» no es Quantum Entrainment. El QE es mucho, muchísimo más que lo que acabas de experimentar; este ejercicio es solo un ejemplo de lo que puede suceder cuando intensificas tu grado de conciencia aunque solo sea ligeramente. La conciencia es la fuerza motriz de todo lo que conoces, ves y sientes, y una vez que seas consciente de ello, tu vida fluirá sin esfuerzo, como un río que se funde con el mar de todas las posibilidades. Cuando esto ocurra, volverás la vista atrás y, al contemplar tu vida, pensarás: «Yo soy el milagro».

Capítulo 4

Detener los pensamientos... ¡es muy fácil!

¿Te has preguntado alguna vez qué habrá en el fondo de la mente..., si entrar en contacto con la fuente de los pensamientos mejoraría tu vida sexual, tu salud y tu capacidad de amar y de vivir libre de preocupaciones? ¿De dónde provienen los pensamientos, y qué impacto tendría en tu vida cotidiana saber la respuesta a estas preguntas? Pues bien, resulta que descubrir la fuente de los pensamientos tiene de hecho una influencia decisiva e incalculablemente positiva en las relaciones personales, el éxito económico, la buena forma física y emocional, e incluso la vida amorosa. Es simplemente cuestión de traspasar los límites que a nuestros ojos separan la energía de la materia y experimentar lo que hay más allá. Todo lo que existe son formas de energía. Por ejemplo, la silla en la que tal vez estés sentado tiene suficiente energía como para mantener tus nalgas suspendidas a medio metro del suelo durante un período de tiempo indefinido. Y los pensamientos son formas de energía mental, chispas de espíritu, que prenden la mente y todo lo que tocan.

Los pensamientos no son igual de sólidos que las sillas, que el vello de los brazos o que los osos polares, pero existen, y por consiguiente tienen forma y energía. Y puesto que son creaciones, tienen que venir de algún sitio, pero en realidad ese sitio no está en ninguna parte; o, para ser más exactos, podemos decir que los pensamientos vienen de la nada, la nada de la conciencia pura. El doctor David Bohm, teórico de la mecánica cuántica, llamó a este campo de «nada» orden implicado. Si estás familiarizado con las filosofías orientales o religiosas, quizá lo conozcas por «vacuidad», lo que no tiene forma o sencillamente nada. Resulta por tanto que la fuente del pensamiento es la misma que la fuente de todo lo creado, el orden implicado de Bohm, la vacuidad, la nada infinita o lo que hasta ahora se ha llamado aquí conciencia pura.

Deja que te haga una pregunta: ¿se te han acabado alguna vez los pensamientos? Lo imaginaba. Si algo podemos decir a ciencia cierta sobre los pensamientos es que están presentes desde que respiramos por primera vez hasta nuestro último aliento. Y si los pensamientos son energía y nunca se agotan, es lógico suponer que la fuente del pensamiento sea un aporte de energía inagotable; por lo cual, parece que también tenga sentido suponer que podríamos beneficiarnos enormemente de entrar en contacto directo con nuestra fuente de pensamiento. Desde luego, no soy el primero en señalar esto. Los sabios llevan miles de años intentando despertar nuestro interés por este preciso ejercicio. Si lograrlo fuera posible, todos los aspectos de nuestra vida experimentarían una gloriosa transformación. Pues bien, agárrate porque ¡*es* posible!

Podemos hablar hasta hartarnos de teorías abstractas y rocambolescas filosofías, pero lo único que conseguiremos será fortalecer o debilitar una creencia. La experiencia es la madre de la ciencia, y es responsabilidad mía asegurarme de que consigues esa experiencia; así que vamos a empezar.

Ejercicio para detener el pensamiento

Siéntate cómodamente y cierra los ojos. Presta atención a tus pensamientos, y síguelos adondequiera que vayan. Simplemente, obsérvalos ir y venir durante cinco o diez segundos. Después, hazte la siguiente pregunta y luego estate muy atento a ver qué ocurre justo a continuación. La pregunta es: ¿de dónde vendrá el próximo pensamiento?

¿Qué ha ocurrido? ¿Se ha producido una breve interrupción en la corriente de pensamientos mientras esperabas al pensamiento siguiente? ¿Has notado un espacio..., una especie de intervalo entre la pregunta y el nuevo pensamiento? Tranquilo. Vuelve a leer las instrucciones y haz el ejercicio otra vez. Te espero...

¿Has notado ahora un ligero titubeo en la actividad de pensar, una pausa entre los pensamientos? Si estabas alerta inmediatamente después de formular la pregunta, habrás notado que la mente estaba esperando a que ocurriera algo. Eckhart Tolle, el autor de *El poder del ahora*, señala que este experimento recuerda a la actitud de un gato que está al acecho de una ratonera. Estabas despierto, a la espera, pero no había ningún pensamiento en ese intervalo. Quizá hayas oído que se necesitan muchos años de práctica estricta e ininterrumpida para vaciar la mente de pensamientos, y sin embargo tú acabas de hacerlo en cuestión de segundos.

Por favor, prueba a realizar el ejercicio otra vez. Ahora, hazlo durante dos o tres minutos con los ojos cerrados. Cada quince segundos aproximadamente, hazte la pregunta original o un sustituto de ella, como por ejemplo: ¿de qué color será el próximo pensamiento?, ¿a qué olerá el próximo pensamiento? o ¿qué sensación me producirá el próximo pensamiento? Lo importante no es la pregunta, sino prestar atención. Estate muy atento al intervalo cuando esté presente, y cuando no lo esté, búscalo. La atención pondrá de manifiesto el intervalo, el espacio entre pensamientos, que no es más que la fuente del pensamiento. Tal vez sea fugaz, pero aparecerá sin duda y, al irte haciendo consciente de esa pausa mental, empezará a obrar milagros en ti.

Bien, es el momento de que cierres los ojos y practiques el ejercicio entre dos y tres minutos. Te espero...

¿Has terminado? Estupendo. ¿Cómo te sientes ahora? ¿Notas cierta relajación en el cuerpo? ¿Se han ralentizado los pensamientos? ¿Tienes una sensación de quietud, de paz?

¿Cómo puede ser? Lo único que has hecho ha sido observar el espacio entre pensamientos, y automáticamente, sin ningún esfuerzo, el cuerpo se ha relajado y la mente está más tranquila. Eso es lo que ocurre cuando empiezas a funcionar y a vivir en niveles mentales más tranquilos. El cuerpo y la mente están en íntima conexión, y cuando esta última deja de pensar de forma atropellada, el cuerpo se relaja y se siente más descansado.

Permíteme que te haga ahora otra pregunta: cuando observabas el intervalo entre pensamientos, ¿estabas preocupado por pagar tus facturas, preparar la cena o no olvidarte del cumpleaños de tu pareja? Por supuesto que no; tu mente estaba tranquila y liberada de preocupaciones. Es imposible ser completamente consciente de NADA y sufrir miedo, ansiedad, remordimientos, culpa ni ninguna otra emoción discordante o destructiva. Con que te limitaras a aprender esta lección, es tal su eficacia que podrías modificar radicalmente el curso de tu vida y dirigirla hacia una mayor prosperidad, creatividad y amor. Pero aún hay mucho más.

Sigamos descubriendo qué otros exquisitos regalos esperan a nuestra percepción en este ejercicio tan revelador. En primer lugar, explícame qué había en el intervalo. ¿Cómo dices? Un poco más alto, por favor... Ah, has dicho: «Nada». Exactamente, en el intervalo no había nada. No había forma, sonido, color, olor..., ¡nada! O podríamos decir que había NADA en el intervalo, y estaríamos igualmente en lo cierto. ¿Empiezas a darte cuenta de la magnitud de este descubrimiento tan simple?

Si pensabas que eras tus pensamientos y emociones –tus recuerdos, esperanzas y miedos–, se trataba simplemente de otro pensamiento que llegaba. Los pensamientos y las emociones vienen y van; son relativos y momentáneos. Tú, tu esencia, eres infinitamente más de lo que tu mente pueda llegar a soñar, y acabas de demostrártelo.

Cuando el pensamiento se detuvo, ¿dejaste de existir? ¿Entraste en un coma o te quedaste inconsciente? Claro que no. Seguías estando ahí, ¿verdad? De modo que, si no eres tus pensamientos y seguías estando ahí, ¿quién eres? Parece una pregunta lógica, ¿no? Porque, si no sabes quién eres, todo lo que haces es insustancial, carece de fundamento; eres como una persona amnésica, que intenta vivir su vida pero en realidad no sabe quién es. Para plantarte con firmeza en los cimientos de la vida, tienes que saber quién eres. Y te garantizo que no eres principalmente una persona con un pasado y un futuro; te sorprenderá descubrir que eres de hecho ilimitado y que existes más allá del tiempo y los problemas.

Vamos a examinar un poco más de cerca cómo es que estás más allá del tiempo y los problemas. En el espacio entre pensamientos había NADA, y sin embargo tú seguías siendo consciente; estabas observando, cuando los pensamientos desaparecieron y apareció en su lugar el espacio. Sin embargo, ¿quién observaba ese espacio?

Veamos: no había nada, pero tú seguías siendo consciente. No había nada más que percepción consciente; no percepción consciente de algo, sino pura percepción consciente de NADA. ¿Entiendes? ¿Ves hacia dónde nos lleva esto? Si no había nada más que conciencia pura, eso significa que tú debes de ser esa conciencia pura. ¿Qué podrías ser, si no?

Si tu conciencia se identifica con tus pensamientos, recuerdos y planes de futuro, estamos hablando del «yo». El «yo» es la colección de elementos de tu vida. El «yo» es tu edad, tu sexo, tus gustos, tus predilecciones y tus recuerdos, pero nada de eso existe en el momento en que tu conciencia se vuelve hacia el interior y observa el intervalo entre pensamientos. Para observar, has de ser consciente, ¿no? Luego en el momento en que tu mente se desconectó, eras consciente de la nada a la que llamamos NADA. Ahora bien, te diste cuenta de que esa NADA no estaba vacía, sino llena de conciencia pura. Así que acabas de resolver el misterio de quién eres. ¡Eres conciencia pura!

¿Te parece imposible? No se pueden negar los hechos. Tu percepción directa te ha revelado que eres conciencia pura. Es así. Antes de que el «yo» naciera y se incorporara a la imagen que reconoces como tú, lo que había era la solitaria NADA universal de la conciencia pura. Párate y contempla por un momento el inmenso significado de lo que acabas de descubrir. Una vez más, te espero...

¿Estás admirado y asombrado de tu propia inmensidad? ¿Sientes, aunque sea levemente, tu naturaleza ilimitada y omnipresente? Un sentimiento liberador, ¿verdad?

Reflexionemos sobre esto un poco más. Acuérdate de algún momento de tu niñez, a continuación de tu adolescencia y luego de la edad adulta. Finalmente, mírate en el presente. En cada etapa de tu vida, tenías distintos gustos, deseos y metas, y tu cuerpo, tu mente y tus emociones eran también distintos; de hecho, nada se ha mantenido igual. ¿Qué es lo que ha permanecido inmutable desde la infancia hasta la edad adulta? Tu conciencia. En todas las etapas de tu vida –no, en todos los segundos de tu vida–, mientras tu cuerpo-mente estaba ocupado haciéndose lo que es hoy, tú, conciencia pura, eras, en vigilia silenciosa, un testigo atemporal.

En el ejercicio para «detener el pensamiento», has sido capaz de «entrar en ti», por así decirlo, y observar el proceso de pensamiento. Después, mientras esperabas («como un gato al acecho de una ratonera»), has observado el intervalo entre pensamientos. Has reconocido que ese intervalo era conciencia pura, y que esta es tu esencia ilimitada, los cimientos sobre los que reposa la parte de «yo» que hay en ti. Y si eres conciencia pura, que es en verdad infinita, no estás limitado a las dimensiones de tu mente. Tú, conciencia pura, deberías estar en todas partes todo el tiempo. ¿No crees? Y resulta que es así, y aquí tienes un ejercicio muy sencillo que puedes hacer para demostrárselo a tu «yo».

Capítulo 5

Meditación de un minuto

Ahora que has aprendido a detener los pensamientos, puedes utilizar este descubrimiento para aportar relajación, rejuvenecimiento y disfrute a tu vida. Estás listo para la «meditación de un minuto». Así es como te sugiero que la hagas: realiza el ejercicio para «detener el pensamiento» que aprendiste en el capítulo 4, formulándote una pregunta nueva cada quince segundos. Hazte cuatro preguntas, de modo que el tiempo total de la meditación sea de un minuto. Las preguntas pueden ser cualquiera de las que aprendiste en el capítulo 4 u otras que a ti se te ocurran. No es la pregunta, sino tu percepción consciente, lo que tiene el poder. Hazte la pregunta y espera con expectación a ver qué ocurre... que, por supuesto, será NADA.

Puedes practicar la «meditación de un minuto» con los ojos abiertos o cerrados. En un principio, quizá te resulte más cómodo cerrar los ojos, pero pronto te darás cuenta de que los beneficios son los mismos. Cualquiera de las dos maneras funcionará igual de bien.

Haz la «meditación de un minuto» con frecuencia a lo largo del día, cada vez que pienses en ella. A mucha gente le gusta realizarla una vez cada hora; eligen, por ejemplo, las horas en punto, y cuando llega ese momento dejan lo que estén haciendo y se dedican un minuto a sí mismos. Lo bueno de esta fórmula es que establece una regularidad, y la regularidad conduce a los resultados más apasionantes.

También hay quienes pegan una nota adhesiva en el espejo del cuarto de baño, en el frigorífico o en el salpicadero del coche para estimular su memoria. ¿Qué es lo que escribes en la nota para que te recuerde que detengas el pensamiento? ¡Nada! Deja las notas en blanco, como se queda tu mente cuando deja de pensar.

La «meditación de un minuto» es divertida y efectiva, tanto a corto como a largo plazo. Pronto te descubrirás practicándola automáticamente y te preguntarás cómo has podido vivir sin ella hasta ahora.

Capítulo 6

La técnica de la puerta

He presenciado todo tipo de reacciones cuando la gente descubre que es conciencia pura y no la morralla que llena su mente. Por lo general, hay un momento de agradable sorpresa acompañada de un sentimiento de libertad y distensión. Ese sentimiento de euforia puede durar un rato, pero, tarde o temprano, el ego quiere recuperar el control de su mente, y cuando lo hace, los pensamientos y sus objetos vuelven a elevarse a sus exaltadas y exageradas posiciones de importancia, mientras que el débil eco de la conciencia se desvanece en sí mismo y pronto se olvida. Sin embargo, no tiene por qué ser así. Si pones en práctica los principios básicos descritos en este libro, puedes estar seguro de que se estabilizará en ti una nueva mentalidad dirigida por la conciencia pura.

El siguiente paso para lograr esto es profundizar en la experiencia de la conciencia pura y ampliarla, aumentando la cantidad de tiempo que somos conscientes de ella, para lo cual he desarrollado un proceso increíblemente sencillo y efectivo que cualquiera puede poner en práctica. Lo llamo «técnica de la puerta», porque abre la puerta de la conciencia pura con la misma facilidad que si el propio portero la hubiera engrasado a conciencia. Lo único que hemos de hacer entonces en pasar por ella.

La «técnica de la puerta» da un giro sutil y a la vez decisivo a nuestra manera de ver el mundo. Puede que al principio este *giro* apenas se note; sin embargo, tendrá una influencia muy profunda en tu cuerpo-mente y, desde aquí, en todas las demás áreas de tu vida. No es raro que, al cabo de unas semanas de practicarla, tus amigos hagan algún comentario sobre lo relajado que se te ve de un tiempo a esta parte o la suave luminosidad que reflejan tus ojos.

Ha llegado el momento de ponernos manos a la obra, así que arremángate y estate preparado para abrir la puerta de tu Ser.

Técnica de la puerta

(Nota: puedes descargarte una versión gratuita de esta técnica en formato mp3 en www.KinslowSystem.com. En dicha grabación de audio, explico paso a paso este proceso tan sencillo.)

Siéntate cómodamente en una silla, en un lugar donde nadie ni nada vaya a molestarte durante diez o veinte minutos. Cierra los ojos y deja que la mente vague de diez a veinte segundos. A continuación haz mentalmente una lista de palabras positivas. Quizá veas las palabras en el ojo de tu mente o las oigas; da lo mismo. Algunos ejemplos podrían ser: silencio, quietud, calma, paz, alegría, dicha, éxtasis, luz, amor, compasión, espacio, infinito, energía pura, existencia o gracia. Una vez que hayas terminado con la lista, repásalas y elige entre las palabras una que te llame particularmente la atención. A continuación, lo único que tienes que hacer es observar la palabra. Simplemente préstale mucha atención, y espera a ver qué sucede. Mientras la vigilas con inocencia, sin interferir, llegará un momento en que tu palabra cambie de algún modo. Puede que se haga más grande, más brillante o más sonora, que empiece a palpitar o se atenúe, o incluso que se vaya desvaneciendo hasta desaparecer. Es imposible saber lo que hará, pero eso no tiene importancia. Tu trabajo consiste sencillamente en observar, sin controlarla ni interferir en ella en modo alguno. Es como ver la televisión, solo que en tu mente. ¿Podría ser más fácil?

Mientras observas la palabra, es posible que tu mente salte a otros pensamientos, o que empieces a apreciar sonidos que te llegan de alrededor. Tal vez, durante unos instantes, te olvides de que estás llevando a cabo la «técnica de la puerta»; podría ser que te sumieras en cualquier clase de pensamientos, a veces durante incluso unos minutos seguidos. No importa. Si ocurre, cuando te des cuenta de que no estás observando la palabra, con serenidad vuelve a ella. ¡Eso es todo! El poder de la «técnica de la puerta» está precisamente en su sencillez e inocencia.

Solo una última advertencia. Quizá te des cuenta de que, de vez en cuando, la palabra desaparece. Tranquilo.

Simplemente observa el espacio que deja tras de sí; reconocerás que es el espacio en el que habita la conciencia pura. Ese espacio no es la meta, sino uno más de los muchos cambios por los que atravesará tu mente. Pronto, tu palabra volverá por sí misma, o puede que se convierta en otra diferente; tampoco esto importa. Acepta la palabra nueva, y obsérvala o escúchala como antes hacías con la anterior.

Vamos a hacer un repaso: siéntate tranquilamente con los ojos cerrados. Al cabo de unos segundos, encuentra la palabra y simplemente observa lo que sucede. No interfieras; únicamente permanece alerta. Cuando te des cuenta de que están presentes otros pensamientos o ruidos, encuentra con calma tu palabra y empieza a observarla otra vez. Si la pierdes, volverá por sí sola o quizá otra ocupe su lugar. Limítate a seguir observando.

No importa lo que ocurra, siempre que sigas solamente observando, sin intervenir, lo que se desarrolla ante ti. Continúa realizando la «técnica de la puerta» entre diez y veinte minutos (dedícale un mínimo de minutos si te es posible). Cuando hayas terminado, no abras los ojos de inmediato, ni te levantes de golpe y empieces a hacer cosas. Mantén los ojos cerrados y dedica uno o dos minutos más a estirarte mientras vuelves poco a poco al mundo exterior. Si lo haces demasiado rápido, quizá te sientas un poco irritable, te sobrevenga un dolor de cabeza o sufras cualquier otra molestia física. Lo notes o no, tu cuerpo se sentirá muy relajado y necesitará tiempo para hacer la transición a la actividad habitual. Tu mente querrá ponerse en marcha de inmediato, pero asegúrate de darle a tu cuerpo la oportunidad de alcanzarla a su propio ritmo. Y luego sí, vuelve con suavidad a la actividad de tu vida.

Realiza la «técnica de la puerta» al menos una vez al día, aunque practicarla dos veces al día cuadruplica sus efectos. El mejor momento es en cuanto te despiertes por la mañana, aunque hacerla antes de dormir disolverá las tensiones de la jornada y te ayudará a dormir como un bendito.

Lo que te voy a decir ahora es importante para mantener un éxito continuado. Al principio, relee las instrucciones o escucha el audio de la «técnica de la puerta» cada dos días, ya que esto impedirá que, sin darte cuenta, se incorpore a la práctica cualquier mal hábito. Es frecuente pensar que se está haciendo todo correctamente y descubrir de pronto que se ha dejado de hacer algo importante o que se ha añadido algo innecesario. Si no estás atento a ser un mero observador, la técnica no será tan efectiva y empezarás a pensar que no funciona tan bien como funcionaba en un principio; si este es tu caso, puedes estar seguro de que se ha colado en tu práctica alguna impureza. Al cabo de dos semanas de comprobar la técnica cada dos días, relee o reproduce las instrucciones cada quince días; esto garantizará que te beneficies plenamente de tu práctica metódica.

La «técnica de la puerta» nos enseña a confiar exclusivamente en la observación. Lo que sucede tiene algo de milagroso: empieza a producirse una profunda sanación sin que hagas el más mínimo esfuerzo; es más, cualquier esfuerzo resulta contraproducente. Lo que esta técnica hace en realidad es bañar nuestra psique en las aguas curativas de la conciencia. Al practicarla, nos alineamos de hecho con la sabiduría que hizo el cuerpo-mente.

Si la practicas con regularidad, te sentirás con más energía (a nivel físico y psicológico), más relajado, serás menos propenso a enfermar, más resistente al estrés mental y emocional y experimentarás una gran mejora en tus relaciones. Todo esto se consigue simplemente prestando atención. Muy pronto notarás que eres cada vez más observador en tus actividades cotidianas, fuera del tiempo que dedicas a la «técnica de la puerta». Es perfecta cuando se practica sola, y si se utiliza al principio de otras prácticas, las intensifica y aumenta su efectividad. Es muy importante que no cambies nada de la técnica en sí. Recuerda que su eficacia reside precisamente en su sencillez; es completa tal como es, y si le añades o le quitas cualquier detalle solo conseguirás reducir su efecto.

Pronto empezarás a aprender Quantum Entrainment, el método científico de curación instantánea. Aunque la «técnica de la puerta» no se use directamente en el proceso del QE, ayuda a refinar la conciencia, que es su piedra angular. Si se practica a diario, establecerá rápidamente el hábito de ser consciente del momento presente durante cualquier actividad. Más adelante, cuando hayas adquirido destreza en la sanación, puedes sustituir el QE por la «técnica de la puerta», aunque la mayoría de la gente continúa realizando ambos.

Capítulo 7

La técnica de la conciencia pura

El Quantum Entrainment es así de simple y asombrosamente efectivo porque su fuente es el infinito orden sanador de la conciencia pura. Es lógico, por tanto, que el iniciador del proceso del QE deba saber lo que es la conciencia pura y cómo establecer contacto con ella o, más exactamente, ser consciente de ella.

Es mucha la letra impresa que ha girado en torno a la noción de la conciencia pura a lo largo de los tiempos, y la mayoría de quienes han escrito sobre ella aseguran que es muy difícil de alcanzar y que se necesitan años de estudio y de práctica para abrirse paso hasta ella. Yo digo que es imposible de alcanzar y que nunca lograrás abrirte paso hasta ella... *puesto que ya la tienes*. No se puede intentar encontrar algo que ya se tiene; no es que sea difícil, ¡es imposible!

Probablemente sea esta la razón por la que a muchos nos ha costado tanto descubrir la conciencia pura. Creemos que es algo que se puede aprehender, algo que se puede captar con la mente, pero, como la conciencia pura es esencialmente nada, no podemos captarla ni con la mano ni con la mente. Ni siquiera podemos experimentarla..., y esta es también una puntualización importante.

La conciencia pura solo se puede conocer cuando la experiencia está ausente. Es como cuando descubriste el espacio que se abría entre los pensamientos; era una ausencia de experiencia, de la que solo te dabas cuenta una vez que habías empezado a pensar de nuevo. A la mente no le gusta la nada. Quiere jugar con ideas, o con cualquier cosa que le llame la atención; por eso hace que resulte tan difícil descubrir la conciencia pura. Por fuerza ha de ser así. La mente no puede conocer la nada, así que tiene que inventar una filosofía para definirla y una técnica muy complicada para encontrarla; y luego se deleita en sentimientos condicionales de satisfacción consigo misma y orgullo, en un esfuerzo por convencerse de que ha tenido éxito, pero la realidad es que está abocada al fracaso.

No podemos descubrir la conciencia pura esforzándonos con empeño en encontrarla, sino todo lo contrario: podemos descubrirla cuando no la intentamos encontrar. El truco consiste en mantener la mente ocupada con cualquier otra cosa, y comprender luego que la conciencia estaba presente en todo momento. Es lo mismo que hacías cuando descubriste el intervalo entre pensamientos. Ahora vas a volver a hacerlo, pero cuando termines, serás capaz de reconocer la conciencia pura al instante siempre que lo desees.

El proceso que emplearemos es muy efectivo, pero un poco más largo que el del ejercicio para «detener el pensamiento» que realizaste en el capítulo 4. Vas a necesitar una silla cómoda y un lugar donde no se te vaya a interrumpir durante al menos veinte minutos. Las primeras veces, no hagas este ejercicio tendido, ya que la mente está más alerta cuando el cuerpo se encuentra en posición vertical.

Hay varias maneras de practicar la «técnica de la conciencia pura». Lo más sencillo descargar la grabación de audio en formato mp3 que aparece en www.KinslowSystem.com. Otra posibilidad es que grabes tu voz mientras lees en alto el experimento que describo a continuación y reproduzcas después la grabación cuando estés listo para ponerla en práctica.

También puedes optar por que otra persona te lea las instrucciones, pero en este caso no debe haber ninguna comunicación entre tú y esa persona una vez que empiece a leer en voz alta. Al final, deberías mantenerte en silencio durante dos o tres minutos más antes de abrir los ojos y no comunicarte con quien haya hecho el papel de lector hasta que seas consciente de la conciencia pura con los ojos abiertos.

Finalmente, como último recurso, puedes leer las instrucciones un par de veces y hacer el ejercicio de memoria. También esto puede funcionar, pero quizá sean necesarios varios intentos para percatarte de la conciencia pura de modo espontáneo.

Si tienes alguna pregunta, te sugiero que visites el sitio web www.KinslowSystem.com y entres en el foro del QE, donde podrás interactuar con otros practicantes e incluso solicitar una sesión gratuita de Quantum Entrainment. De una manera u otra, pronto conocerás la conciencia pura. Lo más probable es que no necesites más ayuda que la que encontrarás entre las cubiertas de este libro, pero si quieres recibir más asistencia, los practicantes del QE siempre están dispuestos a brindarte su ayuda. Y ahora, vamos a encontrar juntos la conciencia pura.

Técnica de la Conciencia pura

Siéntate cómodamente en una silla y mantén las manos separadas. Cierra los ojos y toma conciencia de tu mano derecha. No la muevas; simplemente hazte consciente de ella. Presta atención a lo que sientes. ¿Notas el pulso o alguna tensión muscular? ¿Sufres alguna molestia o dolor? ¿Eres consciente de una sensación generalizada, como calor o frío, relajación u hormigueo? (hazlo durante treinta segundos).

Ahora hazte consciente de la mano izquierda del mismo modo (durante quince segundos). Luego, de ambas manos a la vez (diez segundos). A continuación, de las dos muñecas simultáneamente (de dos a tres segundos).

Dedica de dos a tres segundos a cada parte del cuerpo:

- *Los antebrazos.*
- *Los codos.*
- *La parte superior de los brazos.*
- *Los hombros.*
- *Los dos brazos simultáneamente, desde las yemas de los dedos hasta los hombros.*
- *La parte superior de la espalda.*
- *La región central y lumbar.*

- *La espalda entera.*
- *Los costados, desde las axilas hasta las caderas.*
- *El pecho.*
- *La región abdominal.*
- *La pelvis y toda la región pélvica.*
- *Las caderas.*
- *Los muslos.*
- *Las rodillas.*
- *La parte inferior de las piernas.*
- *Los tobillos.*
- *Los talones.*
- *La planta de los pies.*
- *El empeine.*
- *Los dedos de los pies.*
- *Los dos dedos gordos de los pies simultáneamente.*
- *Los segundos dedos de los pies.*
- *Los terceros.*
- *Los cuartos.*
- *De los dos dedos pequeños de los pies.*
- *Las piernas, los brazos y el torso.*
- *El cuello.*
- *La barbilla.*
- *La mandíbula.*
- *La oreja derecha.*
- *La oreja izquierda.*
- *El labio inferior.*
- *El labio superior.*
- *La línea que se extiende entre los labios.*
- *La fosa nasal derecha.*
- *La fosa nasal izquierda.*

- *La punta de la nariz.*
- *La nariz entera.*
- *El párpado derecho.*
- *El párpado izquierdo.*
- *El ojo derecho.*
- *El ojo izquierdo.*
- *La ceja derecha.*
- *La ceja izquierda.*
- *El espacio que hay entre las cejas.*
- *La frente.*
- *La parte posterior de la cabeza.*
- *La parte superior de la cabeza.*
- *La cabeza entera.*
- *El cuerpo entero. Percibe conscientemente el cuerpo entero durante diez segundos.*
- *Ahora toma conciencia durante diez segundos del área que rodea tu cuerpo a una distancia de unos treinta centímetros, que lo envuelve por entero como un óvalo.*
- *Durante cinco o seis segundos, deja que tu percepción consciente se expanda más allá de tu cuerpo.*

A partir de aquí, debes mantener cada objeto en la mente durante cinco o seis segundos:

- *Nota que tu conciencia llena la habitación.*
- *Ahora expándete más allá de la habitación y percátate de tu conciencia en el edificio entero.*
- *Expándete más allá del edificio y toma conciencia del área que lo rodea.*

- *Expándete a velocidad cada vez mayor y toma conciencia de la ciudad entera.*
- *Expándete más rápido todavía y toma conciencia del área que rodea la ciudad, de las ciudades vecinas, de toda la provincia y de la comunidad.*
- *Toma conciencia de las comunidades limítrofes y del país entero.*
- *Toma conciencia de toda Europa y, luego, de todo el hemisferio norte (o cualesquiera que sean el continente y el hemisferio en el que te encuentres).*
- *Toma conciencia de la Tierra entera, que gira silenciosa y potente sobre su eje.*
- *Tu conciencia sigue expandiéndose, el planeta se hace más pequeño y la luna es un punto de plata.*
- *La Tierra se hace más y más pequeña hasta ser un simple punto luminoso del tamaño de una de las estrellas que vemos en el cielo.*
- *Tu conciencia sigue expandiéndose, y el sol pasa silenciosamente de largo, haciéndose más y más pequeño hasta alcanzar el mismo tamaño de las demás estrellas del cielo.*
- *Toma conciencia de los millones, billones y trillones de estrellas que llenan el firmamento, todas dentro de tu conciencia.*
- *Tu conciencia continúa expandiéndose mientras las estrellas se reúnen formando una galaxia, que gira poderosa en silencio alrededor de su eje.*
- *La galaxia se va haciendo cada vez más pequeña, hasta ser del tamaño de una de las estrellas que vemos en el cielo.*

- *Se pierde entre millones, billones y trillones de galaxias más.*
- *Al ir expandiéndose tu conciencia, todas las galaxias, la creación entera, adoptan la forma de un óvalo suspendido y sostenido por tu conciencia.*
- *Toda la creación está contenida en este único huevo cósmico resplandeciente dentro de tu conciencia.*
- *A medida que tu conciencia se sigue expandiendo, el óvalo de la creación se va haciendo cada vez más pequeño.*
- *Tiene el tamaño de un pomelo.*
- *El tamaño de una naranja.*
- *De un limón.*
- *De un guisante.*
- *De una de las innumerables estrellas relucientes que vemos en el firmamento.*
- *Al ir expandiéndose tu conciencia, la creación entera es del tamaño de un punto de luz rutilante suspendido en tu conciencia ilimitada.*
- *Finalmente, toda la creación, ese único punto de luz rutilante, se apaga (treinta segundos).*
- *Ahora vuelve a tomar conciencia de tu cuerpo (quince segundos).*
- *Hazte consciente de que la totalidad de la creación está en tu conciencia (quince segundos).*
- *Vuele a hacerte consciente de tu cuerpo, de cómo está contenido en tu conciencia.*
- *Ahora dedica de dos a tres minutos a permanecer sentado y relajado antes de abrir los ojos. Mantén tu percepción consciente expandida al abrir los ojos. No tengas*

prisa. Tómate el tiempo necesario para salir, mientras tu conciencia va llenando la habitación (un minuto).

- *Con los ojos todavía cerrados, empieza a mover lentamente los dedos de las manos y de los pies, o estírate un poco. Sé consciente de cómo tu conciencia impregna tu cuerpo y llena la habitación (treinta segundos).*
- *Ahora abre los ojos despacio mientras notas que tu conciencia llena la habitación entera (de diez a quince segundos).*
- *¿Eres todavía consciente de que tu conciencia llena la habitación? Mira cualquier objeto. ¿Eres consciente de la conciencia que existe entre tú y el objeto? Esa conciencia siempre ha estado ahí, solo que es ahora cuando empiezas a percibirla fuera de tu cuerpo. ¿Cómo te sientes (de cinco a siete segundos)?*
- *¿Tienes una sensación de paz o de sosiego? ¿Sientes ligereza o dicha (de cinco a siete segundos)?*
- *La tranquila armonía que sientes es una eumoción, un reflejo de la conciencia pura en tu mente. Ya se manifieste a modo de dicha, paz o quietud, es el resultado de ser consciente de la conciencia pura.*
- *¿Percibes cómo tu conciencia llena la habitación justo ahora (de tres a cinco segundos)?*
- *¿Ves?, sigue aquí. Siempre está aquí, y ahora serás consciente de ella cada vez que lo desees. Hazlo de nuevo. Sé consciente de que tu conciencia llena la habitación (de tres a cinco minutos).*
- *Ahora hazte consciente de cómo tu conciencia llena el cuerpo entero (de tres a cinco minutos). ¡Está ahí también! La conciencia pura está en todas partes; es como*

un abrigo que olvidas que llevas puesto; basta con que pienses en él para saber que está presente y que siempre te mantendrá abrigado. Cada vez que pienses en la conciencia pura –es decir, cada vez que seas consciente de ella–, la encontrarás esperándote. Dondequiera que te encuentres, ahí está la conciencia. Es como el hijo de una madre amorosa; en cuanto la busque con la mirada, la encontrará pendiente de él.

- *Adelante, ¿está tu «Madre» pendiente de ti? Hazte consciente de cómo tu conciencia llena la habitación entera, la totalidad de tu cuerpo y de la creación (de cinco a siete segundos).*

No has tenido que esforzarte lo más mínimo, ¿me equivoco? No has tenido que hacer nada para encontrar la conciencia, ¿verdad? Simplemente te has hecho consciente de su existencia. Ahora ya no necesitas una técnica para encontrar la conciencia pura, y perderla de vista a continuación en cuanto dejas de practicar la técnica. Ahora te percatarás de la conciencia pura para siempre y sin ningún esfuerzo. ¿Se te ocurre algo más estupendo?
Y una cosa más:

- *Cierra los ojos otra vez y hazte consciente de que la conciencia pura llena la habitación (quince segundos).*
- *Ahora presta atención a lo que sientes –tu eumoción–. Identifica simplemente el sentimiento: paz, quietud, calma, dicha... Encuentra tu eumoción y obsérvala (de ocho a diez segundos). Qué maravilla, ¿verdad?*

- *Ahora abre los ojos. Nota la conciencia que te rodea y vuelve a identificar tu eumoción sin abrir los ojos. Tal vez sea la misma que antes u otra distinta; no importa. Sencillamente presta atención a la eumoción que tengas en este instante (de ocho a diez segundos).*

Como preparación para las curaciones que lograrás con el Quantum Entrainment, me gustaría que a lo largo del día te hicieras consciente de vez en cuando de la conciencia pura y de la eumoción asociada a ella. Al principio quizá necesites mantener una atmósfera tranquila y los ojos cerrados, pero en cuanto lo hayas practicado un par de veces, podrás ser consciente de tus eumociones incluso en mitad del tráfico de la hora punta.

Recuerda hacerte consciente primero de la conciencia pura; mientras la observas o la sientes, tu eumoción se traslucirá sin esfuerzo. Si bien no es necesario hacer ningún esfuerzo, la mente tarda un poco en acostumbrarse a un sentimiento positivo que no esté asociado con alguna actividad. Y como la eumoción es la actividad más sutil de la mente, te hará falta un poco de práctica para que la mente, por regla general activa, se acostumbre a estar en ese nivel de quietud.

Y esto es todo por el momento. Me alegra que te hayas unido al paseo. Y ahora que estás entre los seres humanos que acaban de despertar, saborea plenamente tu conciencia recién descubierta y la dicha que traerá a tu vida.

Capítulo 8

La técnica de triangulación del Quantum Entrainment

Curar con el Quantum Entrainment consiste en realidad en darse cuenta de que no estamos curando, de que no estamos creando energía positiva para vencer la energía negativa, ni apelando a que ninguna fuerza ni fórmula atienda a nuestras súplicas. Lo único que hacemos es crear una atmósfera en la que pueda tener lugar la curación. El QE consiste en sintonizar con el *campo* (a falta de un término más preciso) de orden perfecto. Y eso es todo; a partir de aquí, la curación se lleva a cabo sola.

Por pura convención lingüística, diré que «curas» o que «curé», pero no es estrictamente cierto. Cuando nos preparamos para el acontecimiento curativo, si queremos que este tenga éxito debemos adoptar el ángulo de entrada correcto. Cuando aseguro que no somos nosotros quienes realizamos la curación, no se trata ni de una idea fatua ni de una filosofía, sino de un simple hecho basado en la observación. La presencia curativa a la que me refiero no es una fuerza extraña y superior a ti, sino tu propia esencia: conciencia pura, reflejada en la eumoción. Ni más ni menos.

Te asombrará el poder que tiene tu percepción consciente, pero debes saber que ese poder no es propiedad tuya. Eres ese poder, y pronto experimentarás tú mismo que es así. Traspasarás las fronteras que has trazado meticulosamente durante décadas para definir al pequeño tú y que han limitado tu conciencia a los pensamientos y elementos que han servido para fortalecer tu concepto de *yo*, pero todo ello perderá vigencia en cuanto experimentes por primera vez el Quantum Entrainment.

La eumoción

Algo más, antes de que aprendamos a crear un suceso curativo. Quiero hablar con más detalle sobre algo a lo que ya me referí cuando te expliqué la «técnica de la conciencia pura». Se trata de algo tan fundamental para la salud y la armonía que la totalidad del Quantum Entrainment gira en torno a ello. De hecho, la totalidad de la creación gira en torno a ello. ¿De qué se trata? De la eumoción.

Una eumoción («emoción eufórica») es algo único en la creación. Es la primera manifestación de plenitud por la que ha de pasar el contenido del cosmos antes de concretarse en un chalé, una mariposa o un río de lava. Una eumoción es seguridad completa; de todo lo creado, es lo único que está libre de restricción y contradicción. Está plenamente abierta y fluye con libertad.

Para la mente, la eumoción es el más delicioso chocolate negro, un nuevo amor y un viaje espacial al cielo fundidos en uno. Conocer la eumoción es la meta definitiva de la mente; cuando lo logra, ya no desea nada más. Una vez establecida en la eumoción, la mente está a salvo, y puede abrirse paso entre los horrores y conflictos de la vida y sentir siempre que su Madre la vigila, que la espera con los brazos abiertos para protegerla y reconfortarla.

¿Qué es exactamente una eumoción? Buena pregunta. Tu mente la identifica como dicha, paz, quietud, silencio, amor ilimitado, beatitud, éxtasis... No debemos confundir las eumociones con las variopintas emociones cotidianas, como la alegría, el entusiasmo, la ira, el pesar, el amor condicional, los celos o el miedo, a las que suelo llamar *sentimientos condicionados* porque nacen de las circunstancias..., por ejemplo, de ganar dinero o derrocharlo, de perder a un ser querido, de conseguir un nuevo trabajo y cosas por el estilo.

Te contaré un pequeño secreto: la eumoción es el Ser. Como lo oyes. Tu Ser se refleja en la mente en forma de dicha, amor y paz. Extraordinario, ¿no te parece? Tu Ser escapa a la percepción visual de la mente lo mismo que escapan a la capacidad visual de los ojos los rayos de sol que dan color al océano. Sin embargo, puede reconocerse en la mente el sutil movimiento del Ser, y ese es el instante en que sientes paz.

Lo que quiero que entiendas bien es que las eumociones son siempre puras y claras. Siempre. Independientemente de lo que sientas, pienses o hagas en el exterior, dentro de ti existe el claro reflejo de tu Ser: la eumoción.

Practicar Quantum Entrainment aviva la mente con eumociones. De forma automática, la mente se vuelve entonces armoniosa, y refleja armonía en su entorno para beneficio de todos. El QE nos permite disfrutar de un modo espontáneo del sabor a eumoción que imbuye cada momento y que se refleja en nuestras mentes. Además, aprendemos a reconocer la pureza interior de los demás seres humanos. Por encima de sus imperfecciones manifiestas, percibimos la paz y el silencio vibrantes de su eumoción, y la reconocemos como nuestra. Es en este nivel de conciencia de la eumoción donde de verdad somos todos uno.

Y ahora arremángate, porque vamos a crear un suceso curativo. Empezaremos por un caso sencillo: un amigo te ha pedido que le ayudes a mitigar un dolor que siente en el hombro izquierdo y cierta tensión muscular en la parte superior de la espalda y el cuello. Cuando practicamos QE no necesitamos conocer la causa de la dolencia; la curación tendrá lugar automáticamente a nivel causal. Como iniciador del Quantum Entrainment, te basta con saber qué es lo que se desea. Obviamente, tu amigo busca alivio para el dolor del hombro y la tensión muscular; eso es lo que trasluce y esa es también tu intención. No necesitas saber nada más.

Preparándonos para curar

Antes de empezar, haz que tu compañero mueva el hombro (o cualquiera que sea la zona en la que se refleja el malestar físico) de manera que se produzca el dolor que quiere eliminar. Que te muestre cuánto queda disminuida su capacidad de movimiento, así como cualquier otro detalle que te permita ver el modo en que la presente circunstancia afecta a su cuerpo. Luego pídele que evalúe la gravedad de su malestar en una escala del 1 al 10 (en la que 10 significa «insoportable») y apunta el número. Es importante que te habitúes a realizar una prueba previa y posterior, pues te proporcionará una retroinformación muy valiosa, sobre todo al principio, mientras te acostumbras al proceso del QE. Si eres médico, prescribe las mismas pruebas que en un tratamiento tradicional. Un quiropráctico, por ejemplo, quizá se sirva de exámenes ortopédicos y neurológicos, una palpación o incluso placas de rayos X para identificar objetivamente la lesión y determinar luego el nivel de mejoría.

Por cierto, basta con que seas consciente de la intención una sola vez, pues la conciencia pura no es sorda ni tonta; sabrá lo que quieres mejor que tú. Sabrá qué hacer y cuándo hacerlo, de eso puedes estar seguro. Y ahora estás listo para empezar.

Triangulación del Quantum Entrainment: el proceso del QE en tres pasos

En el hombro, zona superior de la espalda o cuello de tu compañero, debería ser fácil descubrir un músculo que esté rígido o resulte doloroso al tacto. Coloca el extremo de tu dedo índice (contacto A) sobre el músculo rígido. Aprieta con firmeza para comprobar lo duro o tenso que está dicho músculo. Luego relaja el dedo y déjalo reposar ligeramente sobre el músculo rígido. A continuación, pon con suavidad el dedo índice de tu otra mano (contacto B) sobre cualquier otro músculo, que no debe ponerse rígido ni producir dolor cuando lo toques. Elige cualquier músculo y pon allí el dedo.

TRIANGULACIÓN

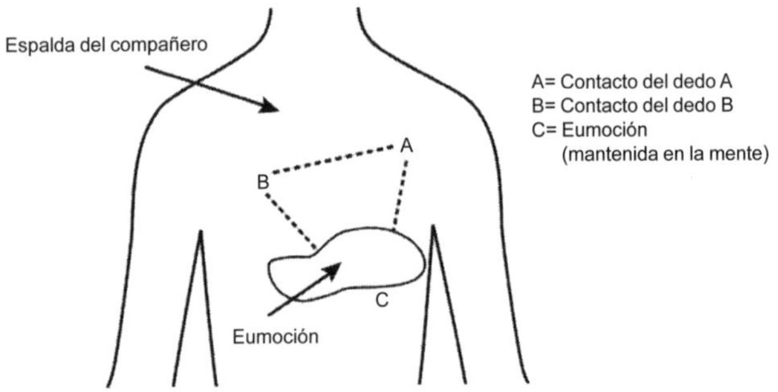

PRIMER PASO: concentra toda tu atención en el «contacto A» y sé muy consciente de lo que sientes. Tómate el tiempo necesario para notar el calor de este músculo en la yema del dedo, así como la textura de la piel o la ropa, la rigidez del músculo que presiona tu dedo, etcétera. Sé consciente de todo cuanto puedas allí donde entren en contacto el dedo y el músculo.

SEGUNDO PASO: hazte intensamente consciente del contacto B, igual que has hecho con el contacto A. Acto seguido, sé muy consciente de lo que sienten ambos dedos al mismo tiempo. Mantén esta conciencia de los dos dedos durante varios segundos. Mientras mantienes la atención en uno y otro dedo simultáneamente, notarás también que una parte de ti, separada, simplemente observa todo el proceso que tiene lugar. Eres consciente –tu conciencia es consciente– de ambos dedos. Hasta el momento, tienes conciencia del contacto A y del contacto B, y de que eres consciente de ambos contactos a la vez. No importa si te das cuenta claramente de este fenómeno o no, pues sucede de manera natural, sin esfuerzo.

Tercer paso: mientras eres consciente de ambos puntos de esta manera expandida, no hagas nada. Sí, eso he dicho: limítate a prestar atención a lo que sientes en las yemas de ambos dedos, eso es todo. Si prestas atención simultáneamente a ambos dedos de contacto y no haces nada más, pronto empezarás a notar una sensación de quietud, de sosiego o incluso de paz. Se trata de una eumoción generada por tu conciencia expandida. Cuando esto sucede, hazte consciente de esa sensación a la vez que mantienes la conciencia en los contactos A y B.

Ahora tienes tres puntos de conciencia: el contacto A, el contacto B y tu eumoción, y es a mantener estos tres puntos en la conciencia a lo que se denomina «triangulación». Continúa siendo consciente de los tres hasta que sientas un cambio en el cuerpo de tu compañero, sobre todo en los músculos (al principio, cuando estés todavía aprendiendo Quantum Entrainment, puede que tardes varios minutos en percibirlo). El cambio que notes puede ser un ablandamiento o relajación de los músculos que hay debajo de tus dedos. Quizá sientas que se te relajan los dedos, o que parecen disolverse en los propios músculos, o que tu compañero se relaja de manera general. Es posible que se le distiendan los hombros, que suspire o que respire hondo. Si estáis los dos de pie, tal vez notes que se tambalea, lo cual es una reacción común al profundo nivel de reposo curativo del que tu compañero está disfrutando. Quizá adviertas también que aumenta su calor corporal, o puede que incluso empiece a sudar.

Cualquiera de estos cambios es indicativo de que el cuerpo de tu compañero está curándose; se está reorganizando a fin de eliminar el dolor y la tensión inarmónicos. Cuando notes cualquiera de estos indicadores, continúa triangulando, es decir, manteniendo la atención en los dos puntos de contacto y en la eumoción un poco más de tiempo. Finalmente, aparta los dedos.

¡Felicidades! Acabas de realizar tu primera sesión de Curación Cuántica. Con solo dos dedos y tu eumoción ¡has eliminado el dolor de tu compañero!

Tal vez te preguntes qué hacía él mientras tú creabas este suceso curativo. La respuesta es: absolutamente nada. Antes de comenzar una sesión de QE, le digo a mi compañero que deje vagar la mente, que la deje ir adonde quiera. Con frecuencia, suelen preguntarme si tienen que relajarse, meditar o repetir su propia intención. No deben hacer nada, ni siquiera intentar ayudar de ninguna manera, porque, si lo hacen, lo único que conseguirán es ralentizar o entorpecer el trabajo del iniciador. La razón es que, si su mente se encuentra ocupada con cualquier actividad, está menos receptiva a la influencia curativa que genera el QE, mientras que una mente imparcial caerá de manera fácil y natural en las aguas sanadoras de la conciencia pura.

Asegúrate siempre de que tus compañeros se sienten cómodos. Si lo prefieren, pueden cerrar los ojos, pero, aparte de eso, no necesitan ningún otro tipo de preparación. Si quieren serte de ayuda, diles que lo mejor que pueden hacer es dejar que la mente vague sin dirección ni intención.

El Quantum Entrainment funciona igual de bien bajo las circunstancias más difíciles. Puede que tu compañero sufra un gran dolor físico o emocional; es posible que incluso te sorprendas realizando el QE en la sala de urgencias de un hospital, en un centro comercial abarrotado de gente o en cualquier entorno desestabilizador, y no obstante la curación se llevará a cabo. Así que no creas que ninguna de estas circunstancias pueden limitarte; ahora bien, si puedes elegir, siempre es preferible un entorno tranquilo y un compañero colaborador.

Resumen de la sesión de QE

- *El compañero describe el dolor (la intención está implícita).*
- *Prueba previa.*
- *Toma plena conciencia del contacto A.*
- *Toma plena conciencia del contacto B.*
- *Toma conciencia de A y B a la vez. Tu mente siente cierta ingravidez o tiene un sentimiento de expansión. Esta es tu eumoción.*
- *Toma conciencia de la eumoción.*
- *Sé consciente al mismo tiempo de los tres aspectos: el contacto A, el contacto B y la eumoción.*
- *Observa cómo se relajan los músculos de tu compañero, el vaivén de su cuerpo, los cambios respiratorios u otras señales de relajación.*
- *Comprobación posterior.*

Capítulo 9

El Quantum Entrainment refinado

El Quantum Entrainment refinado es básicamente lo que su nombre indica: un refinamiento de la «técnica de triangulación» del QE. Como veíamos, esta técnica trabaja con tres puntos de contacto, y lo que hace el QE refinado es descartar dos de estos puntos, lo cual la simplifica en gran medida. Es como quitarle a la bicicleta las ruedecitas auxiliares. A la mayoría de las personas les le gusta practicar la triangulación del QE durante una temporada hasta que se familiarizan con la conciencia pura y la eumoción; después de esto, se sienten más cómodas con el QE refinado. Yo suelo enseñarlo en programas radiofónicos dirigidos a oyentes que hasta ese momento nunca han oído hablar del Quantum Entrainment. El QE refinado se puede realizar en cualquier parte, en cualquier momento, y es tan fácil como desviar la conciencia de un objeto a otro. Estoy deseando enseñarte esta técnica sorprendentemente sutil y extraordinariamente efectiva, así que ¿qué me dices? ¿Te parece que empecemos?

Cómo aplicar la técnica del QE refinado

Como preparativo, busca un sitio tranquilo donde no vayan a molestarte ni tus familiares, ni tus amigos, ni tu mascota, ni ningún teléfono durante treinta minutos, y siéntate en una silla cómoda. Puedes seguir paso a paso las instrucciones que indico bajo estas líneas o hacer que otra persona te las lea, siempre que se limite a lo que está escrito y no intente entablar ningún tipo de conversación contigo. También puedes leerlas en voz alta y grabarlas, pero asegúrate de que dejas un espacio en blanco cada vez que se te indica que permanezcas un rato con los ojos cerrados. Además, puedes adquirir en www.KinslowSystem.com el CD doble titulado *Exercises for Quantum Living: Quantum Entrainment for Finances, Emotional and Physical Self-Healing,* en el que mi propia voz irá leyéndote las instrucciones si así lo prefieres.

> *Siéntate cómodamente y cierra los ojos. Deja que la mente vague, que vaya adonde quiera durante los próximos quince o treinta segundos. Limítate a observar los pensamientos que vienen y van.*
>
> *Ahora hazte más consciente de lo que estás pensando. No importa cuál sea el contenido; simplemente presta mucha atención a cualquier pensamiento que cruce por la pantalla de tu mente. Obsérvalos con toda tu atención. Esto no significa que debas hacer un tremendo esfuerzo por concentrarte en ellos; siéntete distendido y, a la vez, ten una atención centrada, como un gato al acecho de una ratonera.*

Continúa observando tus pensamientos con una atención centrada y fluida durante uno o dos minutos.

No leas más hasta haber observado atentamente tus pensamientos durante ese par de minutos. Te espero...

De acuerdo, ¿has terminado ya? Bien, entonces continuemos.

Mientras observabas tus pensamientos, quizá te hayas dado cuenta de que, casi de inmediato, se silenciaban y ralentizaban, ¿a que sí? No parecían ya tan escandalosos; se iban haciendo más tenues y escasos a medida que el pensar se suavizaba. Recuerda que hagan lo que hagan tus pensamientos, está bien. Ya sean bulliciosos o reposados, tu tarea es ser el perfecto observador: sentarte cómodamente y observar qué harán a continuación. Eso es cuanto has de hacer: observar con silenciosa atención.

¿Por casualidad te has dado cuenta de que en algunos momentos los pensamientos se paraban por completo? Al ir haciéndose más tenues, quizá hayas advertido que acababan por diluirse y que lo único que quedaba era conciencia pura. ¿No te parece asombroso? Y no hemos hecho más que empezar.

¿Te has dado cuenta también de que, después de realizar la primera parte del ejercicio, tu cuerpo estaba más relajado y tu mente más silenciosa?

Estos son los deliciosos beneficios de hacerte consciente de la conciencia pura, tanto si los has advertido como si no. Pronto empezarás a funcionar en este nivel silencioso, más refinado, incluso en medio de un embotellamiento camino del trabajo. Pero todavía nos queda mucho por hacer, así que retomemos el hilo.

Vuelve a cerrar los ojos. Con inocencia, y con atención, vigila tus pensamientos como antes. Esta vez te resultará más fácil, y tal vez descubras que se asientan rápidamente o que se detienen por completo. Observa con atención durante un par de minutos, y después fíjate en cómo te sientes.

Una vez más, te espero...

Durante esos dos o tres minutos, ¿has sentido cierta tranquilidad, silencio o paz? Es posible que también hayas sentido dicha, amor, compasión, júbilo o beatitud. Ese sentimiento positivo que has experimentado es tu eumoción.

En esta ocasión, cuando te sientes con los ojos cerrados, me gustaría que hicieras lo siguiente: observa tus pensamientos y espera a que la eumoción surja en tu conciencia. Recuerda que tu eumoción puede ser algo tan sencillo como la quietud o el silencio, o tan profundo como el éxtasis. No hay ninguna eumoción que sea mejor que otra. Cualquiera que sea la tuya, obsérvala con tranquilidad y, si regresan los pensamientos, obsérvalos con inocencia también, ya que darán paso bien a un estado de ausencia de pensamientos, conciencia pura, o bien a la eumoción.

Lo que quiera que albergues en ti –pensamientos, eumoción o conciencia pura–, obsérvalo con sencillez e inocencia, y no hagas nada más. Esto es muy importante: no hagas nada salvo observar los pensamientos, y espera a que surja tu eumoción. Cuando esta aparezca en tu conciencia, céntrate en ella con atención y claridad. Entretanto, mientras nada sucede, percátate de la conciencia pura. Quizá haya momentos en que no tengas ni eumoción ni pensamientos;

eso es conciencia pura. Limítate a esperar en ese estado de conciencia pura a que la eumoción surja de nuevo.

¿Ves lo sencillo que es? Aparezca lo que aparezca en la pantalla de la mente, tu postura es siempre la misma: eres el observador, nada más. Nunca interfieras en tus pensamientos o en tu eumoción ni intentes controlarlos. Créeme, todo se te dará hecho. ¿Tuviste que hacer algo para sentirte de pronto relajado, en paz? No, todo es automático. Una vez que tomas conciencia de la eumoción, su sabiduría se ocupa de todo. No lo compliques, o volverás al camino del esfuerzo, la lucha y el sufrimiento.

Ahora repite el proceso del QE con los ojos cerrados, tal como antes lo he descrito, durante cinco minutos aproximadamente. Cuando termines, abre lentamente los ojos y continúa leyendo.

¿Cómo te sientes ahora? ¿Percibes en este instante tu eumoción? ¿Sí? ¿Te das cuenta de que tienes los ojos abiertos y eres consciente de ella? ¿No te parece increíble? Antes tenías que cerrar los ojos y sumergirte en las profundidades de tu mente para encontrarla, pero ¡fíjate en lo que ha sucedido! La eumoción te ha seguido y ha entrado contigo en la actividad del mundo exterior. ¡Eso sí que es alucinante!

Recuerda que tu eumoción es ilimitada y omnipresente, así que está siempre contigo; el único problema ha sido que la has ignorado durante la mayor parte de tu vida. Y la volverás a ignorar, solo que ahora, si practicas QE con regularidad, la recuperarás rápidamente con un momento de reflexión. Estás sentando las bases para una vida que la mente no puede siquiera imaginar. En un futuro no muy lejano, te darás cuenta de repente de que la dicha en la que vives excede tus más ambiciosas expectativas.

Pero todavía no hemos terminado. De hecho, lo mejor está aún por llegar. Me gustaría que continuaras con el proceso del QE tal como acabas de aprender a hacerlo. Cierra los ojos y observa lo que pase por la pantalla de tu mente. Estate alerta hasta que seas consciente de tu eumoción, y luego obsérvala con delicada atención. Sin interferir, indaga profundamente en ella. Si se transforma en otra eumoción distinta, indaga profundamente en la nueva. Haz esto de tres a cinco minutos.

Luego, cuando te parezca que es el momento oportuno, abre los ojos lentamente y continúa con el QE. Sentado con los ojos abiertos, mirando al frente, toma conciencia de tu eumoción. Sigue con el QE. Tendrás pensamientos, eumoción y conciencia pura, todos ellos con los ojos abiertos. Prosigue durante uno o dos minutos más, y después levántate despacio y mira algún objeto que haya cerca. Mientras lo miras, hazte consciente de tu eumoción. Ahora mira otro objeto mientras observas tu eumoción.

Cuando estés preparado, camina lentamente por la habitación. Siente cómo se mueve tu cuerpo, cómo te sostienes en equilibrio sobre una pierna, después sobre la otra, y la presión del suelo contra cada pie. Cuando tu eumoción no esté presente, búscala de nuevo mediante la simple percepción consciente. Mientras caminas despacio por la habitación, haz que participen todos tus sentidos: presta atención a los ruidos que haya y al aire que roza tu cara, pasa la mano por una planta u otro objeto, y estate atento también al sentido del olfato y al del gusto, y mientras lo haces, vuelve una y otra vez a tu eumoción en cuanto notes que no está presente. Párate y hazte consciente solo de tu eumoción; siente cómo se intensifica o cambia, transformándose en una eumoción diferente.

En realidad, no cambia de tipo ni de intensidad; lo que ocurre es que cada vez eres más consciente de las infinitas manifestaciones de tu Ser. Este eres Tú, el Tú que desde un principio estabas destinado a ser. Simplemente ser, en contacto profundo con tu Ser, y no permanentemente enredado en las actividades de tu ego manipulador, fundamentadas en el miedo. Nada es más importante ni puede darte mayor satisfacción.

Si lo prefieres, puedes emplear el QE refinado en lugar de la triangulación. Ambos son igual de efectivos, pero, como acabas de descubrir, el primero consta solo de un paso y no de tres. Te ofrece una mayor libertad y más oportunidades de compartir el Quantum Entrainment con otras personas, y no necesito decirte lo importante que es eso.

Repaso del QE refinado

- *Siéntate cómodamente con los ojos cerrados, y deja que tu mente vague entre diez y quince segundos.*
- *Observa tus pensamientos con sencilla inocencia, como un gato al acecho de una ratonera.*
- *Poco a poco tus pensamientos se irán ralentizando y silenciando, o desaparecerán por completo. Continúa observando con tranquilidad lo que quiera que suceda.*
- *Pronto percibirás un sentimiento positivo: tu eumoción.*
- *Obsérvala con claridad pero con sencilla inocencia. Bien se intensificará, bien se transformará en otra eumoción o bien aparecerán los pensamientos.*

- *Ocurra lo que ocurra, limítate a observar lo que sucede como si estuvieras viendo una película.*
- *Cuando abras los ojos, continúa este sencillo proceso de observación inocente.*
- *Muévete por la habitación, interactuando despacio con los objetos.*
- *En cuanto adviertas que tu eumoción ha desaparecido, date cuenta de lo que sientes. Obsérvalo durante unos instantes, y luego sigue explorando otros objetos.*

Capítulo 10

¿Qué hago ahora que sé curar?

Al terminar la sesión de QE, ¿te sentías relajado y en calma? El Quantum Entrainment cura tanto al sanador como a la persona que solicita la sanación. Ambos, tu compañero y tú, deberíais sentiros más reposados y serenos. La relajación es la respuesta del cuerpo a la presencia sanadora de la conciencia pura, y la paz es el reflejo de la conciencia pura en la mente.

Recuerda que debes asegurarte de que tu compañero se sienta cómodo. La experiencia del QE puede resultarles ligeramente desorientadora a algunas personas; es posible que el súbito torrente de conciencia pura las aleje de este mundo durante un rato, y que después necesiten un tiempo para que su mente y su cuerpo se reorienten en el aquí y el ahora. Esto generalmente dura solo unos minutos. Espera un poco hasta que estén preparados para continuar.

Algo de lo que puedes estar seguro es de que, después de la sesión de QE, el proceso curativo de tu compañero continuará durante uno o dos días más. Si realizas una segunda comprobación veinte o treinta minutos después de la primera comprobación posterior a la sesión inicial, casi siempre descubrirás que el grado de intensidad de la molestia es todavía menor que recién terminada la sesión, ya que el problema en cuestión sigue curándose. Por último, cuidar de que tu compañero pase con suavidad de la sesión de QE a la actividad de su vida cotidiana contribuirá a que el proceso curativo continúe sin obstrucciones.

En alguna ocasión, especialmente después de una sesión prolongada, cabe la posibilidad de que tu compañero necesite más tiempo para ajustarse al nuevo estado de su cuerpo y se sienta cansado o tan relajado que no se quiera mover. Si es en modo alguno posible en estas circunstancias, asegúrate de que consigue el descanso que necesita. Significa simplemente que se han liberado gran cantidad de tensiones físicas y emocionales, y descansar un poco es la mejor manera de ayudar a que se lleve a cabo la transición. Después de todo, el reposo es el sanador universal, y la conciencia pura es el reposo más profundo que existe. Si tu compañero no puede tenderse y relajarse en ese preciso momento, sugiérele que se acueste pronto por la noche. A la mañana siguiente, despertará así a un mundo nuevo y radiante con redoblada energía.

El mejor momento para llevar a cabo la comprobación posterior es en cuanto termines la sesión de QE y tu compañero se haya estabilizado. Pídele nuevamente que evalúe en una escala del 1 al 10 su grado de malestar. Como en el caso que poníamos como ejemplo en el capítulo anterior, le indicarías que realizara los mismos movimientos de hombro que al principio y le pedirías que evaluara el grado de dolor y de rigidez muscular, como hizo antes de la sesión. Esto te dará una información útil y necesaria en las primeras etapas de aprendizaje del QE y ayudará también a que tu compañero tenga una visión más objetiva de la curación que se ha producido en su cuerpo.

El QE cura con tal rapidez y facilidad que a menudo parece que no haya ocurrido nada durante la sesión. La evaluación posterior tiene por tanto un efecto electrizante para muchas personas. No me canso de observar las caras de la gente cuando, al hacer la prueba, descubre que un dolor o un impedimento que había soportado durante treinta años ha desaparecido en treinta segundos.

El QE funciona cada vez que lo ponemos en práctica, pero no siempre de la manera que a nosotros nos gustaría. Esto se debe a que la conciencia pura tiene una visión mucho más amplia y sabe exactamente cómo ha de tener lugar la curación. Por lo general, suele apreciarse una significativa mejoría de los síntomas justo después de una sesión, y si el problema no se ha resuelto por completo, simplemente se necesitará un poco más de tiempo para que el cuerpo se ajuste. La curación continuará durante el día o los dos días siguientes e incluso puede sentirse semanas más tarde.

No es raro que, durante un taller de Quantum Entrainment, le practique una sesión a un participante por la mañana y vea solo una ligera mejoría al evaluar los resultados, y sin embargo para el descanso del mediodía, el dolor haya desaparecido por completo. Aunque la curación propiamente dicha se produce al instante (por acción de la conciencia pura durante la triangulación), es posible que el cuerpo de una persona necesite más tiempo para integrar psicológicamente las correcciones efectuadas. Ya hablaremos de esto más adelante.

No hay ninguna norma que prohíba volver a empezar desde el principio y practicar el QE de nuevo para el mismo problema. Si crees que será de ayuda, repite la sesión. O mejor todavía, haz múltiples aplicaciones durante una única sesión; mantén el contacto A y mueve el dedo B a diferentes áreas o mueve ambos dedos si lo deseas, dependiendo de lo que te parezca mejor en el momento.

Realiza el QE tantas veces como quieras. No puede causar ningún daño. Pero déjame prevenirte contra la idea de que más es mejor; no siempre es así. Debes tener claro que una sesión breve bastará para resolver el problema, y trabajar a partir de esta idea. En un capítulo posterior te enseñaré el «QE ampliado», pero por ahora vamos a trabajar del modo más sencillo posible, ¿te parece? Me alegro.

A todos los efectos, has terminado. De todas formas, al principio, mientras perfeccionas tu técnica, no te hará ningún daño formularle algunas preguntas a tu compañero o compañera. Averigua lo que ha sentido durante la sesión o si ha desaparecido algún otro dolor aparte de la molestia original. Pregúntale también por su estado emocional y, en realidad, por todo aquello que pueda ayudarte a entender plenamente el poder y el potencial del Quantum Entrainment.

El proceso del QE debería ser un deleite de principio a fin. No te preocupes si te haces un pequeño lío con las instrucciones; es natural que ocurra las primeras veces. Los pasos son sencillos y fluidos, y te aseguro que leer sobre ellos es mucho más complicado que ponerlos en práctica. Así que relájate y sigue las instrucciones con espíritu de aventura, como si se tratara de un juego. Todo el mundo puede practicarlo, y tú no eres una excepción. Ahora bien, aunque la técnica es sencilla y tiene un efecto inmediato, es a la vez nueva para ti, y será preciso que la realices con frecuencia en un principio. Recuerda que lo que bien empieza, bien acaba. Cuanto más clara sea la respuesta que recibas de tu compañero de práctica en esta fase inicial, antes adquirirás confianza y soltura en la aplicación del Quantum Entrainment.

Ejercítalo con todo el mundo: tus amigos, los miembros de tu familia, tus vecinos, incluso tu perro, tu gato o cualquier otro animal que tengas. Además, pronto vas a aprender a realizar «QE a distancia», lo cual significa que no necesitas que tu compañero esté presente; puedes sentarte cómodamente en tu casa y crear una experiencia curativa con amigos o familiares que se encuentren en cualquier parte del mundo.

Las primeras veces, te aconsejo que tanto tú como tu compañero estéis de pie. La razón principal es que de este modo recibirás de él una respuesta más precisa. Notarás sobre todo su balanceo, señal de que la conciencia pura está actuando, y advertirás también con más facilidad si de pronto inspira profundamente, otro indicador de que el QE está haciendo funcionar su magia. Todas estas señales son más difíciles de observar cuando tu compañero permanece sentado o tendido.

Te recomiendo también que al principio te sitúes ligeramente detrás de tu compañero, o al menos allí donde no pueda verte, pues el hecho de estar fuera de su campo de visión le permitirá relajarse en lugar de estar pendiente a lo que haces. A efectos de la curación, da lo mismo; el Quantum

Entrainment funcionará sea cual sea el estado mental de tu compañero. Lo que te sugiero es más por tu comodidad y concentración, ya que algunos iniciadores se sienten un poco inseguros cuando empiezan y pueden distraerse con facilidad si su compañero está observando cada uno de sus movimientos.

Otro detalle práctico es que no tienes por qué colocar los dedos en el área de la que tu compañero se queja. Puedes tocar cualquier parte del cuerpo y curar con ello una zona distinta, incluidos los órganos internos.

Mientras me encontraba en una feria del libro, promocionando *Beyond Happiness*, otro autor se me acercó y me dijo que, según había oído, yo hacía «una cosa rara» que era mano de santo para el dolor. Le pregunté qué molestia tenía. Llevábamos bastante tiempo de pie, y la rodilla en la que sufría de artritis se le había inflamado. Le hice una evaluación previa, pidiéndole simplemente que se apoyara en la rodilla dolorida de un modo que incrementara el dolor. Luego le hice sentarse sobre una caja de libros. No quería tener que doblarme para colocarle las manos sobre la rodilla, así que le puse los dedos sobre los hombros. Se giró de inmediato y me recordó que era la rodilla lo que le dolía. Le dije que estuviera tranquilo, que esa era la parte con la que estaba trabajando.

Formulé la intención y empecé a realizar la triangulación sobre los músculos de la parte superior del hombro. Al cabo de un minuto escaso, le pedí que se pusiera de pie y forzara la postura, como había hecho antes, a fin de evaluar el dolor. Lo hizo y –nunca me canso de esta parte– los ojos se le abrieron como platos a la vez que una expresión de asombro le iluminaba el semblante. Regresó a su caseta, ya sin dolor, y vendió más libros que yo. Aunque mis dedos habían estado en contacto con sus hombros, la sabiduría del Quantum Entrainment se había asegurado de que fuera su rodilla la que recibía la curación.

A veces el dolor (u otros síntomas) empeorarán antes de que la parte afectada logre una mejoría. Si ocurre, tranquiliza a tu compañero explicándole que es normal. Al principio del proceso, el cuerpo necesita exacerbar el malestar durante un breve período de tiempo para que la parte afectada se cure. Sigue practicando la triangulación, y el dolor remitirá rápidamente. En raras ocasiones, es posible que tu compañero sienta demasiado malestar para continuar. Si es así, interrumpe la sesión. Quizá podrías continuar con otra molestia que sufra o simplemente sentarte en silencio. Al cabo de unos minutos, vuelve a evaluar su estado para ver si la molestia continúa, y en caso de que así sea, realiza el QE de nuevo. Lo más probable es que el dolor desaparezca sin más consecuencias.

Una última observación: dado que tú no estás obrando ninguna curación, no puedes arrogarte mérito alguno por los resultados. Esto es muy importante, porque, si los resultados no son mérito tuyo, no puedes apegarte a ellos. ¿Entiendes adónde quiero llegar? Si no estás apegado a los resultados de tu sesión de QE, podrás aceptarlos sean cuales sean. Ten en cuenta que una completa aceptación de los frutos de tu labor de QE –sean más o menos de lo que esperabas– evita la discordia mental, y una mente libre de discordia tiene la capacidad de reflejar la eumoción, que, como ahora sabes, es necesaria para que tenga lugar la curación.

Es mucho más fácil empezar una sesión haciendo saber a tu compañero que no puedes prever el grado de curación que se producirá. Podrías decir: «Aceptaremos lo que se nos dé». Deberías mencionar también que no todo será obvio de inmediato, y que el proceso de curación puede continuar durante varios días después de la sesión. Finalmente, quizá quieras añadir que, para obtener unos resultados óptimos, a veces son necesarias varias sesiones de QE adicionales.

Pero antes de seguir adelante, tal vez debería aprovechar esta oportunidad para recalcar lo obvio: que el Quantum Entrainment se puede emplear para curar cualquier dolencia y que siempre debe hacerse en conjunción con –y no en lugar de– un tratamiento médico cualificado. Esta técnica es un complemento de las prácticas sanitarias tradicionales, y no puede sino intensificar los efectos de otros sistemas curativos, aumentando la profundidad de la curación y abreviando considerablemente el tiempo que se necesita para llevarla a cabo por completo. Con frecuencia, si se practica el QE antes de recibir asistencia médica cualificada, los síntomas desaparecerán, pero incluso en este caso se debería consultar siempre al profesional indicado para estar seguros de que no existen problemas subyacentes o alguna otra dolencia adicional oculta.

Cuanto más practiques el QE, mayor será la sanación que tenga lugar en tu propia vida. Tu familiaridad creciente con la conciencia pura tocará todos los aspectos de tu vida cotidiana, aportándote un nivel de plenitud insospechado. Sin más instrumental que tu conciencia pura, vayas adonde vayas puedes iniciar una experiencia curativa.

Iniciar el Quantum Entrainment con regularidad te dará la dicha de ayudar a los demás, y recibirás su gratitud por compartir con ellos este proceso sencillo y transformador. ¡Y solo has empezado a arañar la superficie! Espera a ver lo que aún nos queda por delante.

Capítulo 12

QE a distancia

El Quantum Entrainment a distancia consiste en aplicarle QE a un compañero sin tocarlo, ya sea que se encuentre en otro lado de una habitación o en el otro extremo del mundo. En física cuántica, esta interacción instantánea y a distancia se denomina «entrelazamiento», que no puede transmitir información a velocidad superior a la de la luz.

Hay miles de personas de todo el mundo que practican QE con gran éxito a sus amigos, familiares y desconocidos con solo haber leído libros sobre esta técnica, como estás haciendo tú en estos momentos. Muchas de esas personas han leído estas palabras traducidas a sus propios idiomas, y el QE sigue funcionando igual. Por una cuestión de conveniencia, la mayoría de las sesiones se realizan a distancia, y para sus iniciadores, como descubrirás muy pronto, se trata de un proceso muy fácil de llevar a cabo. Si te parece imposible creer que el QE a distancia funcione, no te preocupes; podrás hacerlo independientemente de que creas que funciona o no. El Quantum Entrainment es un procedimiento científico reproducible. Es real. No es necesario creer en él para que surta efecto. Y si dudas de lo que digo, pregúntale a cualquiera de los animales que han dejado de sentir dolor si alguien le pidió que creyera en el QE antes de que se produjera la curación.

Cómo realizar QE a distancia

Básicamente, deberás triangular del mismo modo que en las otras formas de Quantum Entrainment. Los pasos son iguales, solo que con unas pequeñas adaptaciones. Obviamente, hemos de compensar la ausencia física del compañero, pero el QE a distancia es infinitamente más fácil de aprender que otras actividades en las que se necesita una pareja. Por alguna oscura razón, me viene a la mente el tango. En fin... he aquí algunas sugerencias.

Utiliza un sustituto

Un sustituto es un suplente, alguien que ocupa el lugar de nuestro compañero. Cualquier cuerpo de sangre caliente servirá: tu esposa, tus hijos, el repartidor del periódico, un colega del trabajo... No tienes más que aplicarle el QE a distancia al sustituto físicamente presente como si fuera tu compañero ausente el que está delante de ti. Asegúrate de que tu intención incluye el nombre, la imagen o la idea que tengas de él.

También puedes emplear a tu mascota como sustituto. Los animales suelen ser buenos suplentes porque no hacen preguntas. Están acostumbrados al extraño comportamiento de sus amos, y probablemente se someterán al experimento de buena gana mientras sepan que al final de la sesión les espera alguna golosina. Claro está que si tu única mascota es una piraña hambrienta, tendrás que ser muy rápido con los dedos y disponer de una caja de tiritas; la ventaja para ella es que conseguirá su recompensa durante la sesión de QE en lugar de al final.

Un tercer tipo de suplente puede ser un muñeco o un animal de peluche. En realidad, valdría incluso con que dibujaras una figura en un papel o con que escribieras en él el nombre de tu compañero. Cualquiera de estas formas de sustitución funcionará. Haz la prueba, y te quedarás gratamente sorprendido.

Haz uso de la imaginación

Si tienes imaginación, puedes crear una imagen mental de tu compañero y triangularla. Tus dedos no tocarán carne de verdad, así que tendrás que imaginar eso también. ¿Cómo sabrás cuándo parar? Sentirás la relajación o reblandecimiento bajo tus dedos imaginarios igual que ocurre con los físicos.

Es posible practicar el QE empleando la imaginación de dos maneras. Puedes visualizar que estás donde se encuentra tu compañero. Imagínalo sentado en su silla preferida mientras le aplicas el QE a distancia. Otra opción es traerlo adonde estás tú, e imaginar que permanece justo delante de ti mientras obras tu magia. O puedes encontrarte con él en el sitio que quieras. ¡No tienes más límites que los de tu imaginación!

Prueba a realizar QE imaginario

¿Has oído hablar de la guitarra imaginaria, cuando uno hace ver que sujeta el mástil de una guitarra «de aire» –como se dice en inglés– mientras puntea, rasguea y se mueve enloquecido delante del espejo? Pues bien, el QE imaginario es bastante parecido. De pie o sentado, imagina a tu compañero delante de ti. Es elección tuya si prefieres tener los ojos abiertos o cerrados. A continuación, mueve físicamente el cuerpo y alarga las manos para colocar los dedos sobre tu compañero ausente. Hazlo todo como si estuviese ahí. Simplemente ¡cuida de que tu esposa o tu marido no entre de improviso en el cuarto en medio de la sesión, si no quieres tener que buscar una explicación plausible!

El Quantum Entrainment a distancia es una magnífica manera de integrar toda la práctica que necesitas. Yo siempre efectúo una sesión nocturna antes de acostarme. Suelo tener una lista de personas que me han pedido ayuda durante el día, e incluyo además en ella a compañeros de QE que necesitan cuidados continuados por padecer enfermedades crónicas o potencialmente mortales, como el alzhéimer o el cáncer. Muchos amigos que solían pensar que esta técnica era de lo más extravagante, ahora me suelen llamar para pedirme una sesión a distancia.

Con la práctica, pronto podrás llevarlo a cabo en cualquier momento libre que tengas a lo largo del día. Yo lo he hecho incluso mientras la persona en cuestión me describía su dolencia. Para cuando había terminado de contármelo, el dolor había desaparecido. Es una auténtica maravilla estar tan cerca de la fuerza creativa y verla obrar sus prodigios. Nuestro único límite es la inconsciencia de nuestra mente... y el Quantum Entrainment se encargará de arreglar eso también.

Cómo hacerte una sesión de QE a ti mismo

En realidad, ya sabes cómo obrar las maravillas del Quantum Entrainment en ti mismo. No tienes más que elegir uno de los métodos que te he explicado y aplicártelo. Eso sí, en caso de que hayas olvidado que no necesitas tocar la zona afectada, tendrás que salir a comprarte un manual de contorsionismo para poder trabajar con en tu espalda u otros sitios casi imposibles de alcanzar, así que es mejor que recuerdes que no tienes por qué entrar en contacto con la zona afectada. Si te duele la región dorsal, puedes realizar la triangulación en la rodilla o en el pecho, y resultará igualmente efectivo. También puedes plantearte utilizar una de las técnicas de QE a distancia que antes te he mencionado.

Animales y objetos inanimados

Dado que el Quantum Entrainment bebe de la conciencia pura, absolutamente elemental y omnímoda, debería funcionar también en animales e incluso objetos inanimados. ¡Y funciona! En realidad, si lo piensas, no es tan raro. A nuestros animales de compañía les damos medicamentos e incluso los llevamos a que les hagan ajustes quiroprácticos.

Supongo que se hace un poco más cuesta arriba entenderlo cuando se trata de lo que llamamos objetos inanimados. Sin embargo, incluso estos vibran llenos de vida al nivel más sutil. En última instancia, nada es inanimado, y dentro de esa vibración sumamente sutil reside su causa: la conciencia pura. Por tanto, el QE puede tener un efecto sobre ellos, como muchos han descubierto con grata sorpresa. Si tienes una batería gastada o un frigorífico que petardea, aplícale una sesión de QE. Total, no tienes nada que perder. En el peor de los casos, habrás reparado tu frustración. Y como el compañero con el que trabajas no tiene por qué creer en el QE para obtener resultados, ni saber siquiera que lo estás practicando, los animales responden de maravilla a este método de curación. Empléalo con los problemas que tenga tu mascota, o incluso con animales molestos como un mapache sobreexcitado, unas hormigas excesivamente laboriosas o algún oso importuno.

Por otra parte, los alimentos ofrecen una esfera de exploración a aquellos entusiastas del QE dotados de creatividad. Puedes aplicárselo a tus comestibles, al agua y a los suplementos nutricionales antes de ingerirlos. Tu intención podría ser potenciar los ingredientes beneficiosos o eliminar las toxinas, o también mejorar la digestión y la asimilación. Si bendices la mesa antes de comer, añade el Quantum Entrainment al final de tu oración.

¿Vas haciéndote una idea? Utiliza el QE para cuanto te parezca oportuno a lo largo del día. Te encantará ver cómo responde el entorno a tu generosidad.

Capítulo 12

QE emocional

Hasta ahora nos hemos centrado en aplicar el Quantum Entrainment a estados físicos, pero, por muy admirable que esto haya podido parecernos, lo cierto es que hay más. El QE emocional es una potente herramienta para calmar el dolor psicológico. Al igual que la desarmonía física, la discordancia psicológica también puede eliminarse instantáneamente. Es posible que el dolor psicológico tenga sus raíces en lo más hondo de eso que la mente percibe como el pasado. Y el Quantum Entrainment no reconoce el pasado, ni tan siquiera el futuro, pues ambos son conceptos ilusorios que, además, encadenan la mente a una espiral de entropía cada vez mayor. Dicho en otras palabras, el fluir del tiempo se crea en la mente, y la fijación con lo que fue y lo que será siembra la semilla de la enfermedad psicológica, que solo puede germinar y florecer bajo la atenta mirada del padre tiempo.

Según la física cuántica, el tiempo no fluye. Es el barrido de nuestra conciencia el que crea la ilusión del tiempo, y esta la que crea el sufrimiento.

Cuando imaginamos acontecimientos futuros, nos adelantamos en el tiempo, y cuando volvemos a nuestros recuerdos, retrocedemos en el tiempo. Pero todo este movimiento tan solo se produce en nuestra mente, no existe en ningún otro lugar del universo salvo en ella. Aunque parezca ser de otra manera, tu tiempo, tu futuro y tu pasado son exclusivamente tuyos, no los comparte nadie más.

No me malinterpretes. Nuestras vidas existen, pero no como nosotros imaginamos, y esa identidad equívoca causa un sufrimiento abrumador que no hace más que aumentar con cada generación.

El QE emocional detiene la mente en seco y la hace prestar atención a este preciso instante, arrancándola de su preocupación por el pasado y el futuro y también de su sentimiento de culpa, su rabia, su ansiedad y su miedo. Cuando practicamos el QE para tratar la desarmonía psicológica, dirigimos hacia ella la resplandeciente luz de la conciencia pura, que nos permite observar las emociones y sucesos discordantes con una calma y una claridad sanadoras. La película de nuestra vida continúa desarrollándose como antes, solo que sin la influencia de esas emociones dañinas y dolorosas.

Cómo funciona el QE emocional

Eliminar el dolor psicológico es igual de fácil que eliminar el dolor físico; quizá más fácil todavía. No necesitas saber a qué se debe la desazón emocional de tu compañero... De hecho, te recomiendo encarecidamente que le dejes mantener sus preocupaciones emocionales para sí mismo, por dos razones fundamentales: la primera es que esto le permitirá gozar de una privacidad que probablemente agradezca, sobre todo si no te conoce mucho o si no es una persona dada a compartir sus sentimientos íntimos, y la segunda es que te evitará tener que lidiar con emociones ajenas, que podrían someterte a una presión emocional innecesaria. Además, en todos los casos, te ahorrará tiempo.

El QE emocional es totalmente seguro. No se trata de una terapia de ningún tipo. No requiere de análisis ni de formación, puesto que el iniciador no hace nada. La curación se logra porque el compañero baña su desazón emocional en las aguas sanadoras de la conciencia pura. La única labor del iniciador es dar comienzo al proceso, nada más. No necesitas perder el tiempo enfrentándote a un tempestuoso mar de emociones desbocadas; deja eso para los profesionales.

Y hablando de profesionales, si eres psiquiatra, psicólogo o psicoterapeuta, puedes utilizar en tu consulta el QE emocional si deseas obtener resultados espectaculares. Considera ponerlo en práctica justo después de la acostumbrada evaluación inicial del caso, ya que permite eliminar con muy poco esfuerzo las causas últimas de la angustia psicológica, tras lo cual podrás tratar los problemas restantes con técnicas más tradicionales. El QE emocional obrará maravillas asimismo en pacientes que lleven años de terapia, ya que a veces puede ayudar a romper bloqueos existentes desde hace mucho tiempo y acelerar el proceso curativo en general.

La sanación que propicia el QE emocional es permanente. El miedo es la emoción básica de la que brotan todas las demás emociones negativas, y como recordarás, surge cuando el ego parece separarse de la conciencia pura y adopta una identidad individual. Si tu compañero experimenta rabia, ansiedad, culpabilidad o tristeza, en el fondo de cualquiera de estas emociones yace el miedo a estar separado de la conciencia pura, y lo que hace el QE es inundar de plenitud ese miedo, al devolver el ego a los brazos de su madre –o lo que es lo mismo, al devolvernos la percepción consciente de la conciencia pura–. Es posible que el recuerdo permanezca, como una mera ondulación en la superficie de la conciencia, pero la emoción debilitadora ligada a él se diluye en un océano de dicha.

Cómo aplicar el QE emocional

En primer lugar, haz saber a tu compañero que no necesitas conocer los detalles de su dolor psicológico. Explícale que la curación será obra de la conciencia pura, que tú sencillamente vas a iniciar el proceso y que por tanto puede guardarse para sí su desazón emocional.

Pídele que piense en el incidente que es a su entender la causa de la angustia. En el caso de que no lo tenga claro, deberá identificar en silencio la emoción que le afecta, y anímale luego a que la deje intensificarse todo lo posible. Cuando haya alcanzado el nivel de máxima desazón, pídele que la evalúe en una escala del 1 al 10 (en la que el 10 significa insoportable). Recuerda la puntuación que le haya dado en esta evaluación inicial.

Continúa tal y como hiciste al eliminar problemas físicos. En este caso, puedes optar bien por la triangulación o bien por el QE refinado.

Una vez finalizada la sesión, concédele a tu compañero un poco de tiempo para que se reoriente. A veces, se necesitará algo más de tiempo que tras la aplicación del QE a las afecciones físicas. En cuanto tu compañero esté listo, pídele que reviva el mismo incidente que era motivo de su aflicción y que lo evalúe como antes en una escala del 1 al 10.

Por lo general, ¡ni siquiera recuerdan qué emoción era! Como mucho, algunos dicen: «Lo intento, pero no consigo sentir una intensidad mayor de un 1 o un 2». Verás que se les han relajado los músculos faciales y que hay serenidad en su voz.

El QE emocional elimina instantáneamente todo tipo de emociones inquietantes incluso aunque la persona no sepa qué las ha originado. La conciencia pura es capaz de llegar a la raíz sin que tengamos percepción consciente de ello. Es posible que en algunas ocasiones tu compañero recuerde el suceso causante de su dolor y lo mencione durante la sesión. Ocurre sobre todo cuando descubre un trauma infantil profundamente enterrado. No le des demasiada importancia. Pídele que permanezca en silencio y que cierre los ojos si lo desea. Para cuando recupere ese recuerdo, la emoción abominable habrá quedado neutralizada, por lo que no vale la pena dedicarle más tiempo.

Puedes sentirte satisfecho por haber inspirado una curación del conflicto emocional de tu compañero y de que nuestro atribulado mundo tenga un rayo más de luz.

Capítulo 13

QE ampliado

El QE ampliado es muy valioso para tratar problemas de salud crónicos, prolongados y graves como la diabetes, las enfermedades cardíacas, el alzhéimer o el cáncer. También resulta particularmente efectivo para aliviar y curar conflictos emocionales profundos. Cuando una dolencia no da ninguna señal de mejoría tras varios minutos o varias sesiones de Quantum Entrainment regular, no cabe duda de que lo indicado para esa persona es el QE ampliado.

Como su nombre indica, lo que hacemos es ampliar el tiempo normal de aplicación, por lo que aumentan enormemente los beneficios tanto para el compañero como para el iniciador. Cuando se realiza el QE ampliado, el mundo común compuesto de coches, estrellas, gente e incluso espacio se sobresatura de conciencia pura, tanto que esta parece casi tangible, como un bálsamo de vibrante renovación.

El QE ampliado es extraordinariamente potente. Debemos recordar, sobre todo al aplicar esta técnica, que la conciencia pura sabe lo que hay que hacer. Lo digo porque, siendo como es la naturaleza humana, cuando trabajamos con una dolencia en estado crítico, sentimos la necesidad de intensificar nuestro deseo de que se produzca la curación y nuestro esfuerzo por lograrlo, y esto se debe a que olvidamos con facilidad que somos iniciadores, que en ello está implícita la intención de que nuestro compañero se cure, y eso es todo. La curación se producirá o no, pero eso ya no está en nuestras manos. La gravedad de una dolencia no exige una intención más fuerte ni un mayor esfuerzo. Lo único que se requiere es una sencilla inocencia, nada más; eso es cuanto hemos de poner de nuestra parte para que tenga lugar la curación.

Cómo aplicar el QE ampliado

Una sesión de QE ampliado puede durar desde cinco minutos hasta alrededor de una hora. Veinte minutos parece ser lo adecuado en la mayoría de mis sesiones, aunque, si es necesario, alargo o abrevio su duración.

Inicia una sesión de QE ampliado exactamente como lo harías con una sesión regular de uno o dos minutos. A mí me gusta empezar de pie y luego pedirle a mi compañero que se siente al cabo de un par de minutos. El Quantum Entrainment ampliado se puede realizar también con el compañero tendido, sobre todo si está bastante enfermo.

Esta modalidad presenta unas cuantas diferencias menores que debemos tener en cuenta. Para empezar, mantén los puntos de contacto y espera a que aparezca la eumoción. Mientras la sesión continúa, la mente se distraerá, así que, en cuanto te des cuenta de que está en otra parte, vuelve a tomar conciencia de la eumoción con suavidad. Es más que probable que la eumoción original cambie; puede que al principio experimentaras sosiego o paz, pero que luego estos sentimientos den paso a la dicha, la alegría o incluso el éxtasis. Sea cual fuere la eumoción, sé consciente de ella.

Cada pocos minutos, cuando te sientas inclinado a hacerlo, desplaza los dedos de contacto a otros lugares del cuerpo de tu compañero. Los más comunes en el QE ampliado son la frente, las sienes, el corazón y el plexo solar, aunque cualquier zona apropiada servirá también. En cuanto tus dedos encuentren su nueva posición, regresa a tu eumoción y quédate con ella durante los siguientes minutos.

Cuanto más tiempo pases con la eumoción, mayor será tu sensibilidad a los niveles más sutiles de la curación. Tal vez percibas cómo se lubrifican las articulaciones o cómo se abren los pulmones para recibir el aire revitalizador, y es posible que, con tu visión interior, veas también cómo operan otras fuerzas curativas. No te impliques. Veas lo que veas, déjalo seguir su curso. Estás sentado en primera fila observando cómo surgen y toman forma los impulsos curativos de la conciencia pura. Eres el testigo inocente de la creación y recreación, y nada que hagas puede mejorarlas. Sé consciente de lo especial que es este momento y de que tienes la gran fortuna de ser su silencioso testigo.

Podrías asimismo ver símbolos geométricos, o cómo fluyen y se arremolinan las energías abstractas que operan en tu interior y en el cuerpo de tu compañero. Es posible que se abran los cielos y se derrame una luz dorada sobre vosotros, y que los ángeles canten y hagan sonar sus trompetas para anunciar la curación inminente. ¿Qué debes hacer tú? Aceptarlo todo. No te dejes atrapar por el simbolismo o la sintomatología que aparezcan. Limítate a estar presente y disfruta de la intensa presencia curativa de la conciencia pura.

Cuando la sesión de QE ampliado toque a su fin, concédele a tu compañero al menos dos o tres minutos para que abra los ojos y esté en condiciones de regresar a la actividad. Eso como mínimo. Puede que en algunos casos necesite entre cinco y diez minutos, o incluso tenderse en el suelo. Asegúrate de que le has explicado que, si a lo largo del día se siente cansado, debe descansar y, además, acostarse temprano esa la noche.

Como en las sesiones breves la sanación que se ha iniciado durante la sesión de QE ampliado continuará durante uno o dos días más. A veces, el compañero puede sentirse cansado o desbordado por las emociones al día siguiente. Esto es señal de que está teniendo lugar una curación muy profunda y, si es posible, debería descansar, comer bien y hacer un poco de ejercicio suave.

En mi consulta de asesor psicológico utilizo mucho esta modalidad, ya que es un potente purificador de emociones y sanador corporal. Y, claro está, me encanta también por los beneficios que siento en mí. Continuaré haciendo uso de él hasta que experimente el cambio de paradigma definitivo que me permita atravesar las paredes o flotar por el aire como una pluma.

Hasta que esto suceda –y puedes estar seguro de que cuando así sea te lo haré saber–, me quedo con el Quantum Entrainment y todas sus variaciones.

Segunda parte

EUMOCIÓN, CONCIENCIA DEL SER E INTENCIÓN DEL QUANTUM ENTRAINMENT

Capítulo 14

¿Quién soy yo? En busca del Ser eterno

Ser humano significa mucho más que lo que hemos vivido hasta ahora. De forma innata, sabemos que la vida tiene que ser algo más que esto. Tal vez te hayas hecho esta misma pregunta en alguno de esos momentos de silenciosa desesperación que suelen llegar, por lo general, hacia la mitad de la vida, cuando a pesar de haber conseguido la mayoría de nuestros objetivos, seguimos sintiéndonos incompletos en lo más íntimo, presos de un vacío difícil de precisar. La voz –apenas una suave ondulación que cruza el océano de nuestra mente– nos llega de ese extraño lugar de quietud que hay en lo más profundo de nuestro ser. Escuchamos con atención, pues sabemos que intenta decirnos algo importante. Pero es una voz muy tenue, ahogada por el viento y las olas del vivir cotidiano, así que, en lugar de aguzar el oído, continuamos forjándonos la vida que nuestros antepasados soñaron para nosotros, la vida del dominio sobre nuestro entorno, una vida que, en última instancia, es reflejo de opulencia, poder y orgullo.

Esperamos encontrar la felicidad, como la olla rebosante de oro de la que habla la leyenda, al final del arco iris de nuestras vidas. Porque la felicidad que conocemos en sus diversas formas –ya provenga de las relaciones, el sexo, el dinero o lo que fuere– es un fantasma de la realidad: una vez conseguida, resulta que no tiene sustancia, no posee un valor imperecedero que pueda darnos aquello que en verdad anhelamos. Eso solamente nos lo dará la percepción clara e inocente de nuestra realidad verdadera. Lo cierto es que vivimos la vida solo a medias. Todavía no nos hemos introducido en nuestra piel espiritual. Aún no hemos desarrollado nuestro pleno potencial de dinámicos y exultantes parangones de la paz y la rectitud.

Nacimos con todo lo que necesitamos para estar libres de las destructivas tendencias del adulto inmaduro.

No creo que fueran muchos los que rebatieran que tenemos mucha mayor capacidad para la armonía y la sanación de lo que actualmente demostramos. No estoy sugiriendo que intentemos superar o neutralizar, con pensamientos o acciones positivos, nuestras tendencias destructivas. Ya hemos hecho lo uno y lo otro, y el éxito obtenido ha resultado ser muy breve. Lo que aconsejo es que no tratemos de hacer nada; de hecho, intentar hacer algo únicamente empeorará la situación.

La transformación de la que hablo exige un cambio de percepción. El niño que hay en nosotros lo sabe instintivamente; lo único preciso es que el adulto acepte, aquí y ahora, en este mismo instante, que es verdad, que esa es la pura verdad. Pero ¿de qué percepción hablamos, y cómo podemos hacer que sea una realidad en nosotros?

Con independencia de lo que en cada momento haya experimentado y experimente tu cuerpo-mente, siempre ha habido una parte de ti que se ha mantenido separada e inmutable: el testigo silencioso y eterno que es tu Ser interior. Ese es el tú atemporal, el Ser eterno que nunca te abandonará. ¿Cómo podría hacerlo? Puedes abandonar tu cuerpo y tu mente, pero es imposible que renuncies a tu Ser.

La simple percepción directa de que hay algo que es estable en nuestra vida tiene un efecto profundamente tranquilizador. Nos sentimos más seguros sabiendo que hay una parte de nosotros que nunca se deteriora. Quizá desconozcamos cómo explicarla o cómo mostrársela a los demás, pero sabemos que está ahí y, por el momento, con eso nos basta.

Pero no te preocupes; pronto aprenderás a lograr que esta experiencia sea vívida y vibrante en tu vida. Antes, vamos a examinar más detalladamente lo que significa vivir en este estado de conciencia acrecentada. Te propongo un experimento que puede echar por tierra la rígida manera de pensar que aprisiona la mente adulta.

Experimento: cómo encontrar tu Ser eterno

Evoca un recuerdo temprano de tu niñez, quizá de un momento en que estuvieras jugando tú solo tranquilamente, o de alguna actividad con la que disfrutaras. Ahora, deja que tu mente se traslade a un suceso de tu niñez de una época posterior. Sigue escogiendo así sucesos de tu adolescencia, de tu juventud, y continúa hasta llegar al momento presente. Deja que los recuerdos cobren vida, y quédate con cada uno de ellos el tiempo que quieras, reviviendo los sonidos, los olores, lo que sentía tu cuerpo y las emociones que albergaba tu mente. Cuando termines con un recuerdo, pasa al siguiente, acercándote así al presente poco a poco. Cuando hayas revivido varios de distintas épocas, deja que todos ellos confluyan en tu mente como un río de recuerdos. Mientras lo haces, date cuenta de que los estás observando; es como si estuvieras a la orilla del río viéndolos pasar. Sé consciente de que en este momento eres el observador de lo que está ocurriendo en tu mente; en este caso, de tus recuerdos.

Regresa ahora a cualquiera de esos sucesos que acabas de rescatar de la memoria y esta vez recuérdalo con mucha claridad. Mientras observas cómo se va desplegando, reconoce que cuando ese suceso era tu presente, también había una parte de ti que observaba lo que hacías, incluso entonces. Revive otro recuerdo, y date cuenta de que, también en este, una parte de ti era testigo de lo que sucedía.

Ahora toma todos los recuerdos que antes has elegido y contémplalos en una sucesión rápida de principio a fin. Fíjate en cómo tu cuerpo, tu intelecto, tus emociones, deseos y habilidades han ido cambiando al pasar por las distintas etapas, desde la niñez hasta la edad madura. Pero hay algo que no ha cambiado. El sentimiento de «yo», el Ser silencioso que era testigo de todo, siempre ha estado presente, como lo está justo ahora. Percátate de que eres consciente de él, de todo este proceso que está sucediendo ahora mismo, de que eras consciente entonces y eres consciente ahora. Descubres así que, en esa percepción consciente, lo único que hay es conciencia: la propia conciencia, inalterable e imperecedera.

La mayoría vivimos en la tierra de Newton, una tierra de leyes físicas, de la causa y el efecto, orientada hacia una meta, convencidos de que, al sumar X + Y, obtendremos con toda certeza el resultado final Z. Es decir, estamos seguros de que recibir una educación y tener un buen trabajo –e ir añadiendo por el camino una familia, una casa y un perro– nos dará seguridad y riqueza suficientes para pasar el resto de nuestras vidas con relativo desahogo y felicidad. Pero dime, ¿cuántos de nosotros nos encontramos donde hace diez años planeábamos estar? Es casi imposible conseguir exactamente lo que planeamos para la vida, pues esta tiene otros planes para nosotros. Luchamos por conseguir lo que queremos, pero la vida nos da lo que necesitamos. Nos ofrece alternativas a nuestro viaje, alternativas viables, y, si nos oponemos a ellas, va colocando obstáculos en nuestro camino hasta que abrimos los ojos.

Cuando hablo de la «vida» en este caso, me refiero a las leyes de la naturaleza a las que estamos todos subordinados. Hablo de las leyes que gobiernan nuestra especie, nuestra Tierra e incluso los vastos mundos que escapan a nuestra comprensión; y, sobre todo, hablo de la ley que se halla en la base de todas las demás: la ley de la perfección conseguida a través de la percepción presente. ¿Qué significa esto? No te dejes intimidar por las palabras; en realidad, es bastante sencillo. Percepción presente significa hacerse consciente de la conciencia pura; es hacer un simple cambio y pasar de la conciencia común a la conciencia ilimitada, algo que cualquiera que esté leyendo estas líneas puede lograr sin esfuerzo. Es el eslabón perdido que une la libertad de la infancia con el poder progresivo de la edad adulta.

Si tienes un poco de paciencia, te explicaré no solo cómo funciona, sino cómo ganarte el favor de la madre naturaleza y vivir libre de la limitadora influencia de la lucha y el estrés. Has de saber simplemente que si ignoramos o quebrantamos las leyes, se nos reprenderá. En la niñez, es nuestra madre quien nos hace sugerencias, nos aconseja y nos disciplina. En la edad adulta, la madre naturaleza toma el relevo; y, como ya sabemos, puede ser despiadada e implacable, o compasiva, amable y generosa. No es ella, sino nosotros, quien toma la decisión.

Esto no es una filosofía caprichosa y fantástica; lo que digo es igual de tangible que el aire que respiras. Tenemos muchos ejemplos de personas que han vivido esta clase de elevada existencia humana, cuya clave no reside en aprender algo nuevo, sino más bien en recordar: recordar lo que somos, nuestra verdadera esencia. Es como retornar a la libertad de la infancia al tiempo que vivimos dentro de los confines de la edad adulta, orientada hacia el dominio y el control. Es la unión de la infancia y la edad adulta para formar una nueva y apasionante compilación de lo mejor de ambas vidas. Es una especie de iluminación, una apertura al silencioso poder que reside dentro de cada uno de nosotros.

Capítulo 15

Cómo encontrar la NADA

Los seres humanos, es decir, tú y yo, estamos hechos para ser libres y amantes del disfrute, y tenemos cuanto se necesita para ello; sin embargo, parece que miráramos la vida a través del cañón de la escopeta, y no del visor. Hemos puesto nuestras vidas del revés, al conceder un valor desmedido a los frutos de nuestro trabajo y prácticamente ninguno a la influencia organizativa que yace detrás de él.

En el capítulo 4, «Detener los pensamientos... ¡es muy fácil!», te sentabas, cerrabas los ojos y te hacías una pregunta tras la cual esperabas a ver qué sucedía. Y durante la espera, te dabas cuenta de que no sucedía nada, de que los pensamientos se habían detenido y disfrutabas de la paz total que emergía de la ausencia de actividad; descubrías la conciencia pura, que te esperaba entre pensamiento y pensamiento. Y si la conciencia pura se encuentra en todas partes todo el tiempo, eso significa que está aquí en este instante y, por tanto, deberías poder ser consciente de ella con los ojos abiertos mientras lees este libro o haces cualquier otra cosa. El siguiente experimento te mostrará cómo hacerlo. Es tan sencillo e inmediato que te preguntarás cómo es posible que hayas pasado por alto la conciencia pura durante todos estos años.

Gira la cabeza hacia la izquierda todo lo que puedas y mira un objeto.
Ahora, rápidamente, gira la cabeza todo lo que puedas hacia la derecha y mira otro objeto.

¿Qué pasaba por tu mente mientras girabas la cabeza del primer objeto al segundo? Nada, ¿no?, tu mente estaba en blanco. Repítelo las veces que quieras; el resultado será siempre el mismo: ¡nada!

Ahora ya sabes que la NADA es conciencia pura, y que la conciencia pura es nuestra naturaleza básica. Todo cuanto conoces y experimentas se basa en ella. Buda lo expresó así: «Ver NADA es percibir el Camino»; los Beatles dijeron: «Nothing's gonna change my world», es decir, «NADA va a cambiar mi mundo», y Frank asegura: «El secreto es NADA». ¿A qué nos referimos?

Cuando te haces consciente de un árbol, la impresión que este deja en tu mente se proyecta en la pantalla de la conciencia pura. Eso es lo que denominamos un pensamiento. En este caso, es un pensamiento acerca de un árbol; no es el árbol en sí, ¿verdad? El pensamiento del árbol queda impreso en la conciencia pura, lo mismo que queda impresa la película en la pantalla de cine. La pantalla ya estaba allí, pero la película no empieza hasta que las imágenes se proyectan en ella. Lo mismo sucede en tu mente. El vivir no comienza hasta que las imágenes de la vida –los pensamientos, las emociones y las percepciones del mundo exterior– se proyectan en la pantalla de tu mente, que es la conciencia pura.

El problema aparece cuando nos olvidamos de la conciencia pura y creemos que las imágenes que se proyectan en nuestra mente son reales, cuando pensamos que el árbol que aparece en nuestra mente es una representación exacta del árbol real que hay en el jardín de nuestra casa, lo cual equivaldría a ir al cine y creer que somos uno de los personajes de la película que se está proyectando en la pantalla. Cuando crees que formas parte de la película, ríes y lloras, te enamoras y te desenamoras, y experimentas todas las alegrías y tristezas que se te pongan delante; pero detrás de todo ello, como soporte de todas las imágenes de la película, está la pantalla, y sin ella no habría película. Como aficionado al cine, ya sabes todo esto; pero como persona que vive dentro de su mente, has olvidado que todas las imágenes de tu vida existen porque existe la conciencia pura –que es la pantalla de tu mente– y que no podrían hacerlo si no se reflejaran en ella.

Cuando eres consciente de la conciencia pura, eres consciente de tu naturaleza básica, que es ilimitada e inalterable. Entonces te sientes seguro, y lo estás, pues eres una esponja cósmica que absorbe la expansiva estabilidad, la fuerza, la paz y la dicha de la conciencia pura. Pronto, y sin ningún esfuerzo, la discordia emocional y mental empieza a diluirse en la vastedad de tu Ser. Te impregnas de la paz, la armonía y la estabilidad absoluta que es la conciencia pura, y tu vida es a partir de entonces un reflejo de esas cualidades. Cuando no eres consciente de la conciencia pura... Bueno, eso ya lo conoces.

> Ser consciente de la conciencia pura → seguridad inquebrantable → emoción sana → claridad de pensamiento → acción dinámica

Hacerse consciente de la conciencia pura es una gran aventura, pero aún hay más. Y ahora llegamos por fin al elemento central del Quantum Entrainment, la eumoción, y lo que esta aportará a nuestra vida. Dicho en pocas palabras, la eumoción satisfará tu más profundo deseo. Sí, el deseo más profundo, el más desesperado, el que se esconde en la parte más recóndita y desolada de tu mente se deleitará cuando conozcas la eumoción. De entrada, no está mal, ¿no te parece? Pero lo verdaderamente estupendo es que cualquiera puede experimentar la eumoción, y eso te incluye a ti. No es necesario que te fíes de mi palabra, ya que pronto podrás demostrártelo a ti mismo.

No quiero adelantarme, pero estoy entusiasmado por poder compartir esto contigo; y una vez que la eumoción y tú os hagáis amigos inseparables, te tengo reservada otra sorpresa. Quiero que aprendas a reescribir la película que es tu vida. Una vez que la eumoción se asiente en tu conciencia, aprenderás a conseguir todo lo que quieres de la vida: más dinero, relaciones más profundas, un trabajo más satisfactorio, viajes emocionantes, más tiempo libre y, por encima de todo, un mayor disfrute. Pero antes de que volvamos tu mundo del revés, vamos a dedicar unos minutos a aprender algo más sobre la eumoción y cómo obra todas estas maravillas.

He trabajado mucho en mi vida de adulto. Sobre todo, intentando iluminarme. Para mí, la iluminación era un estado de felicidad eterna, y tenía la utópica idea de que, cuando me hubiera iluminado, caminaría sobre una nube de beatitud, mirando hacia abajo a las masas sufrientes y diciéndome a mí mismo: «¡Buf! Fíjate en toda esa gente que sufre. ¡Menos mal que estoy por encima de todo eso!».

La iluminación se convirtió en mi meta, y tenía un ardiente deseo de alcanzarla lo antes posible. Poco sabía yo que el propio deseo que me puso en el camino hacia la libertad me tenía de hecho prisionero en un laberinto sin fin que giraba continuamente sobre sí mismo. El deseo es Uróboros, la serpiente que se muerde la cola. Cuando ha terminado contigo, no queda nada, lo cual, si eres capaz de aceptarlo, es algo positivo, ya que NADA es el principio y el final del camino, y también el medio, aunque sean muy pocos los que lo reconozcan así.

Voy a darte un pequeño consejo. Cada vez que te descubras recorriendo un camino en busca de la dicha ilimitada y la libertad eterna, salte de él inmediatamente. Si algo es ilimitado y eterno, por fuerza ha de encontrarse donde ya estás, y no necesitas un camino para llegar adonde ya estás, puesto que ya estás ahí. ¿Tiene sentido lo que digo? Deja de esforzarte, y la paz te estará esperando como la calma después de la tormenta. El mejor momento para alcanzar tus metas materiales no es mientras te zarandea la tempestad trepidante, sino una vez que las nubes de tormenta han desaparecido. Bajo el sol del nuevo día, podrás construir tu vida sobre los cimientos de la eumoción y percibir al instante la paz y la prosperidad que pacientemente te esperan.

Capítulo 16

Cómo encontrar más NADA

Empieza por realizar una acción simple, como dejar sobre la mesa el libro que estás leyendo o caminar de un lado a otro de la habitación; cualquier actividad sencilla. Mientras la estás llevando a cabo, párate de repente y, en ese mismo instante, presta atención a lo que tengas en la mente. Luego, presta atención a lo que siente tu cuerpo.

Cuando te detengas en medio de cualquier acción, descubrirás que la mente está vacía y el cuerpo, quieto. Con independencia de dónde te encuentres o de lo que estés haciendo, ya sea una acción simple o el viaje de tu vida, «NADA» está siempre contigo..., ¡siempre!

Necesitas recorrer un camino para realizar determinados actos, como encontrar el supermercado, o para lograr cierta seguridad económica. Los caminos son necesarios para conseguir las cosas relativas de nuestras vidas, pero cuando se trata de obtener algo que está en todas partes todo el tiempo –como la conciencia pura y la eumoción–, un camino es de lo más inútil. En realidad, es peor que inútil; es un derroche de vida.

No puedes conseguir algo que ya tienes, por mucho que lo intentes. Si crees que hay un camino para llegar al amor ilimitado, es porque tu creencia te está cegando; los árboles no te dejan ver el bosque. Puedes intentarlo una y otra vez, todas las veces que quieras, esforzarte durante años y años, y ni aun así podrás conseguir lo que ya tienes. ¿Cómo lo sé? Porque yo ya lo hice innumerables veces.

En una ocasión dejé de intentarlo, y me sentía tan bien que pensé: «Si no intentarlo me hace sentirme tan bien, ¡imagina la paz que tendría si de verdad me aplicara a ello!». ¿Te das cuenta del despropósito de pensar así? La paz es fruto de una menor actividad, no de una actividad mayor. Los momentos de paz nunca nos llegan mientras estamos atendiendo a siete cosas a la vez, sino cuando la mente permanece en reposo. Si me hubiera quedado en la modalidad *dejar de intentarlo*, la paz habría sido permanente. Pero preferí seguir intentándolo e intentándolo hasta el aburrimiento.

Solemos cometer un error muy común. Cada vez que alcanzamos una meta, cada vez que conseguimos algo por lo que hemos trabajado con ahínco, nos sentimos bastante bien y pensamos que el bienestar se debe a que hemos logrado lo que queríamos. En realidad, ese bienestar íntimo, ese sentimiento de profundo bienestar, se debe a que ya no tenemos que seguir tratando de conseguir lo que queríamos. Hay un pequeño espacio de completo no hacer, y ese espacio se llena de dicha, de paz o de un sentimiento de satisfacción. Sin embargo, como malinterpretamos la naturaleza de la paz, intentamos llenar ese espacio con nuevas actividades, y así, poco después de haber alcanzado nuestro objetivo, empezamos a sentirnos inquietos, y rápidamente buscamos otra montaña que escalar.

A veces ni siquiera podemos disfrutar del merecido momento de quietud, porque nuestra mente está ya puesta en el futuro, anhelante de una nueva conquista. Sabe que la felicidad es fugaz; de ahí que busque sin cesar la felicidad permanente. Y aquí es donde entra la eumoción.

La eumoción se encuentra en todas partes todo el tiempo; por eso te decía que siempre ha estado contigo. Y si está ahí contigo en este instante y no eres consciente de ella, ¿dónde la puedes buscar y qué deberías hacer para encontrarla? Por increíble que parezca, la respuesta es, sencillamente, no ir a ningún sitio ni hacer nada, salvo tomar conciencia de ella. ¿Y cómo hacerte consciente de ella? La respuesta es: sin intentarlo, sin esforzarte. Ese es el secreto, la llave para abrir el amuleto del sufrimiento que has llevado colgado del cuello desde que dejaste atrás la niñez. Deja ya de intentar.

Capítulo 17

Cómo percibir sin esfuerzo

Piensa en un número del uno al diez. A continuación, visualiza mentalmente un color. Por último, imagínate un árbol muy alto. Ahora, haz las tres cosas seguidas, una justo después de la otra: piensa en el número, el color y el árbol.

Cuando has pensado en el número y después en el color, ¿cuánto le ha costado a la mente pasar de uno a otro? ¿Te has dicho: «De acuerdo, mente, vamos a pensar en el número. Y ahora que tenemos el número en mente, vamos a cambiar de perspectiva para pensar en el color. Bien, ahora que ya tenemos el color claramente definido, volvamos a cambiar de perspectiva para pensar en el árbol»? Está claro que la mente no funciona así. Ha pasado de forma automática de un objeto a otro sin que el proceso haya supuesto ningún esfuerzo.

Pero no nos equivoquemos. Este ejercicio no te enseña a percibir sin esfuerzo; eso ya lo haces. Su verdadero valor estriba en que te hace tomar conciencia de que el proceso de percibir no exige esfuerzo alguno; cualquier cosa que intentaras hacer solo interferiría en el proceso.

Así que, veamos, ¿qué hemos aprendido hasta el momento? Para empezar, sabemos que la eumoción es ilimitada, y, puesto que se encuentra en todas partes todo el tiempo, siempre ha estado con nosotros. La emociones regulares, como la ira y la ansiedad, no son ilimitadas, sino que están sujetas a nuestro pasado y a nuestro futuro, a nuestros recuerdos, nuestras esperanzas y nuestros miedos, y el carácter y la intensidad de esas emociones varía dependiendo del grado de seguridad que sintamos en cada momento. El oleaje de las emociones puede zarandearnos y voltearnos como si fuéramos un barco sin timón en medio del océano tempestuoso, o podemos echar el ancla en la estabilidad de la eumoción, lo cual nos dará paz interior, dicha y amor. No tenemos que hacer nada para ser conscientes de la eumoción, salvo percibirla. Y eso no exige ningún esfuerzo.

Te preguntarás: «Pero, si es tan fácil de percibir, ¿cómo es que no la he percibido hasta ahora?». Sí, es verdad que percibir no exige ningún esfuerzo, pero es como el haz de luz de una linterna: si lo diriges hacia aquello que quieres ver, ¡magia!, aparece el objeto iluminado resplandeciendo en tu conciencia; ahora bien, por muy sencillo que sea el proceso, si apuntas la linterna en la dirección contraria, nunca encontrarás lo que buscas. La única razón por la que la eumoción escapa a tu percepción es que estás mirando en la dirección equivocada. Una vez que aprendas a encontrar la eumoción

–es decir, una vez que aprendas hacia dónde debes girarte para percibirla–, nunca la volverás a perder de vista. Mi tarea consiste en ayudarte a girar para que mires en la dirección correcta, y luego quitarme de en medio y dejaros solos a la eumoción y a ti para que os vayáis conociendo.

Por si te está resultando un poco difícil ubicar la eumoción intelectualmente, he hecho un pequeño gráfico.

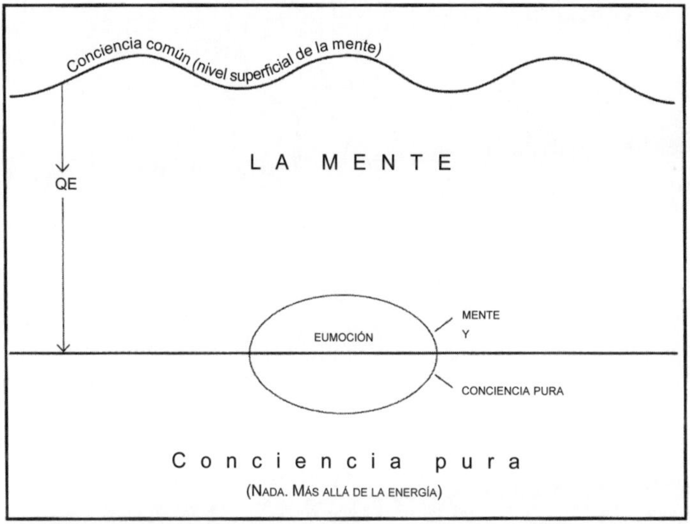

Como ves, gracias al Quantum Entrainment nuestra percepción consciente pasa de la conciencia ordinaria a la conciencia pura, que está más allá de la mente. La eumoción existe tanto en la conciencia pura como en el mundo creado, que está representado por la mente en este gráfico. La eumoción es lo único de la creación que es a la vez ilimitada y pertenece al mundo de lo creado. Por eso, cuando tomas conciencia de la eumoción, eres capaz de pensar y actuar desde el nivel de pensamiento más refinado y armonioso, lo cual significa que cada uno de tus pensamientos, palabras y acciones es más armonioso y ordenado, y está abierto por tanto al mayor potencial posible de plenitud a nivel material. Vamos a explorar ahora cómo ser consciente de la eumoción crea una inigualable salud, prosperidad y amor en nuestra vida.

Capítulo 18

Integrar la Eumoción en tu mundo

Al desvelar la eumoción que hay dentro de ti, has descubierto el eje alrededor del cual gira tu vida entera. Cuando te haces consciente de ella, es como si tu vida echara el ancla en la esencia inalterable e ilimitada de la creación a la que el tiempo no puede alcanzar. Sin conciencia de la eumoción, la vida está desequilibrada; pero esta ya no es una de tus preocupaciones, por lo menos personales. Y ahora que estás entre aquellos que acaban de despertar, no hay tiempo para quedarse dormido en los laureles. Sí, es cierto que percibir la eumoción no requiere esfuerzo, pero, a menos que tengas planeado vivir en una cueva, debes dedicar un poco de tiempo a integrarla en tu actividad cotidiana.

Al aprender QE, aprendiste a trascender la actividad mental y emocional y acceder a la conciencia pura. Luego, en lugar de olvidarte de la conciencia pura y regresar al mundo relativo, aprendiste a percibir la eumoción, que ancla tu conciencia en el nivel más profundo y silencioso de tu mente, allí donde se crean los pensamientos. Asentado en la dicha inefable de la eumoción, eres de hecho testigo de la creación. En cuanto te familiarices con tu papel de testigo, aprenderás a crear desde ese nivel de la vida extraordinariamente sutil y poderoso que hay en lo más hondo de tu mente. A este proceso de crear poder y gracia en tu vida, por no hablar de riqueza y bienestar, lo denomino «intención del QE». Una vez que la aprendas, serás dueño y señor de la creación, y no tendrás que hacer nada.

Aprenderás a no hacer, y desde ese estado, serás capaz de satisfacer tus deseos, activando las potentes fuerzas que se formarán para hacerlos manifestarse en el plano material. Descubrirás cómo usar la intención del QE para disfrutar de soltura económica, control emocional, resolver cualquier problema, curar cualquier dolencia crónica y, algo muy importante, ayudar a otros a reconocer los deseos de su corazón.

Me gusta simplificar las cosas todo lo posible. Mire hacia donde mire, veo a la gente trabajar cada día más y conseguir cada día menos, y ese incremento de la cantidad de trabajo en detrimento de la calidad de vida parece ser directamente proporcional al volumen de actividades que somos capaces de llevar a cabo. En el mundo de los negocios ha cobrado auge una iniciativa que propone hacer menos y conseguir más; pero, por extraño que parezca, yo veo que la gente trabaja mucho para ponerla en práctica. Es la naturaleza de una mente sin ancla, la mente activa del mundo moderno, hacer cada vez más en busca de la solución óptima, y, paradójicamente, sin embargo, es la mente serena, anclada en la profunda armonía de la paz interior, la que ha encontrado la solución. El mantra de la mente que practica el Quantum Entrainment es: «No hagas nada, y consíguelo todo». Una vez que te sientas cómodo paseándote por el fondo de tu mente, aprenderás la intención del QE y cómo conseguirlo todo sin hacer nada.

En realidad, no es que podamos «usar» la eumoción, pero sí ser conscientes de ella en las situaciones más diversas y contemplar cómo enriquece nuestra calidad de vida y la de quienes nos rodean. Se trata de un proceso en verdad fascinante. Al principio, tu mente querrá arremangarse y poner manos a la obra en el asunto de la creación. Se oye al ego decir: «Yo puedo conseguir lo que me proponga, e incluso lograr que se manifiesten materialmente en mi vida cantidad de cosas estupendas». Sientes la imperiosa necesidad de demostrar tu valía y de tener cierto efecto en tu mundo, pero no es más que el ego pavoneándose. Enseguida el ego se dará cuenta de que tiene sentido soltarse, dejar que la naturaleza, o en este caso la eumoción, siga su curso. Muy pronto entenderá con claridad meridiana que la creación se ha llevado a cabo admirablemente hasta el momento sin su ayuda. Pronto, la carga del «yo soy el creador» se nos cae de los hombros como una prenda ajada, para ser sustituida por la comprensión de «yo soy el observador a través del cual la creación se realiza».

Así que no voy a centrarme en la creación exterior como he hecho en libros anteriores, sino que ahora vas a aprender a establecerte en el profundo silencio del Ser y, desde ese lugar sublime, guardar secretamente una semilla de la que brotará el loto de mil pétalos de tu vida. Cuando eso suceda, la plenitud interior se reflejará en todos los aspectos de tu vida, ¡y podrás también manifestar materialmente cantidad de cosas estupendas! Así que vayamos al siguiente paso para crear paz interior y abundancia exterior. Puedes empezar por hacerte consciente de tu eumoción mientras realizas aquellas actividades más tranquilas. Pero, antes, siéntate en una silla y realiza el siguiente ejercicio.

Sentarse con la eumoción

Busca una silla confortable en un lugar donde nada vaya a molestarte durante al menos quince minutos. Desconecta el teléfono, saca al perro o al gato de la habitación, cierra la puerta y siéntate cómodamente. Efectúa el Quantum Entrainment refinado (capítulo 9). Una vez que hayas caminado tranquilamente por la habitación identificando los objetos que haya a tu alrededor, vuelve a la silla y cierra los ojos. Sigue con el QE refinado y toma conciencia de la eumoción. Hazlo durante cinco minutos.

Al cabo de ese tiempo, mueve despacio uno de tus dedos y luego, inmediatamente, hazte consciente de la eumoción de cinco a diez segundos. Repite este proceso con otras partes del cuerpo, recordando mover esa parte y luego regresar a la eumoción. Puedes pasar, por ejemplo, de la mano a la nariz, de esta al ojo izquierdo, después a la rodilla derecha, a continuación a la nuca... No importa a qué parte del cuerpo te dirijas ni en qué orden; únicamente acuérdate de mover esa zona y, luego, hazte consciente de la eumoción de cinco a diez segundos. Finalmente, termina con otro período de entre tres y cinco minutos de QE, la inocente percepción consciente de la eumoción.

Me gustaría que practicaras este ejercicio, «sentarse con la eumoción», entre dos y cuatro veces al día. Lo ideal sería que las sesiones duraran quince minutos cada una, pero no es obligatorio que sea así; tres o cuatro sesiones de cinco minutos cada una será suficiente. Haz lo que puedas, pero sé diligente y practica a diario durante los próximos tres o cuatro días. Es importante que establezcas una base verdaderamente sólida de conciencia del Ser sobre la que asentar la intención del QE. Repasa al menos una vez al día las instrucciones para asegurarte de que no adquieres ningún mal hábito. Te interesa pasar todo el tiempo posible con la eumoción en el fondo de tu mente, pues desde este nivel de conciencia crearás tu vida de nuevo.

No tienes por qué restringir la práctica a los momentos en que permanezcas sentado. En cualquier momento que pienses en ello –mientras conduces, hablas con un compañero de trabajo, te cepillas los dientes o realizas cualquier otra actividad–, hazte consciente de la eumoción y de la profunda quietud que la acompaña. Permite que esta sea una actividad de la que puedas disfrutar, no una tarea rutinaria y tediosa. Pronto te darás cuenta de que tu mente se dirige hacia la eumoción de forma automática en cuanto se le presenta la ocasión. Déjate llevar y acuérdate de establecer contacto con ella cada vez que se te venga a la mente. Quizá seas consciente de ella durante unos minutos o unos segundos; por ahora, eso da igual. Ten siempre presente esta frase: «Si no es fácil y divertido, no es Quantum Entrainment».

Mientras vas sintonizándote cada vez más con la sosegada e ilimitada naturaleza de la eumoción y ratificas la orden silenciosa de la conciencia del Ser a lo largo de tu jornada, hay varias cuestiones más de las que me gustaría hablar contigo. Desearía, sobre todo, que examináramos más de cerca la mente, el ego, el deseo y la mecánica del sufrimiento. Creo que te resultará un diálogo fascinante, y estoy impaciente por contarte un sinfín de cosas. Así que agárrate fuerte, ¡allá vamos!

Capítulo 19

La solución al sufrimiento

¡Ah, el deseo! La mente da un salto cuando oye esta palabra. El deseo aviva la imaginación y prepara el cuerpo para el placer. El deseo estimula la acción; es intentar colmar el deseo lo que hace a la humanidad sumergirse en las aguas más profundas, escalar los picos más altos y soñar más allá de las estrellas. El deseo es el gran motivador y el causante de muchas noches en vela. Llevados por él, iniciamos guerras, curamos enfermedades, creamos sociedades y exploramos las profundidades del alma humana.

El deseo es a la vez una bendición y un castigo: una bendición cuando logramos satisfacerlo y un castigo cuando se nos escapa de las manos. Todos los seres vivos huyen del dolor y buscan el placer. Es el deseo el que nos ofrece la inspiración y la motivación para traspasar nuestras limitaciones y hacer realidad nuestro potencial supremo.

El deseo abarca desde un ligero cosquilleo en el fondo de nuestra mente hasta la obsesión enfebrecida que nos conduce a la destrucción. Antes de dar un paso más, vamos a hacer un pequeño experimento que nos ayudará a entender mejor cómo nos afectan el deseo y las emociones vinculadas a un impulso.

La solución al sufrimiento (desprendernos del deseo)

Cuando hayas leído este ejercicio, deja el libro, cierra los ojos y sigue las instrucciones.

Con los ojos cerrados, piensa en algo que quieras de verdad..., algo que desees con todo tu corazón. Fíjate en cómo te sientes cuando piensas en la posibilidad de conseguir ese objeto del deseo. Quizá sientas entusiasmo, esperanza o incluso nerviosismo ante la idea de lograrlo. Dedica un momento a registrar esos sentimientos.

Ahora imagina que realmente has visto cumplidos tus deseos, y fíjate en cómo cambian los sentimientos. Es posible que a la expectación y la esperanza les sustituya la alegría del logro, un sentimiento de satisfacción o incluso de orgullo. Notas que tus emociones han experimentado cierto cambio en cuanto a tipo y cualidad.

A continuación imagina que se te arrebata bruscamente lo que ya es tuyo. Fíjate en cómo te sientes al perder lo que tenías. Tus emociones probablemente se vuelvan negativas. Puede que te invada un sentimiento de pérdida, de tristeza o quizá de frustración, e incluso de ira.

¿Qué nos enseña este ejercicio tan simple? Algo que, mirado superficialmente, parece obvio y hasta inocente, pero que, cuando se examina con más detenimiento, puede resultar bastante alarmante. A un nivel superficial, reconocemos que hay emociones que acompañan al deseo y que son diferentes al cambiar las circunstancias; no son iguales cuando queremos algo, cuando lo conseguimos y cuando lo perdemos. Ahora bien, bajo lo obvio, se oculta algo mucho más siniestro, algo que, como veremos, es la causa del desasosiego, de la preocupación y de la insatisfacción crónica que son el telón de fondo de nuestra vida. Estamos a punto de descubrir el secreto del sufrimiento, es decir, la semilla de la desarmonía y el descontento.

Tradicionalmente, nos hemos comportado como en el ejemplo. Sentimos la necesidad de alargar el brazo y apropiarnos del objeto de nuestro deseo; superamos los diversos obstáculos que se interponen en nuestro camino y finalmente sentimos la dicha exultante de haber alcanzado la meta o de haber conseguido el objeto deseado. Parece lógico: consigue lo que quieres y acaba así con la punzada de esa molesta espina a la que llamamos deseo. Pero, por desgracia, se trata de un arreglo solo temporal. En cuanto se calma un deseo, otro ocupa su lugar. ¿No es esto lo que nos ocurre? Tras un breve interludio en el que sentimos cierta tranquilidad relativa –una dulce satisfacción mental–, volvemos a estar inquietos, y antes de que nos demos cuenta, nos hemos lanzado una vez más a intentar aplacar un nuevo deseo.

En los países ricos, muchos –si no todos– de nuestros deseos son de objetos que queremos pero que en realidad no son imprescindibles. Piénsalo: ¿necesitamos de verdad una maquinilla de afeitar de cuatro hojas, un televisor de 52 pulgadas, pantalones vaqueros de marca, doce pares de zapatos (y me quedo corto, pues hay quienes atesoran una cantidad de zapatos inimaginable..., ya sabéis vosotros quiénes sois), un deportivo rojo o un expreso descafeinado con doble ración de moca, nata montada y espolvoreado de chocolate? Si dudas de lo que digo, echa un vistazo rápido a tu armario, a la cocina o al garaje y toma nota de cuántos objetos hay, diseminados por todas partes, que un día deseaste y conseguiste pero que ya no usas; puede que algunos tengan todavía la etiqueta del precio colgando. Todos hemos vivido la experiencia de que, poco después de satisfacer nuestra ansia de un objeto, este pierde su atractivo. Podemos desear cosas que necesitamos y cosas que no; esto es obvio. Los frutos de la vida son para que los comamos. ¿Quién no se siente mejor pudiendo sentarse un rato a ver la televisión, llevando ropa nueva o saliendo a cenar con los amigos? No es la utilidad o inutilidad de un deseo lo que aquí nos interesa. Lo que de verdad importa es por qué se forma un deseo y si se puede satisfacer de un modo más práctico, incluso más rotundo.

Aparentemente, el objeto tiene la capacidad de poner fin al deseo; no obstante, si lo examinamos más a fondo, descubrimos que eso sencillamente no es verdad. Bueno, perdóname. Es verdad en un sentido superficial. Pero parece ser que existe un deseo subyacente, más profundo, del que nunca podemos librarnos por completo, la fuente, el progenitor de todos los demás deseos. Ese deseo primigenio es la cabeza de Medusa, el monstruo mitológico que tenía serpientes por cabellos y que lo convertía a uno en piedra con solo mirarlo a los ojos. Los deseos menores son las escurridizas serpientes que se retuercen ante nosotros, difíciles de agarrar y más difíciles aún de retener; si le cortas la cabeza a una de ellas

–como cuenta la leyenda–, aparecen dos a ocupar su lugar (probablemente te hayas dado cuenta de que, si satisfaces un deseo, llegan dos más a reemplazarlo). La única manera de librarte definitivamente de todas esas fastidiosas alimañas es decapitando a Medusa, lo cual, siguiendo con la analogía, significaría encontrar y satisfacer el deseo más profundo y más básico de nuestra naturaleza.

Cuando obtenemos el objeto del deseo, su fuego se extingue, y por eso estamos acostumbrados a pensar que el objeto tiene el poder de apagar ese fuego. Así que centramos en él toda nuestra atención, todos nuestros esfuerzos, y si no consciente sí inconscientemente, lo elevamos a la sublime posición de asesino del deseo. Pero eso es una ilusión más.

¿Te has dado cuenta alguna vez de que, en cuanto alcanzas una meta –consigues un aumento de sueldo, te compras una casa, ganas un premio o te enamoras–, el sentimiento de bienestar no dura demasiado? ¿Por qué? ¿Por qué no podemos sentirnos satisfechos mucho tiempo seguido? Los objetos, las personas, las organizaciones, las filosofías y los sueños provocan una fascinación relativa, son como las cautivadoras serpientes de Medusa que distraen a la mente de la realidad de la vida. La mayoría de la gente va pasando de una cosa a otra en busca de la felicidad suprema. Cuando es el deseo el que nos conduce, nunca descansamos..., hasta que nos morimos, claro. Las metas exteriores nos hacen desviarnos de la paz interior, y por eso nunca llegamos a encontrar satisfacción duradera en las cuestiones relativas. Lo que necesitamos descubrir es la cuestión suprema, por así decirlo, que no es sino la eumoción. La eumoción es la meta última que trae consigo la disolución del deseo y de su carácter de entidad motivadora. La eumoción es la muerte del deseo.

Vale, no puedo resistirme. Tengo que llevar la analogía de Medusa un paso más lejos. Cuenta la leyenda que Perseo la decapitó y que luego, agarrando la cabeza por su cabellera de serpientes, la levantó en alto. Curiosamente, las serpientes no habían muerto, pero ya no tenían capacidad de hacer daño. Lo mismo ocurre aquí. Cuando somos conscientes de la eumoción, seguimos teniendo deseos, pero ya no pueden apoderarse de nosotros y constreñir nuestra mente con emociones dañinas. Lo que queremos en última instancia es estar en paz, ser libres de navegar por el océano del amor universal sin tener que soportar las arremetidas constantes de las olas del deseo. Queremos estar libres del deseo de amor y, simplemente, amar por amar. Queremos estar libres de los razonamientos, de las circunstancias y las necesidades. Cuando se vive en la conciencia del Ser, los deseos no son más que deliciosos devaneos, suaves ondulaciones en ese vasto océano de la dicha al que llamamos eumoción, donde es posible amar una hoja, una roca o a una persona con la misma intensidad. En la conciencia del Ser, miramos a Medusa directamente a los ojos y sabemos que reina el amor universal allí donde antes habitaba el miedo.

Cuando somos conscientes de la eumoción, la satisfacción de un deseo no supone la creación de un nuevo deseo aún más ambicioso. Ya tienes más que la mayoría, cuando eres consciente de la eumoción. La conciencia del Ser rompe el ciclo deseo-acción-deseo, puesto que satisface el deseo primigenio y fundamental de sentirnos completos y a salvo. Ahora, el deseo del deportivo rojo no es más que una brevísima señal luminosa en la pantalla de tu radar emocional, una suave ondulación en el océano de la totalidad. Si posees la totalidad ilimitada, obviamente ser dueño de un deportivo es en realidad una insignificancia, así que, en cuanto pasa el deseo-onda inicial, el océano de la totalidad permanece inmóvil. Te propongo que vivas una experiencia que matizará esta cuestión.

Desprendernos del deseo (continuación)

Imagina que eres capaz de crear cualquier cosa que quieras, en cualquier momento y en cantidad ilimitada. Visualízate consiguiendo todo lo que siempre has deseado: manjares, dinero, amigos, bienes materiales, respeto… Tómate el tiempo que necesites para crear una imagen consistente, sintiendo las emociones que te produzca y haciendo uso de la vista, el olfato, el oído y el gusto en torno a aquello que vayas creando.

Ahora que puedes tener lo que quieras, deshazte de todo. Entrégaselo a la gente pobre, a tus amigos, a tu profesor, a tu madre, a tu hijo… Es fácil dar lo que tienes, pues sabes que, con solo imaginarlo, puedes volver a tener cuanto quieras. Y no solo es fácil, sino que además es divertido y te hace sentir bien. Dar cuando sabes que la fuente dadora es infinita te libera de la necesidad de aferrarte a nada; te redime del sentimiento de deficiencia, de las necesidades y de los deseos que nacen de ellas.

Todo lo creado entra en este mundo a través de la eumoción. De haber un campo de recursos infinitos, ese campo sería la eumoción. Hazte de verdad consciente de ella, y todas las fuerzas de la creación se movilizarán a tu favor. Esto es a lo que llamo «intención del QE». Cuando tienes una intención del QE, tomas conciencia de la plenitud ilimitada que eres. Tus deseos se aplacan con ternura, como el llanto de un bebé en los brazos de la madre eumoción. Y la omnipresente influencia organizativa de la eumoción empieza a poner orden en tu vida. En completa armonía, y libre del caos resultante de los incesantes deseos que hasta ahora te distraían, también hallarás gran satisfacción en el plano material.

La intención del QE es natural; es la manera de ser que en origen nos corresponde: la libertad para disfrutar de la plenitud de nuestro mundo de abundancia. Antes de que aprendamos a tener una intención del QE, conviene que profundicemos un poco más en cómo funciona; por eso, en el capítulo siguiente conocerás las fuerzas que intervienen para atender a tus apetencias y colmar tus deseos más profundos. Entretanto, continúa practicando el QE con regularidad y entra en la conciencia del Ser tantas veces como te resulte cómodo hacerlo a lo largo del día, pues, al reunir tu experiencia y la comprensión de la eumoción que vas adquiriendo, estás preparando la mente para que se deleite en las delicadas y placenteras dichas de la intención del QE.

Capítulo 20

Cómo tener una intención del QE

Hay una variante de ser consciente de la eumoción. Se trata de una percepción muy sutil de la «eumoción pura». Es un estado caracterizado por el hecho de ser consciente de la ausencia de pensamientos, pero que no se debe confundir con la conciencia pura. Cuando experimentas la conciencia pura, no eres consciente de ella en ese momento. Es una no experiencia o ausencia de experiencia; no sabes que te encuentras en estado de conciencia pura hasta que tu mente empieza a pensar de nuevo. Lo reconoces como un paréntesis en tu proceso de pensamiento, un período de no experiencia.

La eumoción pura es la más refinada conciencia que puedes tener. Se trata de una percepción de la conciencia pura y de la eumoción simultáneamente. Significa que percibes la eumoción antes de que esta refleje en tu mente ninguna forma o sentimiento –como dicha, paz o beatitud–. Puedes distinguir un estado del otro porque cuando experimentas la eumoción pura, eres consciente de que la estás experimentando, es decir, sabes que eres consciente, pero consciente de NADA.

- **Eumoción pura:** eres consciente de que eres consciente de NADA en el momento de experimentarlo.
- **Conciencia pura:** no eres consciente hasta que empiezas a pensar de nuevo y te das cuenta de que ha habido un paréntesis en el pensamiento.

Ninguna de las dos experiencias es una meta; solo hay observación de lo que se refleja en tu mente. Para lo que estamos haciendo ahora, da lo mismo que seas consciente de los pensamientos, de la eumoción o de la conciencia pura. Tu interacción es la misma en todos los casos: una observación inocente de la extraordinaria maquinaria de la creación según se manifiesta en la pantalla de la eumoción pura.

La eumoción pura es la percepción más genuina. No hay en ella distorsión alguna, ni ego que pueda perturbar la expresión inmaculada de este impulso de la pureza. En la conciencia común, nuestros pensamientos son como olas que rompen en las costas rocosas de la realidad, levantando, al estrellarse contra ellas, caos y críticas pulverizados de los que se apoderan los vientos dominantes de la causa y el efecto. Pero en el nivel más profundo de la mente, no puede existir semejante conflicto, y por eso, cuando tienes un pensamiento o un deseo en ese nivel, se satisface de inmediato. ¡Es alucinante! Mientras experimentas la eumoción pura, puedes tener lo que quieras.

Es la conciencia en el nivel de la eumoción pura la que te hace ser el creador de tu vida o, más exactamente, el testigo original, fuera del alcance de la voluntad del ego. Aquí, eres simultáneamente el creador, la creación y la conciencia ilimitada que existe dentro y más allá de ambos. Este es el nivel de conciencia desde el que obrarás milagros. Desde la eumoción pura, aplacarás la ansiedad y la frustración derivadas de las dificultades económicas, resolverás la ira y la desconfianza que ensombrecen las relaciones y abrirás los ojos a tu poder interior, al que hasta ahora la mente ha ahogado con su estruendo y los escombros resultantes de sus acciones descontroladas. Este es el maravilloso nivel de conciencia desde el que la vida entera se renueva cada día a cada instante. La tuya también.

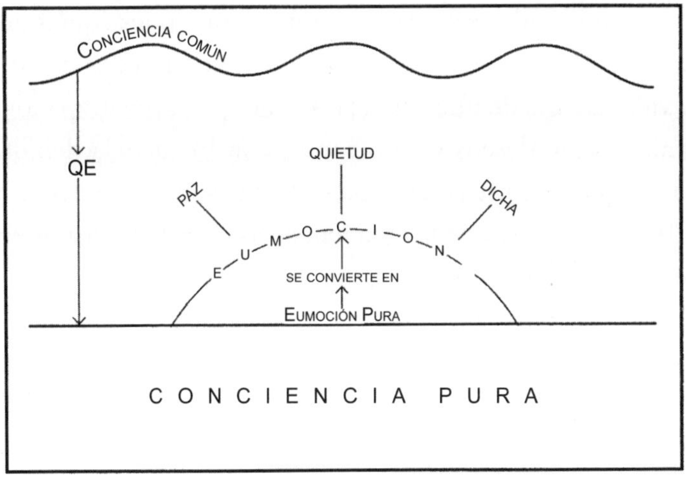

Cuando experimentas la eumoción pura, eres el creador y, a la vez, estás más allá de la creación. Ya, ya sé que parece un sinsentido, pero esto se debe a que nuestras mentes funcionan en el campo de la forma y no son capaces de entender lo informe. Tu mente nunca podrá captar esta realidad; no obstante, puedes tener un vislumbre, una intuición de ello que trascienda la comprensión mental. Para la mente, es una paradoja: ¿cómo puedes ser a la vez conciencia ilimitada y estar limitado por los pensamientos y los objetos? Tu mente cuenta el único cuento que sabe. Pero, recuerda, no eres tu mente. Eres conciencia pura, eres el espacio que se abre entre los pensamientos que llenan tu mente. La creación es una; sin embargo, cuando se contempla desde un cuerpo-mente individual, la creación entera queda reducida a lo que el individuo considera «su» vida. La eumoción pura te eleva a tu estado ilimitado de observador-creador para que puedas disfrutar de lo mejor de los dos mundos.

Comprender esto es muy importante, pues ¿qué significa ser observador-creador? Significa que puedes cambiar tu vida, crearla de nuevo y, a la vez, no quedarte atrapado en el aluvión de deseos y emociones, con frecuencia debilitadores, que siempre acompañan a tu empeño de controlar tu vida haciendo uso de la conciencia común. Significa que ya no debes dejarte la piel para tener éxito. Significa que eres libre de recrearte en la alegría de ser plenamente humano. Dentro de un momento vas a aprender a tener una intención del QE –la tecnología de la plenitud sin esfuerzo–, a triunfar en todos los niveles de tu vida. Y la belleza de la intención del QE radica en que no es necesario que entiendas ni una sola palabra de lo que te he dicho hasta ahora, puesto que hablar y pensar son funciones que pertenecen a una mente limitada por sus procesos. La intención del QE obrará maravillas en tu vida aunque no tengas la menor idea de cómo funciona. Afortunadamente, no necesitas creer en lo que digo; será efectivo incluso aunque no creas en ello, y lo vas a ver por ti mismo dentro de unas pocas páginas.

Recibe sin oponer resistencia

La intención del QE es un proceso científico reproducible, tan sencillo que no puede fallar. Tendrás el control total, cuando seas el testigo silencioso de lo que se cree a través de ti, aunque sin involucrarte en lo creado. Sé que suena contradictorio, pero no importa. La intención del QE funcionará a tu favor al margen de lo que piense tu mente. Tendrás un control absoluto sobre tu vida mientras aquello que quieras crear no pueda causar ningún daño. Todos vivimos bajo la influencia universal de la causa y el efecto, e intentar ignorar esas leyes o adaptarlas a conveniencia nunca resulta en nuestro total beneficio. Sin embargo, tener una intención del QE significa que tú, tus seres queridos y el resto del mundo estaréis protegidos del pensamiento perverso y la acción injuriosa. Cuando experimentas la eumoción pura, no puedes hacer ningún daño. Si quieres algo que las leyes de la naturaleza apoyen, lo tendrás; es así de simple. Pero escucha bien: si lo que deseas no es lo adecuado para ti, se te ofrecerá algo aún mejor en su lugar. Cuando los hijos de la madre naturaleza despertamos de los sueños del ego que dirigen nuestro vivir cotidiano, ella nos ofrece sus regalos más sublimes. Ella se ocupará por ti de cómo se manifestarán las leyes de causa y efecto. Cuando tengas una intención del QE, quizá sueñes con una bicicleta y acabes con un BMW. Lo único que has de hacer es desear, sentarte cómodamente y esperar.

La intención del QE te preparará para que recibas lo que se te ofrezca sin oponer resistencia. Se te conducirá a un éxito mayor que el que puedas esperar, cuando dejes que el flujo natural de la creación te guíe. Dejarás atrás con naturalidad el apego a cualquier camino, idea u objeto que vaya a crear más problemas que beneficios. En otras palabras, desde la posición privilegiada que ocuparás en el centro de la creación, serás el primero en saber si algo funcionará o no, serás el primero en oír el susurro de advertencia que te llegará del espacio silencioso existente más allá de tu mente y serás el primero en saborear los frutos de tu ausencia de esfuerzo, aceptando por completo lo que es, tal como es.

La intención del QE es el elemento clave de cualquier trabajo de intención. Cuanto más lejos de la eumoción intentamos tener éxito, más debemos esforzarnos para conseguirlo. Trabajar con la intención no debe suponer ningún esfuerzo, sobre todo cuando manifestamos nuestros deseos para el plano material. Cuanto más lejos te encuentres de la armonía organizativa absoluta de la eumoción pura, más normas habrás de cumplir y más detallada habrá de ser la intención. El trabajo de intención que tradicionalmente se practica puede suponer bastante esfuerzo, detalle y repetición. Si quieres una casa nueva, quizá se te pida que la construyas en tu mente, que la crees ladrillo a ladrillo, y que sepas exactamente de qué color es cada interruptor de la luz y cada enchufe y en qué lugar va colocado, o qué forma tienen los tiradores de las puertas del armario. Este método da por hecho que, cuanto más minucioso seas, más grabada se quedará en tu mente la imagen y más posibilidades tendrás de lograr esa casa nueva. Es posible que sean muchas las normas asociadas a tu práctica de la intención. Tal vez se te diga que debes crear la intención en un estado mental preciso, que te refieras a la meta como si ya la hubieras alcanzado o que repitas tu intención cada vez que pienses en lo que quieres conseguir.

Con mucha frecuencia, todas estas prácticas que implican repetición y minucioso detalle tienen éxito, pero rara vez por la razón que imaginamos. Sabemos que es el infinito poder organizativo de la eumoción pura el que hace que se manifiesten nuestros sueños y se colman nuestros más profundos deseos. Y lo que ocurre es que, cuando la mente está ocupada por completo en los innumerables detalles y la repetición continua, a veces entra de forma automática en un estado más profundo, un estado de quietud; lo hace a pesar de la actividad incesante dirigida a que se manifieste la intención. De este modo, la intención se convierte en una especie de mantra que arrastra con eficacia a la mente hasta que el agotamiento la obliga a ceder. Si la mente se encuentra lo bastante descansada, entrará en alguno de los niveles mentales más sosegados, donde se sembrará la semilla que empezará a crecer hasta dar fruto; si está cansada, divagará en busca de algún tema más interesante que explorar, o simplemente se quedará dormida.

Dependiendo de la profundidad a la que se plante la semilla de la intención en las regiones silenciosas de la mente, los resultados aparecerán con mayor o menor rapidez y compleción. Hay gente que está por naturaleza más preparada para acceder a esos niveles de quietud y es capaz de sembrar su semilla de la intención a mayor profundidad. A esas personas, las intenciones parecen funcionarles con mucha frecuencia. Ahora bien, si a ti te resulta imposible aquietar tu mente, si sigues los mismos pasos que quienes consiguen lo que quieren pero no ves ningún resultado, eso puede ser muy frustrante y crearte dudas sobre si mereces obtener lo que deseas. No es así. Ni la intención, ni el proceso, ni siquiera la persona es la causa del fracaso.

El éxito de una intención depende de una sola cosa: el nivel de conciencia; y el nivel de conciencia más profundo que podemos experimentar es la eumoción pura. Se podría decir, por consiguiente, que la efectividad de tu intención depende de la cualidad de tu conciencia, y, con un poco de práctica y un esfuerzo menor aún, todo el mundo puede aprender a mejorar notablemente la cualidad de su conciencia y, por tanto, la efectividad de su trabajo de intención.

Como descubrirás muy pronto, la intención del QE no exige más esfuerzo que el que supone dar un ligero impulso mental para hacer realidad tus grandes esperanzas y metas. No es necesario que dejes de hacer lo que estés haciendo en este momento. Sí, eso es lo que acabo de decir: puedes seguir practicando cualquier técnica de la intención solo que añadiendo un detalle –un detalle, si se me permite decirlo, verdaderamente esencial–: en lugar de pensar en tu intención y sazonarla con un poco de sentimiento para darle cierto toque emocional, sumérgete en las profundidades silenciosas de la mente, el ámbito de las posibilidades infinitas. Únicamente tienes que añadir la eumoción pura a tu trabajo de intención, y notarás la mejoría de inmediato.

Un detalle más antes de que aprendas a tener una intención del QE. Toda intención consta de dos partes: el objeto de la intención y la emoción que asocias a ella. El objeto puede ser corpóreo, como árboles, mármoles, tréboles, una casa o un coche, o algo menos concreto, como una educación superior, una relación más compatible o mayor armonía espiritual. La emoción asociada a cualquier intención suele nacer de la preocupación o el miedo a no conseguir, o no merecer, lo que pides. Si deseas, por ejemplo, un empleo que de verdad necesitas, este es el objeto de tu intención. Puede que estés ansioso por la situación; en este caso, la ansiedad es la emoción asociada a la intención, una ansiedad que ha nacido del miedo a no conseguir el trabajo. En muchos casos, si no en la mayoría, la emoción puede resultar debilitadora y crear un malestar mayor aún que no lograr lo que se desea.

Lo cierto es que tu preocupación por la necesidad de encontrar trabajo puede interferir en el hecho de encontrarlo. Quizá seas el candidato perfecto para el puesto, pero te pongas tan nervioso en la entrevista que la empresa acabe eligiendo a un candidato menos cualificado. Lo primero que hace la intención del QE es eliminar la discordia emocional asociada a alcanzar tu meta. Y no vas a tardar ni semanas, ni días, ni siquiera horas en acallarla; la intención del QE disuelve de inmediato la desarmonía emocional para que toda la energía creativa pueda estar enfocada en conseguir el objetivo. Incluso si lo único que aprendieras en estas páginas fuera eso, a eliminar el desasosiego emocional, este libro valdría su peso en oro. Pero hay más, mucho, muchísimo más.

Algunos sistemas de trabajo de intención animan a añadir la emoción para darle mayor énfasis, y es cierto que añadir una emoción positiva puede tener un efecto estimulante y hacernos avanzar rápidamente hacia nuestra meta; pero la emoción es la fuerza que nos impulsa, no la fuerza que nos dirige.

Cuando tienes una intención del QE, no puedes conducirte a ti mismo en la dirección equivocada, puesto que no haces nada; eres un mero observador que se ha apuntado al viaje. La intención del QE provoca un delicado impulso que revela por completo lo que quieres; cómo y cuándo lo conseguirás depende enteramente de las fuerzas de la creación. La eumoción es la mente maestra que organiza esas fuerzas en tu nombre. No necesitarás intentar convencerte de nada, ni poner toda tu energía en crear una atmósfera positiva. Todo fluirá de ti con la naturalidad con que fluye el agua ladera abajo. Basta con tu delicado deseo, que te situará en la corriente de las fuerzas de la creación, no para que te ayuden en tus esfuerzos, sino para que te transporten, más allá del esfuerzo, a la plena realización de tu deseo. Eres entonces el testigo de tu propia creación, el progenitor de la paz y la armonía, tan solo con un pensamiento.

El procedimiento que estás a punto de aprender proviene de una época en que la vida era mucho más sencilla, en que nos hallábamos más cerca de nuestro Ser. Es una tecnología simple y, a la vez, determinante que nos devolverá lo que perdimos por ignorancia o falta de atención. Hemos tocado muchos temas en preparación para este momento, pero, en última instancia, la intención del QE es una celebración personal e íntima de tu Ser. Su magia te envolverá incluso aunque no entiendas nada de lo que te he explicado hasta ahora, así que, si quieres, deja a un lado tus herramientas analíticas y prepárate para retornar al estado original, al que existía antes de que se le impusiera el caos de la mente moderna.

Una sesión de intención del QE es un suceso específico y bien definido, al menos al principio. Con el tiempo, empezará y terminará en un abrir y cerrar de ojos y no requerirá ningún tipo de preparación. Pero por ahora, seguiremos el proceso paso a paso, y así nos aseguraremos de que se convierte para ti en algo totalmente natural. Dentro de poco, tener una intención del QE te resultará tan natural como pensar.

Y ahora, por favor, presta mucha atención a lo que sigue, pues se trata de algo crucial para garantizar el éxito de la intención del QE. No se llega a ella como a una intención tradicional, ya que es en sí misma algo muy singular, sin ninguna complicación; es directa y sencilla. Si quieres una casa nueva, no hace falta que la construyas ladrillo a ladrillo ni que tengas una vívida imagen mental de ella; lo único que necesitas es algo que ya te está esperando en tu mente: tu deseo, la impresión de tu casa que ya se ha formado. El deseo de esa casa existía en ti incluso antes de que fueras consciente de él, y la función de la intención del QE es hacerte consciente de una manera especial de ese deseo ya existente, a fin de que las fuerzas de la creación se alíen para que la tengas. La intención del QE sitúa tu deseo en el lugar apropiado para que favorezca un plan de dimensiones mucho mayores y forme parte de él.

Todos tus deseos viven en algún nivel de ti hasta que se satisfacen. La mayor parte del tiempo, los encontrarás pacientemente aposentados en los márgenes más silenciosos de tu mente esperando a que te apercibas de ellos. Y ¿cómo te apercibes de tu deseo-intención? ¡Simplemente toma conciencia de él! Pero recuerda que el éxito de tu intención depende de la cualidad de tu conciencia, y la experiencia más refinada de la conciencia que puedas tener es la eumoción pura. Cuando te percatas de tu deseo-intención mientras eres consciente de la eumoción pura, su potencial de satisfacción es máximo a todos los niveles de tu vida.

Cuando tienes una intención del QE, te asocias, por así decirlo, con la conciencia pura, que es la base de toda la creación. Al proyectarse a través de la eumoción, la conciencia pura crea lo que consideras que es tu vida. La eumoción, su expresión más pura, sabe lo que hace; por tanto, lo mejor es dejar que sea ella quien te construya la casa. La intención del QE, con destreza y delicadeza, sitúa tu deseo-intención en la expresión más sutil de la eumoción, en la sede misma de la creación.

No hagas nada y consíguelo todo

Tal vez la casa ideal para ti no sea la que imaginas. La mayor parte del tiempo, un deseo inocente que proviene del nivel más silencioso de la mente recibe los empujones de otros pensamientos más bravucones y menos armoniosos. No obstante, la eumoción sabe lo que te conviene mejor que tú, y cómo dártelo del modo más eficiente, sin crear desarmonía en ti ni en los demás. Si la casa que tienes en mente es la adecuada para ti, la conseguirás tal como la ves en tu imaginación. Sin embargo, es más que probable que la casa apropiada para ti sea mucho mejor de lo que imaginabas, y el hecho de que tu intención no sea específica le dará a la eumoción la libertad de reunir en torno a sí todas las fuerzas de la creación para que te encuentren la vivienda perfecta.

Cuanto más específica sea tu idea y más fuerza de voluntad le impongas a tu intención, más distorsionarás la inocencia de tu deseo original y menos probable es que se colme ese deseo. También puede ser que trabajes con ahínco y consigas exactamente la casa que imaginabas pero que, sin embargo, no te sientas completamente satisfecho. Quizá conozcas a alguien que consiguió justamente lo que tenía planeado pero no pudo disfrutar de ello, puesto que en realidad no era lo que necesitaba. Por tanto, durante el proceso de la intención del QE, cuando te pido que seas consciente de tu intención, no te esfuerces; ten simplemente una vaga idea de lo que quieres, y luego deja que la eumoción se ocupe del trabajo pesado. Bien, ¿listo para no hacer nada y conseguirlo todo?

Primero, sé consciente de lo que quieres. Deja que tus pensamientos fluyan suavemente hacia el deseo-intención que tu mente ya ha creado. No intentes cambiarlo por algo distinto; ya es perfecto. Se ha creado en ti, ha nacido de ti y no hay otro igual en toda la creación. Reconoce tu deseo y acéptalo tal como es. Tratar de cambiarlo por algo mejor o más tangible únicamente lo convertirá en algo menos perfecto. Así que, cuando te pida que pienses en tu intención, lo único que has de hacer es ser consciente de lo que ya está en ti. Sencillísimo, ¿a que sí?

Cómo tener una intención del QE

Encuentra un lugar cómodo donde sentarte sin que nada te moleste durante aproximadamente quince minutos. Cuando estés listo, empieza el proceso del QE tal como aprendiste a hacerlo al principio, pero quédate sentado con los ojos cerrados. Comienza por observar tus pensamientos sin esfuerzo ni expectación. Pronto, como antes, se irán ralentizando y silenciando o desaparecerán del todo. En cualquier momento del camino, es posible que tomes conciencia de la eumoción: un sentimiento de quietud, de ingravidez, de suavidad, de paz o de cualquier otro sentimiento agradable.

Gracias a tu práctica del QE, quizá descubras que la eumoción te está esperando en cuanto cierres los ojos. Cualquiera que sea el momento en que encuentres la eumoción, permite que tu conciencia permanezca clara y suavemente con ella, que siga su impulso de abrazar con naturalidad el tierno reflejo de la eumoción.

Sigue siendo consciente de la eumoción de esta manera sencilla durante cinco minutos, o sintiéndote muy silencioso y tranquilo en cuerpo y mente, o teniendo momentos en los que no eres consciente de tu mente y de tu cuerpo. (Ten cuidado de no adelantarte ni anticipar ningún cambio del cuerpo y de la mente, pues un incremento de la actividad mental en busca de esos cambios puede impedir que ocurran. Lo único que has de hacer es comprobar si no has sido consciente del cuerpo y de la mente o si te sientes muy silencioso o sosegado.)

Toma conciencia de la eumoción. Identifícala. ¿Es paz, o tal vez un sentimiento de expansión, de ingravidez, de dicha o de beatitud? Simplemente presta atención a lo que es..., atento como un gato al acecho de una ratonera. Vigila con intensa atención para ver qué hará seguidamente. Mientras estás atento a la eumoción en este estado de tranquilidad, nota que sientes cierta quietud. Hazte más consciente de ella y obsérvala con silenciosa atención. Fíjate en que, mientras observas la quietud, nada se mueve, ni siquiera la mente. Todo permanece quieto, no hay ningún movimiento. Esto es la eumoción pura. Sabes que eres consciente, pero no hay nada de lo que ser consciente. Tu cuerpo, tu mente y toda la creación están quietos, como si contuvieran la respiración.

Ahora estás preparado para crear con delicadeza tu intención del QE. Profundamente establecido en la quietud de la eumoción pura, deja que tu mente pase con naturalidad a tu deseo o intención. Tal como se manifieste en tu mente, hazte consciente de qué es lo que quieres. Ha de ser un pensamiento muy breve, sin ningún tipo de detalle. De hecho, tu intención es como una fina bruma que avanza en silencio sobre la tranquila superficie de la eumoción pura, muy delicada y preciosa. No intentes elaborar o crear una intención. No intentes hacer nada. Limítate a observarla en su estado más simple, pero completo, inocente y puro. Con tranquilidad, mantén exclusivamente tu papel solo de observador.

Mientras observas tu intención, puede que esta adopte vida propia. Es posible que los pensamientos se congreguen en torno a ella y que surja espontáneamente una imagen o un relato. Si ocurre, estate tranquilo y deja que esa suave actividad mental se desarrolle como quiera mientras tú te limitas a observar. Deja que la imagen o el relato se desarrollen durante un minuto como máximo.

A continuación permite que tu conciencia retorne a la quietud de la eumoción pura. Si no está presente, lo estará alguno de sus aspectos (paz, dicha, liviandad, amor...). Dentro de ese buen sentimiento, siempre encontrarás quietud, la misma quietud que lo impregna todo. Obsérvala como antes hasta que todo movimiento se detenga. Cuando vuelvas a ser consciente de la eumoción pura, habrás completado tu intención del QE.

Puedes repetirlo tantas veces como quieras en cada sesión. Sigue cada percepción de quietud con una fluida conciencia de tu deseo-intención, y luego retorna a la quietud.

En esto consiste la intención del QE, ni más ni menos. Si tu deseo estaba motivado por una emoción negativa, como la ansiedad o la culpa, verás que ya te sientes mejor. Esa es la primera muestra de la reparación. Pero, además, has puesto en marcha las ruedas de la creación para que te satisfagan en el nivel material, así que siéntate cómodamente y contempla cómo el genio de la vida te ofrece una oportunidad de disfrute tras otra.

Ahora volvamos atrás y examinemos más detenidamente cuál es en realidad la mecánica de la intención del QE. El primer elemento al que quiero que prestes especial atención es la eumoción pura, que es la conciencia más sutil y poderosa y, por tanto, la más abstracta. Aunque la intención del QE funciona mejor desde la conciencia de la eumoción pura, también actúa a las mil maravillas cuando eres consciente de los sentimientos menos abstractos que están asociados a la eumoción, y me refiero al silencio, a la ingravidez, a la paz, a la dicha o a la beatitud que sientes cuando eres consciente de ella. (No olvides que los sentimientos de amor y paz de la eumoción nacen de la quietud de la eumoción pura. Son la primera actividad de tu mente después de la ausencia de actividad de la eumoción pura.)

Hay algo que quiero subrayar. Cuando empieces a practicar la intención del QE, quizá no seas capaz de distinguir nítidamente entre la quietud asociada a la eumoción pura y la paz o el amor que nacen de la eumoción más común. De hecho, si vas en su busca, quizá la pases por alto, puesto que buscar es una actividad y, como tal, está en total oposición a la observación inocente y sencilla de la ausencia de actividad que caracteriza a la quietud. Sí, ya sé que es muy peculiar, pero yo no he hecho las normas; estoy aquí solo para señalártelas. Lo bueno es que la intención del QE funciona tanto con la eumoción como con la eumoción pura. Te he enseñado la intención del QE desde la perspectiva más refinada, la de la eumoción pura, para que sepas que existe, pero, con la misma facilidad y casi con los mismos resultados, puedes tener una intención del QE haciéndote consciente de cualquiera de los sentimientos que la eumoción genere en tu mente. El proceso sería entonces algo así:

- Con naturalidad, hazte consciente de la eumoción (dicha, paz, ingravidez...) y, luego, de la quietud que hay en el seno de la dicha, la paz y la ingravidez. Esa quietud es eumoción pura. Deja que tu conciencia descienda con suavidad sobre la forma que haya adoptado tu deseo-intención y estate tranquilamente atento para ver qué ocurre.
- Retorna suavemente a la quietud de la eumoción pura al cabo de unos segundos, de un minuto como mucho.

Para facilitar la lectura y evitar cualquier confusión, de ahora en adelante emplearé la palabra «eumoción» tanto para referirme a la eumoción pura como a la eumoción (con sentimiento); así sabrás que cada vez que use este término, la eumoción pura está incluida en él también. Sin embargo, cuando practiques la intención del QE, sigue buscando la eumoción pura, ¿de acuerdo? Bien, entonces sigamos.

Vamos a dedicar un minuto o dos a hablar de la intención. La intención del QE incluye tanto el deseo como el propósito de satisfacerlo, de modo que, cuando tengas una intención del QE, es posible que seas consciente de ambos o que tu conciencia perciba solo uno de los dos: el deseo o su intención. En realidad, los dos proceden de la misma fuente, y tener conciencia de cualquiera de los dos sirve, siempre que no intentes manipular lo que se refleje en la pantalla de tu mente. Basta con que tengas el impulso de ser consciente de tu intención; lo que quiera que aparezca estará bien. También en este caso, para simplificar las cosas, a partir de ahora emplearé la palabra «intención» para referirme tanto al deseo como a la intención que lo acompaña.

Sobre cachorros y pelusa de diente de león

He aquí una forma muy sencilla de tener una intención del QE y disfrutar de ello. Tiene su encanto particular y el mismo poder inherente que lo que antes he descrito. Personalmente, prefiero este método, y es casi el único que utilizo. Voy a explicarte cómo hacer uso de él.

Una vez que soy consciente de la eumoción y acabo de tomar conciencia de mi intención, tengo un delicado pensamiento que represente la satisfacción de ese deseo de manera divertida y estimulante. Si, por ejemplo, mi deseo es tener una relación más feliz con otra persona, tal vez el pensamiento sea el de *la alegría de unos niños jugando* o el de *fluir con la naturalidad de un río*. (No hagas de ese pensamiento un largo relato; una simple palabra o una frase corta es cuanto necesitas.) Luego dejo que la mente retorne a la eumoción, pues ella sabrá exactamente qué hacer con la forma que ha adoptado la intención del QE; después de todo, ella ha sido la que en principio me ha dado la imagen. Una vez que seas consciente de la imagen de tu intención, la eumoción pondrá en marcha las ruedas de la creación.

Mucha gente prefiere este método porque tiende a añadir un elemento lúdico, distendido, que refleja con más fidelidad la auténtica dicha de la creación. Puedes usar cualquier palabra o frase que te venga a la mente y que refleje el espíritu de tu intención. Ten cuidado simplemente de que esa imagen esté contenida en una sola palabra o una frase corta, y deja que muestre una acción. Seguidamente pondré algunos ejemplos de maneras de formar intenciones que yo mismo he utilizado. Aunque puedes usar las mías, es mejor que poco a poco vayas dejando que las tuyas afloren a la superficie de tu conciencia. Y ten presente que estas intenciones pueden cambiar entre dos sesiones de intención del QE o incluso en el curso de una sesión. No seas rígido. Lo que quiera que surja en tu mente y apoye el cumplimiento de tu deseo es perfecto. He aquí unos cuantos ejemplos:

Relaciones

- La compasión de una madre
- Cordial y cariñoso como un cachorro

- Vasto y abierto como el cielo
- Misterioso como el océano

Economía
- Amor en forma de dinero
- Regar mi árbol del dinero
- Dar incesantemente desde un pozo sin fondo
- Dinero que me nace de las yemas de los dedos

Salud
- Igual de sólido que una montaña
- Ligero como la pelusa del diente de león
- Claro como la luz de la mañana
- Fluido como el viento

Espiritual
- Quieto como una piedra
- Saber sin saber
- Todas las cosas son mi esencia (eumoción)
- Luz sin llama

Cómo hacer un bocadillo de intención

A veces, quizá te des cuenta de que tu intención ha cambiado. Si es así, déjala ser lo que quiera. Puede parecer que va en dirección contraria a la que conscientemente querías, pero no interfieras; deja que tu intención se exprese. Lo que está ocurriendo en ese momento es que el Ser interior está reinventando al tú exterior. Es la reorganización de las limaduras de hierro al acercarse el imán (la eumoción) y la alineación de los elementos caóticos de tu vida en perfecto orden.

Llegado a este punto, estás abierto a todas las soluciones posibles que lleguen de todas las direcciones de la creación, a diferencia de lo que sucede cuando tienes una intención en la conciencia común, donde el control y la imaginación no son completamente puros, sino que están al servicio bien de las emociones deformantes, bien de la lógica inflexible o bien de ambas.

Fíjate, tienes tu intención amorosamente anidada entre dos rebanadas de eumoción. Estás creando algo muy especial, ¿te das cuenta? Podrías considerar que estás haciendo un bocadillo de intención. Si la eumoción fuera el pan, colocarías una rebanada sobre la mesa de la conciencia pura, que se quedaría quieta, y sobre ella, pondrías con cuidado la carne de tu intención (o tu hamburguesa de soja, para los lectores veganos y vegetarianos); luego colocarías encima de tu intención la otra rebanada del pan de la eumoción y ¡listo, el bocadillo de intención perfecto! Por supuesto, estoy bromeando un poco contigo, pero esto sirve para ilustrar que la intención del QE sigue este proceso: eumoción-intención-eumoción.

Otra manera de contemplar la intención del QE es con los ojos del amor universal. El amor universal es como tu madre: quiere que tengas todo lo que deseas, pues no considera que tu deseo sea algo separado de ti. Tanto como te ama a ti, ama tu deseo. Cuando tienes una intención del QE, el amor universal lo acoge en los brazos de su eumoción, lo cuida, lo ama, y lo alienta a crecer y a prosperar. Si, como un niño, deseas algo que sea perjudicial o superfluo, ella te conducirá en una dirección más beneficiosa. Quizá incluso te distraiga con un regalo mayor, que acallará tu deseo original y te dejará con mucho, muchísimo más.

Cuando tengas una intención del QE y la tiendas delicadamente en el lecho silencioso de la eumoción, puede hacer dos cosas: volver a disolverse de inmediato en la eumoción o adoptar vida propia, como si se tratara de una película. Si es así, observa la película que tu intención exhiba en la pantalla de la conciencia durante un minuto aproximadamente y luego permite que tu conciencia vuelva, con suavidad, de nuevo a la eumoción. Si, en lugar de crear una película mental, tu intención se disuelve en la eumoción al instante, al cabo de un minuto de quietud la conciencia tendrá el impulso de retornar a tu intención.

Por tanto tu intención o bien vuelve a la eumoción y se disuelve en ella o se manifiesta en tu mente como si fuera una película muda. Cualquiera de las dos experiencias es perfecta. En ambos casos, cuando vuelvas a ser consciente de la eumoción, asegúrate de que lo eres con mucha claridad. En esa quietud, estate muy atento a la eumoción para ver qué ocurre. Después de estar con ella aproximadamente un minuto, vuelve a tomar conciencia de tu intención. Continúa este proceso de alternar la eumoción con tu intención, y repite con naturalidad el ciclo tantas veces como quieras y te resulte cómodo. Esta es la manera de tener una intención del QE. Finalmente, termina la sesión con un período de entre dos y cinco minutos, o más si quieres, de Quantum Entrainment, es decir, siendo consciente de la eumoción cuando la tengas ante ti y dejando que todo lo demás siga el camino que quiera.

Lo que haces, en esencia, es tomar conciencia de tu intención con mucha delicadeza, y dejar luego que los suaves y sabios vientos de la eumoción la empujen, como si de una bruma se tratara, hasta los niveles silenciosos de tu mente. No se trata de que te aferres en modo alguno a tu intención. Deja que su impulso entre con suavidad en tu conciencia, reconócelo y luego deja que se disuelva de nuevo en la plenitud de la eumoción.

Como he dicho hace un momento, es posible que, en lugar de disolverse en la eumoción, tu intención empiece a desplegar sus partes ocultas como se despliegan los pétalos de una flor. Es un acto automático, no algo que tú hayas de iniciar, así que limítate a contemplarlo como si se tratara de una película que se proyectara en la pantalla de tu mente, sin interferir de ninguna manera en la proyección. Las fuerzas creativas universales están reorganizando el tiempo y los acontecimientos a tu favor. Así es como se reescribe la historia de tu vida. Puede que la película de tu intención tenga sentido para ti o que no lo tenga, a medida que va transcurriendo ante ti. En este momento, da igual lo que aparezca en ella. No te inmiscuyas; limítate a verla y disfruta. Y si te ves envuelto en la película de tu intención y te olvidas de retornar a la eumoción durante un par de minutos, tranquilo, no pasa nada; simplemente vuelve a ella cuando la secuencia de pensamientos se desvanezca. También es posible que tu mente empiece a divagar hacia temas relacionados con ella. Tampoco pasa nada; cuando te des cuenta de ello, ten un silencioso impulso de regresar a la eumoción pura y hacer otro bocadillo de intención.

En muchas ocasiones, mientras se tiene una intención del QE, es posible que afloren ciertos deseos relacionados con otras partes de tu vida. Con la intención del QE, a menudo puedes matar dos, tres o más pájaros de un tiro. Todos tus deseos están en realidad vinculados unos con otros, y todos ellos nacen del deseo básico que tiene el ego de reunirse con la eumoción. Así que, si se presentan otros deseos durante una sesión de intención del QE, no hay ningún problema en que disfrutes de ellos como sustitutos de tu intención inicial. No obstante, cuando empieces desde el principio una nueva sesión, comienza siempre por tu intención original.

En momentos de gran estrés emocional, quizá te encuentres con que la sesión está plagada de pensamientos. Posiblemente eso no te permita disfrutar de ella tanto como otras veces, pero los pensamientos en sí no suponen un problema, así que no luches contra ellos pensando que no deberías tenerlos; si están es porque así es exactamente como debe ser. Cuando te des cuenta de que tu mente se ha ido por las ramas, limítate a observar los pensamientos con atención sin tratar de interferir, como hacías cuando estabas aprendiendo el proceso del QE. Durante esas sesiones, lo más probable es que no experimentes la profunda quietud de la eumoción pura. No importa. Cuando se presente algún período de relativa tranquilidad y silencio, hazte consciente de tu intención y luego de la eumoción en el grado en que tengas posibilidad de hacerlo. Cada sesión será diferente. No intentes hacerlas ni todas iguales ni todas distintas. Acepta lo que sea tal como es, ya que la intención del QE funcionará independientemente de cómo sea tu experiencia subjetiva. (Si experimentas una fuerte discordia emocional durante tu sesión de intención del QE, te sugiero que leas la experiencia nº 1: «Sanar el cuerpo emocional», del capítulo 27.)

Para obtener resultados de verdad asombrosos, realiza varias sesiones de intención del QE al día. Te recomiendo que al principio duren entre cinco y diez minutos cada una. Además de movilizar las fuerzas creativas de la creación para colmar tus deseos, una sesión de intención del QE tiene muchos otros beneficios. Dentro de poco, serás capaz de tener una intención entre dos latidos del corazón, en cualquier lugar, en cualquier momento; pero no tengas prisa, porque no se trata de una meta que debas alcanzar, sino de algo que llegará espontáneamente a su debido tiempo.

Puedes tener una intención del QE para cualquier clase de deseo –no siempre tiene por qué tratarse de algo serio o importante– y si quieres, a lo largo del día entero. Ten una intención del QE para los deseos más frívolos que surjan en ti, como una copa de helado cubierto de caramelo caliente o unas pinzas de depilar nuevas. Adelante, pásalo en grande... Te lo has ganado.

En los capítulos siguientes, mientras la intención del QE y tú os hacéis buenos amigos, te ayudaré a darte cuenta del poder de este proceso que acabas de aprender. Me gustaría entrar un poco más en detalle sobre cómo aplicarla a preocupaciones motivadas por una enfermedad crónica, una mala situación económica, una falta de equilibrio emocional o cualquier otro problema, y añadiré también algunas técnicas para que puedas ayudar a otros a superar los obstáculos de su camino y a reconocer sus deseos más profundos. Antes de pasar al capítulo siguiente, me gustaría que realizaras otra sesión de intención del QE completa. Adelante, deja el libro sobre las piernas y permite que uno de tus deseos salga a la superficie de tu conciencia. Con suavidad, hazte consciente de la eumoción... de tu intención... de la eumoción... y disfruta de una dichosa sesión completa de intención del QE.

(Nota: incluso aunque no estés experimentando actualmente en tu vida ningún tipo de discordia emocional, te recomiendo que leas el capítulo siguiente, sobre cómo gestionar las emociones, ya que contiene instrucciones básicas que pueden aplicarse al resto de los capítulos.)

Capítulo 21

Intención del QE para poner fin al sufrimiento emocional

No creo que realmente valga la pena que nos empeñemos en tener una salud emocional positiva. No conozco ni a una sola persona que esté por encima de la discordia emocional. Incluso el Dalai Lama reconoce que se enfada de vez en cuando. En un momento u otro, todos nos debatimos con nuestras emociones negativas, y a menudo es tal nuestro agobio que llega a afectar negativamente a nuestras vidas.

El problema, en el caso de las emociones descontroladas, es que pisotean nuestras facultades lógicas, distorsionando e incluso anulando nuestra capacidad para pensar de manera clara y tangible. Con frecuencia, quienes se dejan arrastrar por las emociones negativas ni siquiera son conscientes de tener un problema, y cuando algún amigo bienintencionado alude a ello, es posible que las personas afectadas lo miren como a un ente que acabara de caer de un planeta lejano privado de vida inteligente. Simplemente no pueden creerse que tengan un problema, y mucho menos que el problema sean ellas.

Puedes tener la plena confianza de que una intención del QE, tanto para tu propio bienestar como para el de otra persona, únicamente será para bien. Y no, no necesitas que esa persona te dé su consentimiento, puesto que, en realidad, tú no haces nada. Como ya sabes, una vez que tienes una intención del QE, has terminado; a partir de entonces, tu intención anida en los amorosos brazos de la eumoción y se llevará a cabo como la eumoción decida, no como decidas tú.

Hay algo que quiero recalcar. Creo que es obvio, pero prefiero decirlo de todos modos. Yo no tengo una formación académica en las artes psicológicas y no creo que el Quantum Entrainment ni la intención del QE debieran sustituir a la atención psicológica profesional. Es cierto que hay profesionales de la psicología clínica que han empezado a utilizar este tipo de técnicas para ayudar a sus pacientes a superar traumas psicológicos graves así como trastornos crónicos, y muchos de ellos están entusiasmados tras haber visto que las tecnologías de la eumoción reducen rápidamente su sufrimiento.

Tengo la esperanza de que en un futuro no muy lejano podamos patrocinar estudios clínicos para demostrar la eficacia del QE en el campo de la psicología. Entretanto, sin embargo, debemos saber que el Quantum Entrainment y la intención del QE son, para la persona común, herramientas extremadamente valiosas con las que reducir y eliminar la desarmonía psicológica, pero nunca deben sustituir a los cuidados de un profesional cualificado. Por supuesto, esto puede aplicarse a todo tipo de dolencias físicas en todos los campos de la medicina. Y ahora volvamos a nuestro programa de trabajo.

Ya he explicado que una intención tiene dos partes: el objeto y la emoción asociada a él. Esta división se realiza principalmente para facilitar la explicación, pero tú no tienes por qué preocuparte por estos dos aspectos de la intención a menos que realmente quieras hacerlo. La intención del QE se encarga de todo a la vez, sin que tú tengas que hacer nada. Dicho esto, hay personas a las que les gusta jugar con las partes de su intención mientras están envueltas en ese manto de beatitud que conocemos por el nombre de eumoción. Es totalmente una cuestión de preferencias; mientras seas consciente de la eumoción, tu intención se satisfará todo lo plenamente que permitan las leyes de la naturaleza.

Intención del QE para las emociones

(Nota: te recomiendo que en las primeras sesiones de intención del QE emocional trabajes con problemas de intensidad entre baja y moderada. Una vez que te sientas cómodo y hayas adquirido un poco de experiencia en el proceso, puedes pasar a preocupaciones emocionales más delicadas.)

Siéntate tranquilamente en un lugar donde no vayan a molestarte en los próximos cinco o diez minutos. Con los ojos cerrados, deja que tu mente se haga consciente de lo que te preocupa. Saca a la luz la situación y las emociones que lo acompañan. Deja que se manifieste con toda su intensidad, y luego evalúalo en una escala del 0 al 10, en la que 10 significa absolutamente insoportable y 0, ausencia de malestar. Recuerda el número inicial, pues repetirás esta prueba una vez terminada la sesión.

Realiza el Quantum Entrainment durante dos o tres minutos, tomando conciencia de la eumoción. Sentirás cierta calma mental y relajación corporal. Deja que tu mente se dirija al problema y, acto seguido, a cómo te gustaría resolverlo. Estos dos pasos, hacerte consciente del problema y luego de la solución, constituyen un proceso bastante fluido: piensas en lo uno y a continuación en lo otro, y después te desprendes de ambos al retornar tu conciencia a la eumoción. Recuerda que «eumoción» significa tanto la nada de la eumoción pura como los sentimientos de la simple eumoción. Cualquiera de los dos está bien.

Supongamos que tu suegra ha venido a pasar unos días con vosotros y que ella y tú no os lleváis bien. Así es como resolverías la situación: desde la sencilla plenitud de la eumoción, tu mente se hace consciente de las emociones que experimentas estando con tu suegra y de la situación que rodea a esas emociones. No es preciso que dirijas tu mente en modo alguno, pues descubrirás que ella sola se verá atraída hacia el aspecto más preocupante; lo único que has de hacer es pasar el tiempo necesario con las emociones y con la situación como para reconocerlo, lo cual sucederá en el tiempo que tardas en tener uno o dos pensamientos. Deja que, con la misma fluidez, tu conciencia vaya a la solución. Este vuelve a ser un proceso automático, así que dale vía libre a tu mente.

En este momento, quizá visualices cómo tu suegra recoge sus bolsas, te da un gran abrazo y embarca en un avión hacia Seattle para irse a vivir a casa de tu cuñada. La solución suele presentarse casi siempre sin ningún esfuerzo consciente de tu parte. Si se resistiera a aparecer con esta facilidad, puedes ayudar al proceso pensando ligeramente en una solución y dejándola establecerse en la eumoción. La intención del QE siempre es divertida y vivificante; no hagas de ella una tarea rutinaria aunque el tema en cuestión sea bastante serio. Recuerda que no tienes que construir la casa ladrillo a ladrillo; un ligero empujón es cuanto la eumoción necesita de ti.

Ten tu intención del QE cada minuto aproximadamente durante los próximos tres a cinco minutos, y termina la sesión con otro período de tres a cinco minutos de QE, es decir, de ser simplemente consciente de la eumoción. A continuación, no saltes de la silla de inmediato y empieces rápidamente a hacer cualquier cosa. Tómate un poco de tiempo; deja que tu mente vague durante un rato mientras te preparas para el día que te espera, y aprovecha ese tiempo para volver a las emociones y a la situación, como hiciste al principio de la sesión: deja que las emociones se expresen en toda su magnitud y, de nuevo, evalúalas del 0 al 10. Casi en todos los casos, verás que tus emociones –la ansiedad, el miedo, la rabia, la tristeza, el pesar, la culpa o la frustración– habrán descendido notablemente.

Ahora, y esto es muy importante, olvídate de lo que acabas de hacer y entrégate a tus quehaceres cotidianos como si no hubiera sucedido nada. Aunque es mucho lo que ya ha ocurrido, la mayor parte de ello continúa fraguándose entre bastidores. Desentiéndete de ello. Deja que las fuerzas organizativas de la creación hagan su trabajo, mientras tú te ocupas de los asuntos de tu vida como has hecho siempre. Créeme, tu existencia cambiará inconmensurablemente por lo que has hecho hace unos momentos, o mejor dicho, por lo que no has hecho.

Si te pasas el día examinando tu vida y tratando de comprobar si tu intención está funcionando, puedes obstaculizar el proceso en cierta medida, ya que, cada vez que haces una comprobación para ver si ha habido algún progreso, recalibras ligeramente tu intención desde el nivel actual de conciencia común y, aunque en ningún caso podrás eclipsar por completo ni una sola sesión de intención del QE, sí puedes ralentizar ligeramente sus resultados. Por fortuna, cualquier distorsión que puedas introducir quedará neutralizada cuando realices tu próxima sesión de intención del QE. De modo que, como digo, haz la sesión y, cuando termines, sigue con tu vida como harías habitualmente. Cuando llegue tu regalo, te sorprenderás; te sentirás agradecido, por supuesto, y un poco perplejo, pues lo has conseguido sin hacer nada. ¿Qué más se puede pedir?

Bruma sobre el agua

En algunos sistemas de trabajo de intención, y también en la sanación por medio de la energía, crear ondas de armonía es similar a dejar caer una piedra en las aguas tranquilas de un estanque. En el momento en que la piedra –la intención tradicional– cae en el estanque, se forman ondas que van ampliándose y desplazándose en círculos concéntricos. Las ondas de energía vuelven luego a ti, es decir, al lugar donde cayó la piedra y perturbó la quietud del agua, trayendo consigo información sobre cómo tener éxito en tu mundo.

Tener una intención del QE se parece más a permitir que una etérea bruma se asiente con suma ligereza sobre las aguas quietas de la eumoción pura.

No deseamos perturbar esas aguas, sino permitir que sigan siendo un claro reflejo de la creación. No queremos esforzarnos por imponerle a la creación nuestra voluntad limitada. Incluso pensar en ello es un disparate, y no hace sino crear la ilusión de que tenemos el control, lo cual rápidamente provoca deseos aún más fuertes y, en última instancia, un sufrimiento mayor. En lugar de eso, desde el silencioso punto donde tenemos la gran fortuna de encontrarnos, es decir, la superficie en calma del estanque de la eumoción pura, abrimos tiernamente nuestra conciencia a nuestra intención del QE, y luego contemplamos cómo besa con suavidad la superficie de la eumoción pura.

Este es el momento mágico, la concepción impecable en que toda la creación despierta a tu deseo. Tu trabajo está hecho. En el nivel más precioso de la vida, tu deseo ya se ha colmado. Tus deseos perniciosos y emociones inquietantes se han disipado como la bruma fría al calor del sol. Ahora, con un sentimiento de lúdica expectación, solo tienes que esperar a ver en qué envoltorio llega tu regalo.

Capítulo 22

Ayudar a quienes padecen una enfermedad crónica

Las enfermedades crónicas, como su nombre indica, son de larga duración, requieren cuidados prolongados y sus probabilidades de curación son bastante escasas. A medida que el cuerpo y la mente envejecen, disminuye nuestra capacidad de reparar espontáneamente los tejidos dañados, y por eso en la vejez los casos de enfermedades crónicas son más frecuentes y es menor el porcentaje de curación. Aunque, por supuesto, no son exclusivas de la vejez, es entre la población de más edad donde abundan las dolencias de este tipo: artritis, enfermedades cardíacas, diabetes o la más temida de todas, el cáncer. El índice de mortalidad a causa de una enfermedad crónica es elevado incluso entre los jóvenes que la padecen. Además, supone una considerable carga para los miembros de una familia, para la comunidad e incluso para países enteros. Aunque, obviamente, la mayor carga es la que soporta el individuo que la sufre, y es él quien más se beneficiará de la intención del QE.

Si no padeces una enfermedad crónica pero te gustaría ayudar a alguien que sí la sufre, la intención del QE está hecha para ti. Voy a explicarte cómo ayudar a un amigo, a un miembro de tu familia o incluso a un completo desconocido teniendo una intención del QE.

Intención del QE para ayudar a quienes padecen una enfermedad crónica

Realiza el QE de tres a cinco minutos, o hasta que te encuentres suficientemente asentado en la eumoción. Toma conciencia del individuo (tu compañero) y de cómo le afecta su enfermedad; hazlo como si estuvieras observándolo desde el otro lado de la habitación, como un simple observador de sus condiciones físicas externas. Si te emocionas, no te preocupes, pues el hecho de que te impliques personalmente no disminuirá la efectividad que tenga en tu compañero tu intención del QE, que resultará además considerablemente sanadora para ti. No intentes ni sentirte emocionado ni librarte de la emoción. Si lo estás, reconócelo y continúa siendo consciente de los síntomas de tu compañero. Basta con que lo hagas unos segundos, de diez a quince como mucho, y luego deja que todo se disuelva en la eumoción. Acuérdate de ser consciente de la eumoción con total claridad y atención, y disfruta de sentir su fluidez durante un minuto aproximadamente.

A continuación, piensa un instante en tu compañero. Imagínalo como antes, con sus síntomas. Esta vez, toma conciencia de que su cuerpo, su mente y sus emociones rebosan de la dicha que emana de la eumoción, de que cada uno de sus pensamientos y emociones está sumergido en la belleza de la eumoción, de que cada átomo de cada molécula de cada célula de su cuerpo está vivamente impregnado de la armonía e influencia curativa de la eumoción. Observa tu película mental con inocencia para ver cómo reacciona tu compañero. Hazlo durante aproximadamente un minuto y luego retorna a la eumoción. Repite las tres fases del proceso una o dos veces más, observando los síntomas de tu compañero, tomando conciencia de la eumoción, estando al tanto de cómo responde a estar inundado de eumoción, y después regresa a la eumoción. Termina la sesión de intención del QE con entre tres y cinco minutos de QE.

La fuerza y la velocidad con que tiene efecto la intención del QE en los pacientes crónicos son ni más ni menos que asombrosas. La intención del QE siempre tiene efectos inmediatos; ahora bien, la rapidez con que pueda apreciarse una mejoría de los síntomas dependerá del tipo y gravedad de la dolencia y también de la constitución de la persona que la padece. Si puedes conseguir información directa sobre sus niveles de azúcar en sangre, por ejemplo, o una lectura de la tensión arterial, podrás comprobar la mejoría de inmediato. Contempla también la posibilidad de que a tu compañero se le realice un examen médico antes y después de la sesión para evaluar su grado de malestar físico y emocional en uno y otro momento. En la mayoría de los casos, verás resultados increíbles al instante.

Atente con exactitud a la sencilla fórmula que acabo de describir. El ego no desempeña ningún papel en la intención del QE, así que no imagines a tu compañero curándose ni ya curado, pues ni lo uno ni lo otro le ayudará a restablecerse. Tú no eres el sanador, y la intención del QE tampoco lo es. La sanación provendrá de las fuerzas creativas que emanan de la sabiduría y compasión inherentes a la eumoción. Que nuestros compañeros se curen o no realmente no depende de nosotros. Podemos tener el deseo y la intención de que la sanación tenga lugar, y así debería ser, pero el infinito número de posibilidades de expresarse que tiene el proceso de la enfermedad escapa a la comprensión de nuestras mentes limitadas, así que es mejor que respetemos la acción de las fuerzas de la naturaleza, que escapa totalmente a nuestro control.

Ten la intención del QE y luego disfruta de estar presente con tu compañero o vuelve a tus actividades habituales. Cuando sea el momento oportuno, la madre naturaleza te dará un golpecito en el hombro y te dejará echar un vistazo a su obra.

No se puede forzar el desapego

Tener una intención del QE para una enfermedad crónica que se haya manifestado en tu cuerpo-mente exige una orientación ligeramente distinta que cuando realizamos este trabajo para otra persona. Como es fácil de imaginar, cuando trabajas contigo mismo tienes particular interés en el resultado y, por lo tanto, puedes estar más apegado a él. Ese apego está motivado por el miedo, de modo que se filtra a través de tu ego y, en consecuencia, su efectividad disminuye significativamente. Por tanto, el truco cuando tengas una intención del QE para ti mismo es el desapego.

Pero el desapego no se puede forzar. No puedes intentar estar desapegado de tu enfermedad ni de nada, en realidad, puesto que intentar algo significa hacer un esfuerzo para alcanzar una meta, y una meta implica un camino; viene a decir que el lugar donde te encuentras no es lo bastante bueno y que quieres estar en un lugar mejor o, lo que es lo mismo, que quieres cambiar «lo que es». Y si la vida es perfecta tal como es, querer cambiarla significa rechazar la percepción de la perfección del presente.

Te oigo pensar con cierta dosis de incredulidad: «Por supuesto que quiero estar en un lugar diferente adonde estoy. ¡Tengo una enfermedad crónica y quiero librarme de ella!». Lo que dices es obvio. El lugar donde estás no es el mejor para ti, y luchas por conseguir tu meta de estar libre de la enfermedad que padeces... Pero eso es precisamente lo que quiero hacerte ver. Se trata de un sutil, y por eso mismo potente, cambio de percepción que marcará la diferencia entre vivir una vida de plenitud o una vida de sufrimiento, independientemente de que sufras o no una enfermedad de alto riesgo.

Si padeces una enfermedad crónica, la cuestión principal no es la enfermedad en sí, sino tu percepción de ella. Si piensas que tu cuerpo y tu mente son propiedad tuya, cuando se ven amenazados de cualquier manera, sientes que tu propia esencia está amenazada. El ego piensa que el cuerpo-mente es suyo y dedica ingentes cantidades de energía a intentar protegerlo, pues tiene la sensación de que si el cuerpo-mente muere, él morirá también. Sin embargo, la conciencia del Ser trasciende la conciencia del ego y sabe que la destrucción del cuerpo-mente no supone la destrucción del Ser, pues, como ya he afirmado, la esencia del Ser es atemporal y escapa al alcance de la destrucción.

No quisiera sonar frívolo, pero los cuerpos vienen y van. Quienes han sufrido mucho suelen asegurar que hay cosas peores que la muerte. Lo peor que le puedes hacer a la vida es apegarte a ella. En el momento en que tu cuerpo nace, empieza a morir, por lo que apegarte al cuerpo significa apegarte a la muerte. Por mucho que el ego se empeñe en tenerlo todo bajo control, al final tu templo se vendrá abajo. Hay muchas lecciones que la enfermedad nos puede enseñar, pero, en última instancia, solo hay una que vale la pena aprender: que no somos nuestro cuerpo-mente. Somos amor, gracia y dicha ilimitados, envueltos en el manto celestial de la eumoción. ¿Qué se consigue con luchar contra una enfermedad, salvo dejarse el alma en el proceso? De una cosa puedes estar seguro: a medida que vayas cumpliendo años, la enfermedad y los achaques irán haciendo mella en tu cuerpo-mente. Sí, es cierto que puedes hacerle pequeñas trampas a la muerte aquí y allá, pero, al final, la banca siempre gana.

Ni negar el miedo ni atacarlo nos dará la paz mental que tan desesperadamente buscamos. Lo curioso es que ya disponemos de cuanto necesitamos para conseguirla. Cuando tenemos una intención del QE, dejamos que se nos confisque el campo de la muerte a cambio de la alegría de vivir sin límites.

Capítulo 23

Tu enfermedad crónica: exploración cuántica del cuerpo físico y emocional

Empieza por sentarte cómodamente con los ojos cerrados y practica de tres a cinco minutos el Quantum Entrainment, o hasta que sientas que te invade la silenciosa quietud de la eumoción. A continuación, hazte consciente de cualquier malestar o síntoma que tengas, incluso aunque no los atribuyas a tu enfermedad. Deja que tu conciencia explore con naturalidad tu cuerpo. A medida que vayas notando cada indicación de enfermedad que manifieste tu cuerpo, deja que tu conciencia se detenga en ella unos segundos antes de pasar al síntoma siguiente. Cuando hayas terminado de examinar así tu cuerpo entero (lo cual no debería llevarte más de uno o dos minutos), ten el impulso de retornar a la eumoción.

Al cabo de un minuto aproximadamente de ser consciente de la eumoción, ten el pensamiento de retornar a tu cuerpo. De nuevo, presta atención a las diferentes zonas y a los síntomas que se presenten en ellas, y fíjate en si se han desplazado o han aumentado o disminuido de intensidad, o incluso es posible que seas consciente ahora de otros síntomas que no habían aparecido la primera vez; esto sería indicación de que la curación ya ha empezado a actuar. Independientemente de cuál sea el síntoma o de dónde esté localizado, cuando tomes conciencia de él, en esta ocasión comprueba si hay alguna emoción asociada a él. Si es así, obsérvala con naturalidad unos segundos, y luego pasa al síntoma siguiente. Tanto la exploración corporal como la emocional deberían durar, como mucho, uno o dos minutos cada una. Ahora vuelve a la quietud y a la paz de la eumoción durante otro minuto aproximadamente.

Una vez más, deja que tu conciencia se dirija con naturalidad a tu cuerpo-mente, incluidas las emociones asociadas a él. Hazte consciente de tu cuerpo, de las emociones y los síntomas al mismo tiempo que de la eumoción. Reconoce cómo cada pensamiento, sensación y emoción están sumergidos en la eumoción: el síntoma y la emoción están presentes al mismo tiempo que la eumoción. Percibe que cada átomo de cada molécula de cada célula de tu cuerpo está vivamente impregnado de la armonía e influencia curativa de la eumoción. No la dirijas hacia ningún lugar. Resístete al impulso de dirigir la energía hacia cualquier zona de malestar en concreto, pues la eumoción se encargará de hacerlo con mucha mayor eficacia y rapidez que tú, un individuo limitado. Disfruta de no hacer nada y de serlo todo durante uno o dos minutos, y retorna a los acogedores brazos de la eumoción durante un minuto más o menos.

Repite las tres fases de este proceso tres veces, o más si así lo deseas. Acuérdate de separar cada fase –la exploración corporal, la exploración emocional y la percepción consciente de la eumoción– y luego las tres simultáneamente, intercalando entre ellas un minuto de conciencia de la eumoción pura. Termina la sesión de intención del QE con un período de tres a cinco minutos de QE.

Si estás postrado en cama, quizá quieras descansar durante más tiempo con los ojos cerrados, o incluso dormir un poco. Cuando estás enfermo, puedes practicar el QE y la intención del QE tantas veces como quieras. Aunque ninguno de los dos son técnicas curativas, la eumoción genera una inmensa y armoniosa energía sanadora que inundará tu cuerpo-mente y le permitirá curarse con mucha, muchísima mayor rapidez.

Tal vez te hayas dado cuenta de que en ningún momento de la intención del QE dirigimos la energía; ni imaginamos que la curación tiene lugar ni intentamos controlar el proceso en modo alguno. No has de hacer nada más que desplazar tu conciencia de una percepción de la realidad relativa a otra. El único trabajo que implica la intención del QE es, por tanto, tener el impulso de ser consciente, lo cual no puede decirse que suponga un verdadero esfuerzo. En esto reside precisamente el secreto de la asombrosa y potente efectividad de la intención del QE.

Capítulo 24

Intención del QE para conseguir riqueza y prosperidad

Si lo piensas, la verdad es que los seres humanos necesitamos muy poco para sobrevivir, y no mucho más para tener una vida cómoda. Pero ¿cuánta riqueza sería necesaria para hacernos felices? Podemos contestar a esto preguntándonos: «¿Cómo de vacío se siente mi ego?», ya que normalmente hacemos que nuestra felicidad dependa de la situación relativa de nuestra vida.

Ahora, por ejemplo, quizá disfrutes yendo por la mañana en bicicleta a ese trabajo que tienes la suerte de haber encontrado. Al cabo de unos años de éxito laboral y solvencia económica, tal vez te aburra conducir tu Mercedes. Así que la felicidad siempre dependerá de circunstancias relativas, pero la necesidad de ser más feliz tiene una sola causa constante: el afán que tiene el ego por sentirse pleno, por reunirse con la eumoción. La lucha por la prosperidad material que llevamos a cabo en la conciencia común es la expresión exterior de esa búsqueda interior de compleción que obsesiona al ego. En la conciencia del Ser, no luchamos por conseguir riquezas ni dependemos de ellas para ser felices. Paradójicamente, sin embargo, suelen llegarles grandes riquezas a quienes viven en consonancia con la expresión de la eumoción.

La felicidad es relativa; la eumoción, permanente

Cuando no somos conscientes de la eumoción, sentimos que nos falta algo, y así es. En cuanto tomamos conciencia de ella, notamos que no tenemos miedo, que no sentimos ansiedad, culpa ni ira, puesto que la eumoción es la meta suprema de cada pensamiento y acción que nace de nosotros. Todo el sufrimiento, los sentimientos de vacío, se llenan cuando tenemos una clara conciencia de la eumoción. Puede que sigamos sintiéndonos tristes o ansiosos, pero esas emociones no pueden hacernos sufrir si permanecemos con la eumoción; sencillamente no es posible. Sin embargo, cuando nos olvidamos y nos apartamos de ella, sentimos el vacío que deja su ausencia e intentamos llenarlo con objetos, filosofías y relaciones. Y nunca funciona.

El «error del ego» es creer que, si atesora todas esas cosas, finalmente erradicará el sentimiento de vacío. Quiere nadar por la superficie de la vida, poseyendo todo lo que encuentra. Pero eso nunca funcionará..., no puede funcionar. Lo que el ego debe hacer es dejar de nadar; el problema es que piensa que si lo hace se hundirá en las profundidades del océano de la mente y dejará de existir; cree que si deja de amasar riquezas de cualquiera de las diversas formas que conoce, nunca se sentirá lleno... cuando nada podría estar más lejos de la verdad. Cuando el ego deje de intentar saciarse es cuando realmente se le concederá el mayor de los regalos. En el momento en que el ego deja de intentar sobrevivir es cuando se abre a la plenitud de la vida.

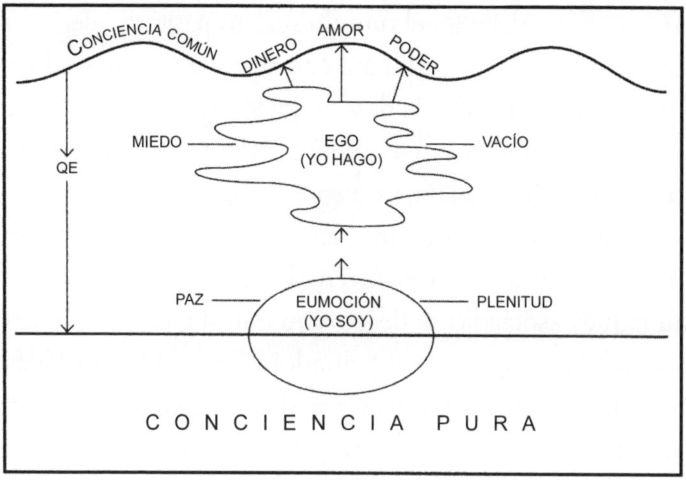

Quienes viven en la conciencia del Ser y no amasan grandes riquezas no las necesitan. Dicho esto, existe una inmensa abundancia en este mundo, y no cabe duda de que es divertido participar de ella. Siempre tenemos un sentimiento de gratitud y admiración cuando recibimos un regalo que nos llega a través de la eumoción; sentimos que hay una alegre picardía desarrollándose entre bastidores. No tienes la sensación de que te hayas ganado el regalo, sino de que se te ha ofrecido por la pura alegría de dártelo. Cuando eres consciente del amor infinito del que te lo ha entregado, no te apegas al regalo, y lo mismo puedes dárselo a otro que quedártelo para ti.

La primera regla para amasar riqueza interior o exterior es: *antes de cualquier otra cosa, tener conciencia de la eumoción*.

Una vez que hayas dado el primer paso, habrás adquirido el mayor tesoro que puede conocer un ser humano: la conciencia del Ser. Establecido en su sede, todas las acciones que lleves a cabo honrarán y favorecerán a tu Ser, y, desde ese momento en adelante, el mundo será tu patio de juegos. Tener una intención del QE para conseguir abundancia elimina el miedo, la ansiedad y la desesperación que muchos sienten cuando desean algo intensamente. Además, es divertido; se realiza con una sensación de alegre desapego.

Cuando tengas una intención del QE para lograr más riqueza material, trabajarás en dos niveles: aplacando las emociones asociadas al deseo y manifestando la condición material. Las emociones debilitadoras que estén asociadas al objeto o la situación se disolverán de inmediato en la quietud absoluta. Hay toda una amplia gama de tiburones emocionales que nadan en torno a una preocupación económica, y que tal vez tú reconozcas como miedo, frustración, ira y confusión. Unos minutos después de tener una intención del QE, estas emociones, así como su influencia negativa, mermarán significativamente o desaparecerán por completo. Entonces, libre del hostigamiento emocional, podrás sentarte cómodamente a esperar a que tu deseo se cumpla.

Intención del QE para conseguir riqueza material

Encuentra un lugar cómodo donde nada vaya a molestarte durante diez o quince minutos. Cierra los ojos y realiza el proceso del QE de tres a cinco minutos o hasta que sientas la silenciosa presencia de la eumoción. Deja que tu mente se dirija a tu deseo de gozar de mayor riqueza. Estate atento entre cinco y diez segundos a lo que tu mente te muestre sobre lo que quieres: el cumplimiento de ese deseo. Si tienes emociones negativas asociadas a este deseo de abundancia material, identifícalas. Deja que crezcan y se intensifiquen en tu mente y evalúalas en una escala del 0 al 10, en la que 10 es un grado insoportable.

Permite que tu mente regrese con suavidad a la eumoción durante un minuto aproximadamente. Después, ten el impulso de regresar a tu deseo de prosperidad material. Durante el minuto siguiente, deja que tu mente proyecte la película de lo que quieres. Puede que automáticamente te muestre la película de lo que sería haber conseguido tu deseo; si es así, observa la película y asegúrate de no interferir en el guion. La eumoción está reorganizándolo todo, eliminando los impedimentos para la plena realización de tu deseo. Al cabo de un minuto o dos, regresa a la eumoción.

Repite de tres a cinco veces el proceso de volver a tu deseo, asegurándote de separar cada episodio con la percepción consciente de la eumoción.

Si has tenido emociones negativas e hiciste la prueba previa antes de la sesión de intención del QE, ahora es el momento de llevar a cabo la prueba posterior. Haz exactamente lo mismo que al principio de la sesión, y evalúa la intensidad de tus emociones en una escala del 0 al 10. Incluso en los casos más desesperados, apreciarás una disipación de las emociones negativas considerable e inmediata. Muchas veces, las emociones negativas que rodean a las preocupaciones económicas resultan mucho más devastadoras que la situación en sí; por lo tanto, aunque lo único que consiguieras fuera eliminar dichas emociones, eso de por sí haría que hubiera valido la pena pagar el precio de este libro. Cuida de tomarte el tiempo de transición suficiente entre este estado de quietud y las actividades habituales; abre y cierra los ojos y estírate antes de levantarte de la silla.

La vida es una búsqueda de huevos de Pascua

¿Qué debes hacer ahora para ver realizado tu deseo de mayor bienestar material? ¡Absolutamente nada! Quizá sea esta la parte más difícil para la mente que está bajo el control de la conciencia común y que pensará que es necesario hacer algo para que todo funcione. Si es tu caso, practica el QE y lleva a tu mente de la conciencia común a la conciencia del Ser. Cuando lo hagas ya no sentirás la necesidad de actuar ni de supervisar si todo funciona como debería; tendrás una paciencia infinita, y tu paciencia se verá recompensada.

Se está atendiendo a todo detalladamente en el nivel más sublime y poderoso de la creación, así que no hay mucho que tú puedas hacer para ayudar. Ahora bien, eso tampoco significa que te quedes inmóvil sentado en una silla el día entero. A partir de este momento, tienes que estar abierto a las oportunidades cuando se presenten. Remueve un poco el puchero. Considera lo que está sucediendo como una búsqueda de infinitos huevos de Pascua que la madre naturaleza ha escondido para que tú los encuentres. Cada uno de ellos representa la plena satisfacción de tu deseo, de modo que basta con que des con uno. Estate atento a toda interacción, persona o situación de tu vida como si fueran el arbusto o la roca que podría estar ocultando el huevo de Pascua. Busca el tesoro con un lúdico sentimiento de aventura. Entretanto, asegúrate de que sigues realizando una sesión de intención del QE dos o tres veces al día. ¡Que disfrutes de la búsqueda!

Capítulo 25

Ayudar a que otros consigan riqueza material

La mejor manera de recibir es dando. Incluso si vives sumido en la pobreza, sentirás inspiración inmediata cuando tengas una intención del QE para ayudar a otro a conseguir riqueza material. He aquí cómo hacerlo.

Encuentra un lugar donde nada vaya a molestarte durante diez o quince minutos y siéntate cómodamente. Cierra los ojos y realiza el proceso del Quantum Entrainment de tres a cinco minutos, o hasta que sientas la silenciosa presencia de la eumoción. Deja que tu mente se dirija a tu compañero, a la persona a la que quieres ayudar. Durante cinco o diez segundos, piensa tranquilamente en cómo interpretas su problema. Si es una persona que sufre, identifica sus emociones negativas tal como tú las percibes. Traslada suavemente tu conciencia de esos pensamientos a la eumoción.

Disfruta de la plenitud de la eumoción durante alrededor de un minuto y luego deja que tus pensamientos vuelvan a tu compañero.

A medida que se proyecta tu película mental, observa a tu compañero para comprobar si es más consciente de sus emociones y de su postura física. Reaccione como reaccione, mientras lo observas tranquila y atentamente toma conciencia de la eumoción. Luego, como un gato al acecho de una ratonera, continúa siendo consciente de su cuerpo, de sus emociones y de la eumoción. La quietud, la paz o la dicha que sientes está igual de viva en él. Observa la eumoción en tu compañero durante un minuto aproximadamente y retorna a la percepción de la eumoción en ti mismo.

Alterna la percepción de tu compañero y la eumoción de tres a cinco veces antes de finalizar la sesión de intención del QE. No hay necesidad de que visualices a esa persona consiguiendo su deseo. Cuando tienes una intención del QE para ella, está implícita la llegada de una mayor afluencia material. Tú le has proporcionado la base sobre la que eso sucederá, pero el modo en que suceda no es asunto tuyo. Sentirás una intensa satisfacción interior cuando tengas una intención del QE para hacer realidad la riqueza material de los demás, y además el trabajo que hayas dedicado a mejorar tu situación económica también se beneficiará de ello, así que es una buena costumbre que empieces a echarle una mano a un amigo o dos cada día. Créeme, estarás encantado con lo que por tu parte recibas.

Capítulo 26

Intención del QE para solucionar problemas

En la naturaleza no hay problemas. Los problemas son un fenómeno creado por el ser humano, y surgen por la necesidad que tiene de imponer orden en su entorno. Para la mente humana, un entorno ordenado es aquel que se puede controlar. Se trata de un orden relativo y, por tanto, el grado de desorden depende de la perspectiva del observador, y esta a su vez depende de su percepción de la armonía. Si percibes el mundo como una serie de pensamientos y objetos, algunos de los cuales están relacionados entre sí y otros no, te estás consumiendo en la confusión de la conciencia común. Si, por el contrario, sientes que todo está bien tal como es, vives disfrutando de la conciencia del Ser.

En su nivel más básico, la eumoción tiene una sola parte móvil. No se puede estar en mucha más armonía que eso, puesto que una sola parte no puede luchar consigo misma; se necesitan dos para engendrar ese fenómeno. Pero cuando la eumoción se escinde en los infinitos fragmentos de la creación, la mente humana no puede seguir el rastro de todos y de su diversidad de movimientos. Excepto en el sentido más limitado, la causa y el efecto escapan a nuestra comprensión. Aunque lo intentamos, sencillamente no somos capaces de saberlo todo; y es aquí donde nacen los problemas... o, debería decir, la ilusión de desarmonía a la que llamamos problema.

No tenemos ninguna posibilidad de saber qué resultado tendrá ni uno solo de nuestros pensamientos o acciones, pero intentamos saberlo, y de eso precisamente hemos de soltarnos. No me refiero a que deba decirme conscientemente algo parecido a: «Vale, Frank, respira hondo y suéltate». No se trata de algo que podamos hacer conscientemente. El esfuerzo consciente sigue siendo un esfuerzo, y ¿cómo se puede uno esforzar en dejar de esforzarse? De lo que hablo es de aceptar «lo que es», más que de un acto manifiesto de soltarse. No podemos aceptar o creer que todo saldrá bien mientras vemos que constantemente nuestras acciones se quedan cortas, que difícilmente logran su objetivo. Podemos intentar convencernos a nosotros mismos de que lo tenemos todo bajo control, pero eso es simplemente poner una ilusión encima de otra, y para mantener tal creencia, hay que invertir una gran cantidad de tiempo y de energía.

La aceptación, en cambio, llega de un modo natural cuando sabemos que es nuestro Ser interior, ilimitado, el que está al mando. Ese saber no es una comprensión intelectual, sino la profunda intuición de que la perfección impregna todas las formas. Es un descubrimiento, una percepción directa, que nace automáticamente de la dicha, la beatitud y el amor que eres, que es la eumoción. Todos los problemas tienen sus raíces en la percepción egótica del mundo, inducida por el miedo, la percepción propia de la conciencia común. Y adivina qué: no se puede arreglar la conciencia común con la conciencia común; sería como reemplazar una pieza estropeada del motor de un coche por otra pieza estropeada distinta. Es posible que el motor funcione de alguna manera imprevisible, pero seguirá estropeado. Afortunadamente, la conciencia común tiene fácil remedio. Ya sabes qué hacer: Quantum Entrainment.

Por lo tanto, eso se ocupa del principal escollo que se nos presenta a la hora de resolver nuestros problemas. Pero ¿cómo vamos a solventar cada uno de los misterios y situaciones desconcertantes que se nos presentan cada día? Por ejemplo, ¿de dónde sacamos tiempo para unas vacaciones cuando ya hemos agotado los días libres que teníamos?, ¿cómo nos las ingeniamos para llevar a nuestros tres hijos a sus actividades respectivas en tres partes distintas de la ciudad al mismo tiempo?, ¿cómo ponemos fin a una relación creando el menor daño posible?

Bueno, esto también sabes cómo hacerlo: la intención del QE... con un toque especial.

Cómo resolver problemas con la intención del QE

Encuentra un lugar cómodo donde nada vaya a molestarte durante diez o quince minutos. Cierra los ojos y lleva a cabo el proceso del Quantum Entrainment de tres a cinco minutos, o hasta que sientas la silenciosa plenitud de la eumoción. A continuación, deja que tu mente se dirija con suavidad a tu problema, tomándote el tiempo necesario para repasar cada uno de sus aspectos. No intentes resolverlo. Esto es muy importante. Sé simplemente el perfecto observador del problema tal como tu mente te lo presenta. Observa con tranquilidad cualquier emoción asociada a él, con atento desinterés a medida que disminuyen y desaparecen. Sigue permitiendo que tu mente vague por los diversos aspectos del problema de uno a tres minutos y luego, con naturalidad, hazte consciente de la eumoción.

Tras permanecer con la eumoción alrededor de un minuto, regresa para recoger los hilos mentales de la película de tu problema. Deja que los pensamientos acerca de él se desarrollen mientras tú eres el espectador, lleno de interés. No tengas prisa y no busques una solución; sé solo muy consciente de la película que se proyecta en la pantalla de tu mente. Hazlo entre uno y tres minutos, y luego retorna a la eumoción durante otro minuto aproximadamente. Repite este ciclo de tres a cinco veces, y cuando termines, abre los ojos y tómate un tiempo para poder hacer una transición suave a tus actividades. O, si tienes tiempo, quédate sentado en la silla y permítete soñar despierto tanto como te apetezca.

Siempre se ha dicho que las soluciones llegan cuando no se buscan. Tal vez te sorprenda la respuesta por la noche, cuando estés a punto de quedarte dormido, o te esté esperando cuando te despiertes por la mañana. También es posible que surja de pronto en tu mente en cualquier otro momento del día, por lo general mientras realizas alguna actividad que exija poca concentración, como fregar los platos o conducir. Concédete mucho espacio y no te angusties buscando la respuesta. Puedes realizar varias sesiones diarias de intención del QE para resolver tus problemas. Los mejores momentos son a primera hora de la mañana o por la noche, justo antes de irte a dormir, pero cualquier otro momento del día servirá igualmente.

Capítulo 27

Cómo crear la relación perfecta

Cada vez que percibimos algo, establecemos relación con ello, da igual que se trate de una roca, una grapa, otro ser humano o uno de nuestros pensamientos. Incluso cuando estamos ensimismados, nos relacionamos con nosotros mismos. La vida es relación continua.

Y solo hay dos maneras en que podemos relacionarnos: en la conciencia común o en la conciencia del Ser. Me da la impresión de que aproximadamente el noventa y nueve por ciento de la población mundial se relaciona consigo misma, con los demás y con su entorno en la conciencia común, inconsciente de su esencia básica más íntima. De ese modo, perdemos la orientación y no tenemos ningún punto de referencia desde el que considerar el mundo; nos volvemos inestables, precariamente vulnerables a la seducción de la vida exterior.

El Ser interior es la base sobre la que se asienta el ser exterior, el «yo»; y, como está incompleto, como su percepción carece de base, no tiene otro remedio que intentar obtener algo de las relaciones. Así, cuando contemplamos una roca, por ejemplo, nuestra mente buscará de forma natural una manera de utilizarla para nuestro beneficio: «¿Podría llevármela a casa para adornar el patio?», «¿Podría usarla para cascar una nuez?», «Igual, si la arrastro hasta el agua, puedo emplearla para saltar hasta la otra orilla del arroyo»...

Y si tu mente no es capaz de idear un uso para la roca, pasa a lo siguiente que percibe. Es posible que el sentimiento en tu mente sea algo parecido a: «Esta roca es como muchas otras que he visto, y no tiene ningún valor en particular. Y como lo que yo busco son cosas que tengan un valor en la vida, lo mejor es que pase al objeto siguiente».

En lo que a su orientación general respecta, a tu mente le da la mismo que la interacción sea con una roca que con una persona. La mente de la conciencia común siempre intenta obtener algo de una relación, necesita caricias constantes para sentirse viva; es como un pozo sin fondo al que va arrojando todo aquello a lo que consigue echar mano en un esfuerzo por llenarse. Pero ni los objetos ni los pensamientos podrán nunca llenar su vacío durante demasiado tiempo.

Te pondré un ejemplo. Supongamos que George y John trabajan en la misma empresa, y una mañana, durante el descanso, se encuentran de improviso junto a la máquina dispensadora de café.

—Hola, George. ¿Cómo va todo? –pregunta John.

—¡Ni te cuento! –contesta George, sorbiéndose los mocos con expresión patética–. Me he resfriado.

—¡Eso no es nada! –dice John–. Yo llevo resfriado toda la semana y la alergia me está matando.

—Ya, es que con este tiempo… Mi esposa tiene neumonía.

—Lo siento por tu esposa –dice John sin inmutarse–, pero la mía tiene doble neumonía y le han dicho que tendrá que pasar un mes en cama.

Y el intercambio verbal podría seguir así eternamente. Cada uno de los egos intenta obtener un poco de compasión del otro, cierto reconocimiento, y, como no lo consigue, trata de dominar al otro ego. En este caso, tanto John como George quieren que se los reconozca por su sufrimiento. Lo mismo podrían haber estado hablando de sus éxitos laborales («¿Sabes? Acabo de cerrar un trato fabuloso para la compañía») o de las distinguidas personalidades a las que conocen («¡La secretaria del alcalde y mi esposa van juntas a jugar a los bolos!»).

No es raro encontrar una variación de este tema, una especie «psicología inversa» que intenta obtener reconocimiento valiéndose de una adulación falta de sinceridad. Recuerdo a dos mujeres que hablaban en el gimnasio. Era obvio que Agnes había perdido mucho peso últimamente, e inició la conversación con su amiga diciéndole:

—¿Has empezado a perder peso, Susan?

—¡Qué va! –responde Susan, un poco desconcertada, hasta que mira con más atención a su amiga–. Pero veo que tú has perdido varios kilos.

—¿Te parece? –contesta Agnes tímidamente–. No creía que se notara. Tengo a Raul de entrenador, ya sabes, ese que entrena a las modelos. Hace tiempo que solo compro comida de la mejor calidad, en el Mercado Epicúreo Très Bon, y he empezado a ir a las clases de tenis de Steele Gray... ¡Dice que tengo talento! Ya conoces a Steele, ese instructor de tenis rubio tan...

Etcétera, etcétera.

Es una trascripción libre de la conversación real, y he cambiado los nombres para proteger a la parte inocente, pero ya te haces una idea. Agnes regaló un cumplido para recibir otro, para alardear de sus últimas conquistas y, de paso, para dejar caer unos cuantos nombres como por descuido.

Si miras a tu alrededor, quizá ahora te des más cuenta de la cantidad de gente que practica este tipo de relaciones de superioridad, dando poco para obtener mucho, en un esfuerzo por sentirse más entera. La realidad es que estas relaciones solo nos hacen sentirnos más vacíos. Cuando dos personas se juntan con la sola idea de recibir, ambas se marchan al final con las manos vacías. En la conciencia común, no puede ser de otra manera.

Pero cuando dos personas mantienen una conversación siendo conscientes de la eumoción, de la dicha y de la plenitud, las relaciones adquieren una dimensión totalmente distinta. Ninguna de las dos necesita de la otra para sentirse completa, pues las dos están ya asentadas en la alegría de ser plenamente humanas. Esta clase de personas no hace un esfuerzo por dar, pues surge en ellas espontáneamente ofrecer aquello que todos deseamos. Esta clase de personas irradia amor por la vida, eumoción, y nosotros nos beneficiamos de ello.

En este momento, me gustaría examinar con más detalle una relación entre seres humanos. Más concretamente, vamos a estudiar cómo es la relación entre dos enamorados, cómo es la relación romántica. Creo que este es un excelente punto de partida por dos razones: primero, porque prácticamente todos nos hemos enamorado en algún momento de nuestra vida, y segundo –y esta es la razón más importante–, porque puede enseñarnos dos cosas fundamentales para construir una relación sobre la base del amor universal.

Ya conoces el amor romántico. El mundo entero se te pone patas arriba. Piensas en la otra persona cada minuto del día. No duermes, pero tienes una energía ilimitada. Cuando no estás con el ser amado, el tiempo se hace interminable; cuando estáis juntos, el tiempo contiene la respiración y harás cualquier cosa para quedarte con él, girando uno alrededor del otro en una eternidad generada por ambos.

Tu amante es la perfección. Él adora la manera en que la naricita de ella resopla suavemente cuando mastica, y ella adora su olor varonil y su pasión por estar en forma. Tu nuevo amor es bello, fuerte, generoso y sabio. Por muy cerca que estés de tu amado, nunca te parece lo bastante: te gustaría estar dentro de él. ¡Podrías comértelo!

Pero este exuberante y arrollador torrente de amor romántico solo dura unos días! Vale, vale, puede durar un poco más, a veces unos meses o incluso unos años; sin embargo, tarde o temprano, tiene que terminar. Y cuando termina, el aturdimiento en el que te quedas es de un tipo muy distinto. Puede que mires a tu amor y te preguntes adónde se ha ido el frenesí, o incluso si la persona que tienes delante es la misma de la que te enamoraste. Parece que te absorbe demasiada energía y que es menos tolerante; parece distante, falto de interés y, la verdad, te saca fácilmente de tus casillas. Ahora él no aguanta los sonoros resoplidos que emite ella cuando come, y a ella le gustaría que él se duchara con más frecuencia y dejara de contemplarse los músculos en el espejo. Antes, ella era tan deliciosa y delicada que él quería comérsela entera; ahora se lamenta de no haberlo hecho. El amor romántico es fugaz. Hagamos lo que hagamos por volver a capturarlo, nunca podremos vivir de nuevo aquellos magníficos momentos de intimidad aparente.

¿Por qué? ¿Por qué no podemos mantener la intensidad de aquellos primeros días? Porque el amor romántico es un amor condicional, y los seres humanos fuimos creados para una aventura mucho más grandiosa. Incluso el amor más maduro que se crea entre dos personas a lo largo de una vida depende en gran parte de las condiciones. Al principio de la relación, quizá sintamos que somos sinceros y francos con la otra persona; sentimos que, si trabajamos juntos, nuestro mutuo amor crecerá cada día más. Sin embargo, no se trata más que de una ilusión. Es como si tu pareja y tú estuvierais en raíles paralelos de una vía de tren que se extiende hasta desaparecer en el horizonte. En la lejanía, parece que los dos raíles se unieran, que se juntaran en un solo punto, pero es solo una ilusión óptica. Por mucha distancia que recorramos juntos, cada uno sobre nuestro raíl, en la vía de la vida (ya, ya sé que es de lo más cursi), cuando alcancemos el horizonte, seguiremos estando separados. Y se debe a que somos humanos, y ser humano significa ser único.

No hay dos personas que vean el mundo exactamente de la misma manera. Tenemos necesidades distintas, diferentes intereses, talentos, experiencias de la vida, genes, exigencias físicas, etcétera, y todas estas características influyen en nuestra manera de ver el mundo. Las personas que llevan muchos años de relación son especialmente conscientes de las diferencias que hay entre ellas. De hecho, son estas diferencias las que complementan nuestras relaciones, las fortalecen, les dan energía y flexibilidad. Pero el amor no se construye sobre la base de las disparidades; nace de lo que es igual en nosotros.

Piensa en dos flores de un jardín. Ambas tienen sus raíces en la misma tierra fértil, que les aporta los nutrientes necesarios para que cada una de ellas irradie su propia belleza innata e individual, de la que la otra disfruta. Pero si no pueden obtener nutrientes de la tierra, se debilitan, y su debilidad les impide tanto reflejar su plena belleza como apreciar la belleza de la otra.

Al igual que una misma tierra sostiene y nutre a las dos flores, la naturaleza ilimitada y el reflejo puro de la eumoción nos sostiene y nutre a cada uno de nosotros. Cuando somos conscientes de la eumoción, somos conscientes de la igualdad de la que todos obtenemos nuestro sustento básico. Esto nos da paz, alegría y amor, además de hacernos conscientes de que la eumoción que está presente en los demás hace lo mismo.

El amor incondicional es amor ilimitado, lo cual quiere decir que se encuentra en todas partes todo el tiempo. No es necesario que trabajes con tu pareja toda una vida para ser algo que ya sois. No es que sea difícil que, trabajando juntos, vuestro amor incondicional por el otro sea mayor cada día; ¡es imposible! Los dos tenéis ya todo el amor que necesitáis... o más exactamente, ya sois el amor que buscáis; solo es preciso que seáis conscientes de él. De modo que ahora vamos a examinar la relación amorosa condicional común y a ver cómo podemos añadirle el elemento de la infinitud.

Empezaremos por examinar una discusión en la que tu pareja y tú os hayáis enfurecido el uno con el otro. Primero vamos a separarte a ti para poder estudiar con calma lo que es la ira, cómo neutralizarla y cómo reemplazarla por la percepción de la eumoción. Vas a hacer esto tú solo, alejado de tu pareja. Verás cómo es una experiencia suave, enriquecedora y estimulante; no te hace falta luchar contigo mismo para encontrar la paz. Más tarde, una vez restablecida la percepción de la eumoción, tu pareja y tú volveréis a reuniros para mantener una conversación sanadora, que no será la típica conversación que tiene lugar en la conciencia común, como la que describía antes entre John y George. Esta conversación transcurrirá en la conciencia del Ser y extenderá un bálsamo calmante sobre las heridas abiertas que la ira dejó cuando discutisteis, ya fuese hace días o solo unos momentos.

Supongamos que tu pareja y tú estáis discutiendo y os mostráis abiertamente enfadados el uno con el otro. Veamos qué está sucediendo a nivel de actividad –en este caso, de actividad mental–. A mayor actividad, menos orden, y el orden es sinónimo de armonía y curación. Por tanto, cuanta más actividad haya en la mente, menor será la armonía y la sanación que refleje; y a la inversa, cuanto menor sea la actividad, más paz y armonía se manifestará. Ser conscientes de la conciencia pura es ser conscientes de nada, que es inactividad total. Los estudios que se llevado a cabo sobre de los cuatro niveles principales de conciencia –la vigilia, el sueño, el sueño profundo y la conciencia pura– muestran que, cuando somos conscientes de la conciencia pura, recibimos el mayor grado de descanso posible, más profundo aún del que obtenemos del sueño profundo. Por eso el Quantum Entrainment nos aporta una sanación tan intensa en tan poco tiempo.

Cuando practicamos la conciencia del Ser, entramos en contacto con la conciencia pura y a continuación nos hacemos conscientes de la eumoción, lo cual significa que pensamos con tranquilidad y orden. Esto constituiría en realidad un quinto nivel de conciencia humana, en el que no permanecemos sentados e inmóviles en un estado de conciencia pura, sino que realizamos nuestras actividades cotidianas desde un nivel de actividad mental de sosiego y de orden. Vivir la vida desde la conciencia del Ser significa que el daño que hacemos y nos hacemos es menor, y la sanación mayor. Cuando dos personas se comunican desde ese nivel, se apoyan mutua y completamente. Ninguna de las dos necesita de la otra, puesto que ambas están ya llenas de eumoción, y ninguna de las dos depende del contenido de la conversación para obtener reconocimiento personal u otras formas de gratificación. Podrían hallarse ambas en un estado de dicha absoluta mientras hablan de algo tan mundano como el tiempo, entablar la conversación sin tener la necesidad de quitarse nada la una a la otra, ver cómo su esencia más íntima se refleja en los ojos de su interlocutor. Ambas dan y reciben, y se marchan después satisfechas.

Así es como vas a construir la relación perfecta. En momentos de estrés y agitación, simplemente vas a permitir que la ira, la culpa, la frustración, la ansiedad o el miedo se disuelvan en las vivificantes aguas de la eumoción. Acto seguido, desde ese nivel sosegado de la conciencia del Ser, vuelves a conectarte con tu pareja y disfrutas con ella de la dicha de ser plenamente humanos.

Supongamos que tu pareja y tú os habéis enfadado por el asunto que fuere. Aunque tengas la sensación de que su postura sobre el tema, o el tema en sí, es la fuente de la ira, no es cierto. Es la mente sumida en la conciencia común la que busca razones en el exterior a las que atribuir la causa de la ira; sin embargo, la realidad es otra. Puedes echarle la culpa de tu mal humor al tráfico, a un compañero de trabajo desconsiderado o a un policía poco comprensivo, pero la misma situación en un momento diferente, o estando con una persona diferente, tal vez no te incomodara lo más mínimo.

La ira tampoco es el enemigo. Las emociones forman parte de la vida, y a quien no muestra emoción alguna se le diagnostica algún tipo de patología. Lo que no queremos es que las emociones nos zarandeen sin piedad y que las alegrías de nuestra vida se ahoguen bajo sus aguas embravecidas. En un momento u otro, todos los mortales dejamos que se apodere de nosotros una emoción negativa, pero esta no es la causa, sino solo el síntoma.

Volvamos ahora a la discusión que tienes con tu pareja. Recuerda que cuanto mayor es la actividad, menor es el orden, y esto es algo que sabes de sobra, pues, en el curso de una discusión, puedes llegar a decir cosas absurdas e hirientes que nunca dirías estando tranquilo.

¿No has tenido alguna vez una discusión acalorada y, poco después, se te ha encendido la bombilla y has pensado: «¡Cómo es que no he dicho esto! Su lógica habría demostrado por sí sola lo que intentaba explicar».

Este es el ejemplo perfecto de una forma de pensar más ordenada, que surge de una mente más tranquila. En cuanto la discusión queda atrás y te alejas, la mente empieza a asentarse y es capaz de pensar con más lógica. Bien, este simple proceso es el que emplearemos para vencer los deletéreos efectos de la ira, abriendo rápidamente la conciencia a la sanación y a la armonía de la eumoción.

NIVELES DE ACTIVIDAD MENTAL

	Nivel	
CONCIENCIA COMÚN	10 9 8	Emociones fuertes (miedo, ira, pesar)
	7 6 5	Conciencia inatenta (mente en piloto automático)
	4 3 2	Conciencia atenta (lectura, revisión de ingresos y gastos, música)
	1	Conciencia del Ser (eumoción)
	0	Conciencia pura

Cuando te haces consciente de la conciencia pura, la actividad de la mente es nula. En el gráfico anterior, el 0 que aparece bajo la línea horizontal representa esa ausencia de actividad. El número 1, sobre la línea horizontal, indica la conciencia del Ser, de la eumoción. Los números del 2 al 4 representan un pensar de la conciencia común más atento, que correspondería, por ejemplo, a los momentos en que revisamos los gastos del mes, escuchamos atentamente una sonata de Mozart, leemos un libro o planeamos unas vacaciones. Los números del 5 al 7 representan la actividad mental ordinaria que experimentamos en la conciencia común y con la mente en modalidad de piloto automático. Es aquí donde la mayoría de la gente pasa la mayor parte de las horas del día. Por último, los números del 8 al 10 corresponden a los niveles de actividad mental más agitados, en los que podemos encontrarnos cuando experimentamos emociones como el miedo, la ira, el pesar e incluso la arrolladora exuberancia que acompaña a las primeras etapas del amor romántico.

Recuerda que, en lo que a actividad se refiere, cuanto más activo sea el pensar, menos lógica y enérgica es la actividad mental, y cuanto menos activo sea, más lógico, armonioso, sanador y cordial será el pensamiento. Por consiguiente, lo primero que te interesa hacer cuando estés discutiendo con tu pareja (números del 8 al 10) es separarte dc la situación. En cuanto des un paso atrás, la ira empezará a disiparse.

Prolonga este período de tranquilización hasta que la mente llegue a un nivel de conciencia atenta (números del 2 al 4), pues será en este estado en el que tu mente se liberará de la influencia de la ira. Ten en cuenta quesi experimentas una conciencia inatenta (números del 5 al 7), tu mente está absorta en su propia actividad, fuera de tu control consciente. Una vez que experimentes la conciencia atenta, podrás practicar el Quantum Entrainment sin ningún esfuerzo. Cuando lo hagas, primero sentirás el profundo descanso de la conciencia pura (número 0) y a continuación los efectos sanadores de la conciencia del Ser (número 1). ¿Y cómo das el primer paso para saltar de la ira –el rostro desencajado y los ojos a punto de salírsete de las órbitas– a la conciencia atenta y después a la eumoción? Me alegro mucho de que lo preguntes.

Si en este momento experimentas una conciencia atenta, puedes empezar por sentarte cómodamente en una silla y cerrar los ojos. Si estás bajo los efectos de la ira, quizá antes necesites andar un rato de un lado a otro de la habitación y hablarte a ti mismo mientras te asestas unos cuantos puñetazos en la palma de la mano. Probablemente se reproducirán en tu mente una y otra vez los elementos de la discusión. Si la emoción se ha apoderado de ti, no serás capaz de sentarte, y mucho menos de cerrar los ojos. No pasa nada. Limítate a seguir las siguientes instrucciones incluso aunque seas incapaz de sentarte. Ponlas en práctica sea cual sea tu estado de ánimo y estés en la posición que estés. Cuando veas que puedes hacerlo, siéntate, cierra los ojos y continúa trabajando sentado.

Experiencia nº 1: sanar el cuerpo emocional

Siéntate cómodamente en una silla y cierra los ojos. Deja que la mente regrese al origen de la ira, el miedo, la culpabilidad, la tristeza.... (este ejercicio se puede usar para sanar cualquier emoción que te domine). Toma conciencia de la persona, la situación y, especialmente, de la ira que has sentido. Reproduce en tu mente el episodio entero y deja que la ira sea lo más intensa posible. A continuación deja que tu conciencia pase al cuerpo, pues las emociones siempre se expresan en él. Toma conciencia de todo tu cuerpo a la vez, y fíjate en los lugares en que sientes malestar o tensión físicos debido a la ira. Esta emoción puede afectar a cualquier zona del cuerpo, pero los lugares más comunes suelen ser el plexo solar, el corazón, la frente, el cuello y los músculos de la mandíbula, los hombros, las manos, el ritmo cardíaco y la respiración.

La ira se manifestará en una parte del cuerpo con más fuerza que en otras; deja que tu conciencia se dirija a ella y presta atención a la sensación que tienes en ese lugar. No interfieras; limítate a observarla, a detectar su localización exacta, su intensidad y las particularidades de la sensación: ¿es un sentimiento constrictivo u opresivo?, ¿percibes un golpeteo, una palpitación?, ¿es frío o caliente?, ¿sientes un hormigueo o la zona se ha quedado dormida? Sea cual sea la sensación o su intensidad, estate muy atento a ella para ver qué ocurre. Esta expresión de la ira en el cuerpo cambiará muy pronto, y tienes que ser consciente de ella cuando lo haga. En cuanto cambie, estate atento a cuándo y cómo ha cambiado.

¿De qué forma puede transformarse en tu cuerpo la sensación de ira? Se puede intensificar, suavizarse o desvanecerse. Es posible que crezca en magnitud e incluso se extienda a otras partes del cuerpo. La sensación puede cambiar de cualquier manera. Por ejemplo, una zona oprimida puede aumentar de temperatura, o relajarse y producir un hormigueo. Es posible que tu atención se vea atraída por una parte del cuerpo y luego por otra. No opongas resistencia al cambio. No opongas resistencia a nada. Limítate a ser consciente de la sensación y de su intensidad, y estate muy atento a cómo cambiará esta nueva zona.

Si te das cuenta de que estás oponiendo resistencia a lo que sucede, observa esa resistencia o ese juicio, sin intentar que no ocurra; simplemente estate atento a qué está sucediendo en el cuerpo cuando aparece la resistencia. ¿Entiendes? Lo que quiera que el cuerpo experimente, tú lo observas.

Una vez que el cuerpo emocional haya experimentado cierto grado de sanación, la mente volverá a hacerse notar. Es posible que se vea arrastrada de nuevo a la causa de la ira que experimentas. Tal vez te descubras juzgando y condenando, sintiéndote una víctima o incluso compadeciéndote de ti mismo. Tranquilo, no pasa nada. Cada vez que te des cuenta de que estás sumido en tu mente –pensando en la situación o en la persona que te ha provocado la ira–, deja que tu conciencia retorne con suavidad al cuerpo. Empieza a tomar conciencia de todo tu cuerpo y luego de la zona en concreto donde la ira se esté manifestando con más fuerza, y sigue atento a cómo cambiará.

Pronto tu cuerpo emocional habrá sanado lo suficiente como para liberar a tu mente del caos abrumador causado por la ira. Aunque esta sea todavía bastante fuerte, ahora eres capaz de experimentarla en un nivel mental más sosegado. Tu mente se está asentando en el nivel inatento en el que los registros del incidente continúan representándose de modo automático. En esta etapa del proceso de sanación, ya no eres presa de la ira: ese tsunami se ha descompuesto en olas más pequeñas e irregulares, olas que te llegan de todas las direcciones. Sigues todavía agitado y piensas insistentemente en el incidente o en la persona que en apariencia ha provocado tu ira. Es posible que repases el suceso una y otra vez, juzgando quién es culpable y quién inocente en el tribunal supremo de tu mente. Hacerlo te roba energía, productividad y paz. Quizá finalmente te descubras diciéndote a ti mismo: «¡Cómo me gustaría que mi mente se callara de una vez y se borrara todo!». Eso está a punto de llegar...

Todo sucede de un modo bastante automático y fuera de tu control. Lo que acabo de describir es ejemplo de una conciencia inatenta, pero, aunque no lo parezca, te estás sanando. Te sientes menos angustiado que cuando caminabas resollando de lado a lado de la habitación, ¿no es verdad? Estás calmándote. Ahora estás preparado para la fase de sanación mental, que es una fase más refinada.

Experiencia nº 2: sanar el cuerpo mental

Empieza por dejar que tu mente vague cinco o diez segundos y, durante ese rato, sé consciente de lo que estás pensando. Es como si estuvieras sentado viendo una película, que en este caso son tus pensamientos, que se proyectan en la pantalla de tu mente. Observa esta película mental con una atención distendida, con una tranquila curiosidad. Si alguna vez has visto cómo observa un gato a un insecto que se desliza sobre una piedra, entenderás a lo que me refiero: observa el avance del insecto con atención total, y a la vez relajada. Si se abalanzará o no sobre el insecto todavía no está decidido; por el momento carece de importancia. El gato simplemente observa detenidamente sus movimientos. Si el insecto avanza hacia la derecha o hacia la izquierda o se detiene, la atención del gato está atenta por completo; se diría que la percepción que tiene del insecto pasa directamente del ojo del felino a su cuerpo, sin detenerse en su mente.

Los pensamientos son como insectos. Al observarlos con fluida atención, vigilas lo que harán acto seguido. No necesitas ocuparte de su contenido, que obviamente nace de la ira; por tanto, te importan sus movimientos, no lo que significan. Es más, intentar dilucidar en este momento cuál es su significado resultaría contraproducente, ya que la introspección y el análisis apartarán tu mente de la emoción que necesita sanar; es, de hecho, una forma de escapismo. Así que si ves que tu mente ha empezado a analizar o a hacer consideraciones, deja que tu conciencia retorne con suavidad a la emoción dominante.

Una vez que la ira se haya disipado, el contenido de tus pensamientos empezará a ser de inmediato alentador y productivo. Puede que, por ejemplo, los pensamientos se multipliquen o disminuyan, que se vuelvan momentáneamente más agitados y caóticos o más sutiles y tranquilos; tal vez cambien de dirección o incluso que se detengan por completo. En todos los casos, tu única misión es observar lo que quiera que hagan, nada más.

Ahora bien, puede suceder que tu mente empiece a bullir de nuevo, desbordada de ira; esto solo significa que está a punto de producirse una sanación un poco más espontánea. Si ves que la ira o cualquier otra emoción empieza a apoderarse de ti, simplemente dirige tu conciencia al cuerpo y empieza a sanar el cuerpo emocional. En esta ocasión, las sensaciones se disiparán más rápido, y pronto regresarás a la sanación del cuerpo mental mediante la observación de los pensamientos.

Quiero que entiendas que si no actúas de inmediato para apartarte de los estímulos provocadores que son la causa de tu ira, esa ira se apoderará de ti continuamente. ¿Qué significa apartarse? Eso depende de cuál sea el elemento que desata tu ira o que hace decrecer tu sensación de bienestar. Por ejemplo, tal vez no puedas alejarte de tu pareja el tiempo suficiente como para establecerte en los niveles más sosegados de tu mente y estar relajado, o también es posible que algunas de tus actividades intensifiquen tu nivel de estrés y fatiga en general, como trabajar más de la cuenta, beber en exceso, malcomer, dormir poco o no hacer suficiente ejercicio.

El proceso de observar primero el cuerpo y luego la mente hasta que la conciencia atenta te permita acceder a la eumoción es infalible, pero debes alinearte en tu vida con aquellas fuerzas y circunstancias que apoyen la salud y la armonía para que los resultados sean óptimos. Descansa, come bien y dedícate a ti mismo el tiempo suficiente como para que la nueva perspectiva que nace de ser consciente de la eumoción eche raíces y florezca.

Esto es importante. Aunque no puedas alejarte del elemento provocador, realiza los ejercicios de sanación del cuerpo emocional y mental y el proceso del QE de todos modos. Los resultados serán increíbles, solo que se manifestarán de forma distinta. Indudablemente, tardarán un poco más en llegar, pero llegarán, y, con ellos, la dicha sin igual que nos invade cuando nos libramos por completo de un prolongado tormento. El único error que puedes cometer es decidir que esta magnífica oportunidad de sanarte no está surtiendo efecto y abandonarla junto con tu relación de pareja. No necesitas tener fe ni esperanza, y tampoco creer en la sanación; basta con que lleves a cabo este proceso una, dos o tres veces al día con la misma disposición que el gato, es decir, con una atención relajada y total a lo que se desarrolle ante ti.

Tarde o temprano, los pensamientos se aquietarán, y cuando ocurra, notarás que te sientes mejor de alguna manera, que te invade una sensación de bienestar general. Quizá te sientas más liviano, libre, aliviado, tranquilo o incluso en paz y dichoso. Así es: acabas de redescubrir tu eumoción, que te esperaba oculta bajo la tumultuosa tribulación que dominaba tu cuerpo-mente. Sigue sentado tranquilo, con los ojos cerrados, en estado de conciencia del Ser durante cinco o diez minutos, y luego, si es posible, tiéndete y descansa durante otros diez o quince minutos.

Quizá necesites repetir la experiencia sanadora del QE varias veces en una sesión, sobre todo si el incidente que ha precipitado la ira era particularmente angustioso. En realidad, deberías repetirla varias veces al día si ves que experimentas explosiones de ira frecuentes o prolongadas. Pronto, tu ira habrá disminuido de un modo sustancial, y gozarás de la libertad de abrirte descaradamente a las alegrías mundanas de la vida sin tener que preocuparte ya por la influencia debilitadora de las emociones negativas.

Una puntualización más. Cuando realmente comprendes que ninguna persona, objeto o situación es la fuente de tu ira, te liberas de los grilletes emocionales que te encadenan al pensamiento ilusorio de que esa ira tiene una causa exterior o incluso interior. El miedo –la emoción destructiva original–, como todas las demás emociones negativas, tiene su origen en el hecho de que la conciencia esté separada de la eumoción, y esto es algo que ya te has demostrado a ti mismo varias veces al poner en práctica los ejercicios que te he ido indicando en el libro. De todos modos, puedes cortocircuitar tu ira con un sencillo ejercicio preventivo: deja que tu conciencia se desplace al cuerpo antes de que la ira explote y quede totalmente fuera de control. Es posible sentir esta emoción antes incluso de que empieces a irritarte. Sus señales estarán presentes, y puedes aprender a reconocerlas con un poco de práctica. Esto es de un valor inmenso, ya que te permite empezar a sanar tu cuerpo emocional y difuminar así la ira antes de que seas incapaz de pensar con cordura y de percibir la paz interior. Así que aprende a reconocer las sutiles señales de la ira cuando está todavía empezando a florecer, y arranca el capullo de cuajo.

No es necesario que te hayas librado de la ira por completo para que puedas pasar a la fase siguiente, que consiste en crear una relación perfecta. Simplemente asegúrate de que tienes una sensación relajada de ti mismo, y relativamente relajada cuando estás en compañía de tu pareja. Ahora que has reparado las grietas que se habían abierto en los cimientos, ha llegado la hora de que te reúnas con tu pareja y empieces a labrar tu relación perfecta.

La eucomunicación

Como te dije hace un rato, cuando dos personas se unen por necesidad, ambas se van insatisfechas. Por el contrario, cuando la comunicación entre ellas nace de su plenitud respectiva, ambas dan de sí mismas sin esfuerzo y se marchan satisfechas. Cuando te comunicas mientras eres consciente de la eumoción, te estás «eucomunicando» y bebiendo de la misma fuente de energía, armonía e inteligencia ilimitadas que creó y mantiene nuestro mundo. No tienes la sensación de que te falte algo, ni sufres un vacío que intentas llenar con la adulación y la admiración de alguien. No te hace tambalearte lo que los demás piensen de ti. No dices sí cuando en realidad quieres decir no. En resumidas cuentas, eres libre de ser tú mismo con naturalidad, espontaneidad y cordialidad.

Ya es hora de que vuelvas a tu pareja y mantengas una conversación con ella mientras eres consciente de la eumoción. Verás que es bastante sencillo.

Experiencia nº 3: La eucomunicación

(Antes de que te reúnas con tu pareja, quizá te ayude sentarte con los ojos cerrados, tomar conciencia de la eumoción o incluso practicar la intención del QE unos minutos. Aunque esto resultará útil para establecer el tono para el encuentro, no es imprescindible.)

Cuando te dispongas a hablar con tu pareja, sé consciente de la eumoción. Luego, toma conciencia de cualquier emoción perturbadora que puedas sentir, de todo tu cuerpo y de dónde se manifiestan esas emociones, si las hay. Bastan unos momentos de toma de conciencia como estos para eliminar cualquier ansiedad latente que pueda haber en ti. A continuación inicia una conversación sobre un tema neutral, un tema que no contenga ninguna carga emocional. Podrías hablar del tiempo, de una película que acabas de ver o de lo mucho que están creciendo las flores del jardín. Mientras hablas, toma conciencia de la eumoción ocasionalmente, y haz lo mismo mientras escuchas; encuentra la eumoción incluso en los espacios entre palabras. Hazte consciente de ella mientras mantienes un contacto visual relajado, es decir, mira de vez en cuando a los ojos a tu pareja mientras eres consciente de la eumoción, lo cual es excepcionalmente sanador. Habla, escucha y mantén contacto visual a la vez que eres consciente de la eumoción.

No intentes ser consciente de la eumoción todo el tiempo, pues únicamente conseguirá distraerte de la belleza del momento. Solo es necesario que te hagas consciente cada vez que pienses en ella, lo cual se parece más a comprobar con naturalidad si está presente. Es como el niño que de vez en cuanto aparta la vista del juego en el que está inmerso para ver dónde está su madre. La madre está siempre pendiente de sus hijos, y la eumoción está siempre en nosotros. Y como el niño que vuelve a su juego, tranquilo porque sabe que su madre lo observa, volvemos a la conversación sintiendo la plenitud de la eumoción.

No necesitamos aprender a amar más, sino sencillamente tomar conciencia del amor que ya hay en nosotros. Todos hemos nacido del amor universal, y cuando lo olvidamos, empezamos a elegir entre los fragmentos de nuestra vida en un intento de recuperar esa integridad. Pero una vez que se nos recuerda la existencia de la eumoción, cada uno de nuestros pensamientos, palabras y obras refleja la totalidad que somos. Las aguas agitadas de la vida seguirán salpicando y empapando el cuerpo-mente, pero, con la conciencia anclada en la eumoción, no nos lanzarán contra las rocosas costas de la relatividad.

Ayudar a otras personas

En una conversación, suele ocurrir que solo una de las dos personas es consciente de la eumoción. Si tú la experimentas y tu pareja no, los resultados pueden tardar más en manifestarse, aunque sin duda lo harán. Cuando ambos interlocutores participan de la eucomunicación, suelo decir que opera el efecto n^2, y la razón es que cuando dos personas están inmersas en la eucomunicación, el resultado son dos personas elevadas al cuadrado, lo cual significa que su poder es el de cuatro personas conscientes de la eumoción. Llamaríamos a este número el cociente de armonía. De modo que el cociente de armonía de dos individuos que mantienen una eucomunicación es igual a cuatro, mientras que si una persona consciente de la eumoción habla con otra que no tenga conciencia de ella, significará que el cociente de armonía es igual a uno (1x1=1). Dos personas que se comunican sin conciencia de la eumoción, es decir, en la conciencia común, tienen un cociente de armonía equivalente a cero. Quizá debería llamarlo un cociente de *desarmonía* de cuatro... Es broma, pero no deja de ser interesante reflexionar sobre ello.

La cuestión es que si solo tú eres consciente de la eumoción, probablemente los cambios se produzcan con más lentitud. La pura dicha que acompaña a la comunicación entre dos personas que son conscientes de la eumoción será obviamente menor en este caso, pero no dejes que esto te desanime; mientras tengas conciencia de la eumoción, estarás creando una atmósfera altamente sanadora, mucho más que si no lo estuvieras y contribuyeras por consiguiente a la desarmonía.

De modo que ¿qué podemos hacer para ayudar a quienes no son conscientes de la eumoción? Nada. Lo digo en sentido absoluto. Hay una serie de actos que podemos emprender, pero no hay nada que podamos hacer por ellos. Es posible crear un ambiente que estimule la sanación, pero solo de ellos depende permitir que esta tenga lugar.

El orden que hay en ti pondrá en marcha su sanación, pero quizá esta no se desarrolle como tú crees que debería hacerlo. Cuando acercas un imán a unas limaduras de hierro esparcidas sobre un papel, las limaduras hacen todo tipo de movimientos erráticos antes de ordenarse finalmente a lo largo de las líneas de fuerza magnética. Lo mismo puede suceder en tu caso: tal vez se produzcan no pocos reajustes antes de que la armonía perfecta se establezca en tu relación. La apuesta más segura que puedes hacer es disfrutar de la eumoción y dejar que tu familia, tus amigos, tus vecinos y tu pareja cuiden de sí mismos. Por extraño que parezca, esta es la postura más efectiva y sencilla para lograr la relación perfecta, y la que lo conseguirá con mayor rapidez.

¿Qué más puedes hacer? ¿Qué te parecen el QE a distancia, el QE emocional a distancia o, mi favorito, la intención del QE? Cualquiera de ellos acelerará el ritmo de la sanación y aumentará la armonía en tu vida, y no necesitas el permiso de nadie para practicarlos, ya que, como recordarás, no estarás haciendo nada a nadie ni para nadie. El Quantum Entrainment es siempre una exploración del Ser, conciencia del Ser, que crea un potente ambiente sanador dentro y alrededor de ti. Pero es solo una invitación a que los demás participen de la fiesta; la decisión final deben tomarla ellos, y es mucho más probable que lo hagan cuando tú estás asentado en la dicha de tu propia eumoción.

Repaso rápido

EXPERIENCIA Nº 1: SANAR EL CUERPO EMOCIONAL

- Sentado con los ojos cerrados, toma conciencia de las circunstancias que te inquietan.
- Identifica la emoción negativa dominante.
- Toma conciencia de tu cuerpo entero.
- Toma conciencia de la zona del cuerpo a la que más afecte esta emoción.
- Observa la sensación atentamente para ver cómo cambia.
- Sigue observando los cambios a medida que se manifiestan.
- Al cabo de un rato de observar el cuerpo, verás que te hallas otra vez sumido en tu mente.
- Regresa al cuerpo hasta que sientas que la mente se ha aquietado lo bastante.
- Ahora estás listo para sanar tu cuerpo mental.

EXPERIENCIA Nº 2: SANAR EL CUERPO MENTAL

- Sentado con los ojos cerrados, toma conciencia de lo que estás pensando, como si estuvieras viendo una película.
- Observa con una atención natural y clara a la vez.
- Observa la cantidad e intensidad (emociones incluidas) de tus pensamientos.
- Vigila atentamente la manera en que cambian.
- Pronto los pensamientos se ralentizarán y tranquilizarán. Esto te producirá una sensación agradable.

- Toma conciencia de esa sensación agradable: tu eumoción (quietud, ligereza, un sentimiento de expansión, de paz, de júbilo, de dicha...).
- Estate atento a cómo cambia tu eumoción. Cuando dejes de sentirla, encuéntrala de nuevo con tranquilidad.
- Continúa observando cómodamente la eumoción entre cinco y diez minutos, o mientras la eumoción domine de un modo natural.
- Vuelve despacio a tus actividades, o tiéndete y descansa.
- Ahora estás listo para la eucomunicación.

Experiencia nº 3: la eucomunicación

- Toma conciencia de la eumoción tranquilamente mientras escuchas a tu interlocutor y le hablas.
- Mantén un contacto visual cómodo al tiempo que eres consciente de la eumoción.
- Disfruta de la eumoción en el silencio entre palabras.
- La eumoción irá y vendrá. No intentes retenerla; simplemente sé consciente de ella de vez en cuando.
- No tengas expectativas. Deja tan solo que la eumoción entre y salga de la conversación hasta que hayas terminado.

Tercera parte

APLICACIONES DEL QE EN LA VIDA COTIDIANA

Capítulo 28

Sueño e insomnio

Quedarse dormido es un proceso natural y maravilloso. Digo «natural» porque, en condiciones idóneas, solo necesitas tenderte, sin hacer nada, y el sueño llega. Me gustan las actividades que no exigen hacer nada. Dormir bien nos hace sentirnos de maravilla: después de un sueño reparador, disponemos de más energía, pensamos con más claridad y, además, tenemos mejor aspecto (algunos de nosotros, al menos).

He aquí una pista para aquellos que suelan dormir bien pero quieran sentirse más descansados todavía al despertarse por la mañana. Cuando te metas en la cama, justo antes de acostarte, practica el Quantum Entrainment de dos a cinco minutos. Es una forma magnífica de disolver el estrés superficial acumulado durante el día. Además, le permite al cuerpo deshacer los diminutos nudos que se han ido formando a lo largo de la jornada y pone la mente en punto muerto, reajustando tu «sueñímetro» a la posición de ¡aahhhhhh! Cuando hayas terminado, simplemente tiéndete y déjate caer en la dicha celestial del sueño profundo.

Hay mucha gente, sin embargo, a la que le cuesta quedarse dormida. Yo solía ser uno de ellos, pero ahora duermo como un bebé (aunque quizá no sea la mejor comparación, como podrían contarte con cara ojerosa cualquier padre y madre de un recién nacido). Hay todo tipo de razones por las que la gente no duerme bien; por ejemplo, consumir estimulantes, comer alimentos indigestos, no hacer suficiente ejercicio, el desfase horario tras un viaje largo en avión, el desequilibrio hormonal y otras afecciones (como el dolor o el estrés mental y emocional) pueden interferir también en los patrones de sueño.

La lista es muy larga, y no parece justo que algo tan necesario y agradable como dormir bien una noche se pueda perturbar con tanta facilidad. El insomnio es un síntoma, y si duermes mal, deberías averiguar a qué se debe y arreglarlo. Si consumes demasiada cafeína, reduce la dosis. Si necesitas hacer más ejercicio, levántate del sofá y sal a dar una vuelta a la manzana. Y si no consigues resolver el problema y ni siquiera sabes exactamente cuál puede ser, es hora de que pongas en práctica el Quantum Entrainment.

Una de las causas de insomnio más comunes es el estrés emocional. A veces sabrás con exactitud qué es lo que te preocupa, y a veces no tendrás ni idea. El QE funciona de maravilla en ambos casos. Dado que armoniza tu ser entero, consigue llegar admirablemente a aquellos rincones recónditos de tu mente donde se esconde el estrés ignoto. Para el estrés en general, te recomiendo que practiques el QE a lo largo de todo el día. Puedes hacerlo un minuto cada vez, o durante períodos más prolongados (de hasta diez o incluso treinta minutos). El momento que personalmente más me gusta para el QE ampliado es a primera hora de la mañana, pues de este modo establece en verdad el tono del día, aunque si se realiza justo antes de dormir, ayuda a equilibrar la actividad hormonal, incluida la de la melatonina, segregada por la glándula pineal, que regula el reloj interno noche/día.

Cómo dormirte y mantener un sueño ininterrumpido puede convertirse en un auténtico problema, sobre todo cuando algo te preocupa. Puede que hayas discutido con tu jefe o que no sepas cómo vas a pagar las facturas, o que tu hija adolescente se haya tatuado a todos los miembros de su grupo de *heavy metal* favorito a lo largo de ambos brazos y alrededor del cuello, y, como colofón, las baquetas cruzadas del batería perfectamente alineadas en el centro de la frente. Dice que adorará a ese grupo para siempre... y tú te preguntas por qué no puedes dormir.

El estrés puede hacer que la mente se desboque. Los pensamientos se desdibujan como las aspas zumbantes de un ventilador, y te oyes a ti mismo suplicar unos minutos de bendito silencio mental. Este es el momento idóneo para poner en práctica el QE, pues los pensamientos se acallarán con solo observarlos. Ya has experimentado el estado libre de pensamientos que es la conciencia pura y cómo los pensamientos se congregan con sencillez en torno a la eumoción. Ahora verás que en momentos de estrés funciona también, solo que de un modo diferente.

Cuando te encuentres en medio de una vivencia altamente estresante y recurras al QE, la experiencia te resultará ligeramente distinta de cuando lo haces estando más tranquilo. Todo es muy relativo. Cuando los pensamientos matraqueen como tiros de ametralladora contra un techo de hojalata y empieces con el QE, tal vez te encuentres con que los pensamientos taladran como proyectiles tu conciencia; se escapan con ella y te olvidas del QE –a veces durante muchos minutos–. Si esto sucede, estate tranquilo. Aunque no te sientas tan sosegado como en otras ocasiones, está teniendo lugar una importante sanación, y verás que te recuperas del incidente mucho más rápido. En el Quantum Entrainment, te llevas lo que se te da. Y lo que se te da siempre será mucho mejor de lo que habrías obtenido si no hubieras hecho uso del QE.

Lo que de ningún modo te ayudará es tener como meta sentirte en calma. Como ya sabes, de ese modo solo conseguirás crear una polaridad, que tirará de ti en direcciones opuestas. Claro que es estupendo estar tranquilo, sin ningún malestar ni preocupación, pero esforzarte por conseguir un poco de paz no deja de ser un esfuerzo, y el esfuerzo es opuesto a la paz. Lo único que has de hacer en estos momentos es observar. Estate atento y espera. Cuando desconectas el ventilador, las aspas aún tardan un rato en pararse por completo, y lo mismo sucede en este caso cuando realizas el QE en medio de una gran agitación. El estrés emocional es como la electricidad que hace girar tus pensamientos. El QE desconecta el estrés, pero todos esos pensamientos que giran a velocidad vertiginosa tardan un poco en ralentizarse y detenerse. Practica este método sin ninguna expectativa, y te quedarás asombrado.

Por supuesto que emplear el QE cuando no estás alterado ni bajo presión es como tener una reserva de dinero en el banco. Así, cuando el estrés ponga tu mente patas arriba, estarás tan solo a unos centímetros de la conciencia pura y del balsámico influjo de tu eumoción.

Ayudar a otras personas

El Quantum Entrainment puede en verdad ayudar a que otras personas duerman bien, a veces en cuestión de minutos. Si compartes la cama con alguien de sueño inquieto, no tienes más que alargar el brazo y colocarle la mano sobre la frente, el pecho o la espalda, y luego llevar a cabo el QE. Muy pronto, su respiración será profunda y regular. Incluso en el caso de que tu pareja no se duerma de inmediato, disfrutará de un profundo descanso simplemente como resultado del QE. E, indudablemente, es ideal para ayudar a aquellas personas que tienen problemas para dormir a causa de una enfermedad.

Los niños a los que les cuesta dormirse o que se despiertan a media noche con una pesadilla responden excepcionalmente bien a una sesión suave de QE. Cuando te hayas familiarizado con el proceso, puedes incluso leerles un cuento a tus hijos mientras lo practicas.

Capítulo 29

El despertar

Para mucha gente, despertarse por la mañana no es lo que se dice agradable, especialmente si interviene en ello el despertador. Es la hora en la que la conciencia de vigilia reclama que el cuerpo y la mente abandonen el mundo ilusorio de los sueños y la beatífica inconsciencia del sueño profundo. La conciencia de vigilia nos prepara para atacar el día que nos espera. Haber dormido poco, comido o bebido en exceso la noche anterior o el disgusto por el día que nos espera –y que se experimenta generalmente cuando tenemos un trabajo que nos gusta– confieren un carácter negativo a esta primera actividad del día. No es así como deberíamos despertarnos.

Tendrían que ser los alentadores tonos de la paz y una silenciosa expectación por el día que llega quienes acogieran a la conciencia de vigilia. Unos minutos de Quantum Entrainment pueden darte el comienzo perfecto para cada nuevo día.

Es así como has de hacerlo: en cuanto seas consciente de que te estás despertando, estírate, bosteza y, con suavidad, siéntate en la cama. Toma conciencia de lo que piensas y observa tus pensamientos como has aprendido a hacer, esperando con tranquila expectación a que la eumoción aparezca. Descubrirás que te estaba esperando. Obsérvala con atención durante un minuto aproximadamente. A continuación, deja que tu mente avance despacio hacia los acontecimientos que el día traerá. Mientras cada grupo de pensamientos viene y va, permite que tu conciencia retorne a la eumoción. Hazlo durante unos cinco minutos, creando así un sosegado y vibrante comienzo del día.

Capítulo 30

Cepillarte los dientes

Cepillarte los dientes al estilo del QE empieza por que hagas una breve pausa antes de poner el dentífrico en el cepillo. En ese momento de quietud, encuentra tu eumoción. Si con los ojos abiertos no la encuentras, ciérralos y observa tus pensamientos hasta que se aquieten y la eumoción llegue.

Ahora pon la pasta de dientes en el cepillo y toma conciencia de la eumoción. Empieza a cepillarte los dientes poco a poco, con suavidad, mientras eres consciente de la eumoción. Presta atención a la sensación de tener el cepillo de dientes en la mano, a lo que sientes cuando las cerdas rozan las encías y se introducen entre los dientes. Fíjate en la posición que adopta la lengua y en lo que siente al entrar en contacto con la pasta. ¿A qué sabe? Cada vez que dirijas tu atención a un aspecto distinto del cepillado, párate un momento para encontrar tu eumoción, y luego continúa.

Después de haberte cepillado los dientes con suavidad durante un par de minutos, enjuágate la boca y siente cómo el agua se arremolina sobre la lengua y alrededor de los dientes. Ahora estás listo para afrontar el día con delicada conciencia, paz en el corazón y, ¡no lo olvidemos!, unos dientes blancos como perlas. ¿Se puede pedir más?

Capítulo 31

Comer

Por lo general, le prestamos muy poca atención al proceso en sí de comer. Lo consideramos una actividad necesaria, que es lo bastante agradable pero que nos aparta de otras actividades, como por ejemplo nuestro trabajo. En Estados Unidos, la gente tiene tendencia a comer con prisa, a engullir a grandes bocados una hamburguesa o un perrito caliente mientras conduce con las rodillas y va dando bandazos por la autopista. Nos importa mucho más la cantidad de comida y que nos satisfaga el paladar que su calidad, el ambiente en el que comemos y el proceso de la digestión.

Los nutricionistas insisten en que la mayoría de las enfermedades que sufrimos están causadas, o se complican, por una mala digestión. «Ya, pero yo no tengo ningún control sobre la digestión –podrías decir–. Yo me limito a tragar la comida, y la digestión se lleva a cabo automáticamente».

Te equivocas. Al contrario de lo que piensas, tienes mucho control sobre tu digestión, y el Quantum Entrainment puede desempeñar un papel crucial en el proceso.

En primer lugar, debemos saber que la digestión empieza en la boca. Masticar y mezclar la comida con las enzimas inicia el proceso digestivo. Los receptores de la lengua envían mensajes químicos al cerebro informándole del tipo de alimento que tienes en la boca, y el cerebro le indica al estómago que se prepare para recibir esos alimentos.

Es mucho lo que sucede en la boca, y masticar es una parte muy importante de la digestión y la asimilación. Si los alimentos no quedan reducidos casi a estado líquido, es posible que no se digieran adecuadamente y provoquen todo tipo de problemas, desde alergias y eccemas hasta fatiga, artritis o trastornos emocionales.

Tengo la costumbre de mirar cómo comen las personas que me rodean. Sé que es un poco raro, pero me sale el médico de dentro cuando estoy en un restaurante. Y siempre me sorprende lo poco que se mastica. Veo a la gente dar un gran bocado a una hamburguesa y, con los carrillos a punto de reventar, masticar tres o cuatro veces; luego, levantar la barbilla hacia el techo y tragar. Si te fijas, llegas a ver con claridad cómo la masa de lechuga marchita, encurtidos, pan blanco y trozos de carne se abre camino gaznate abajo igual que la presa vencida de una boa. ¡Dios mío, lo que hacemos cuando elegimos no masticar!

Te preguntarás cómo puede ayudarnos el QE en el tema de la comida y la digestión. El QE establece un equilibrio. El aparato digestivo, como cualquier otro aparato y sistema corporal, debe estar en equilibrio para funcionar correctamente y evitar cualquier dolencia. Realizar el QE durante treinta segundos antes de comer sentará el tono para lo que vamos a ingerir. Aminorará tu ritmo, a fin de que el aparato digestivo pueda prepararse para recibir los alimentos, y te alentará a masticar más y más despacio. Pero si eres incapaz de acordarte de dedicarle al QE treinta segundos antes de comer, hazlo mientras te dispones a empezar. Toma conciencia de la eumoción, y luego permite que tu mente piense en la comida que estás a punto de ingerir. Si lo deseas, puedes optar por una intención del QE de que la comida nutra y sustente tu cuerpo-mente en todos los sentidos que sean necesarios.

Si tienes algún problema relacionado con la digestión, puedes realizar el QE en cualquier momento. Por ejemplo, si has terminado de comer y la vesícula te ha dejado un sabor bilioso y una sensación de náusea, echa mano de la prodigiosa botella de la eumoción. Te quedarás asombrado. Síntomas como las arcadas, el ardor de estómago o los gases se pueden eliminar en cuestión de minutos..., ¡quizá incluso de segundos! Tuve un cliente al que el estómago se le hinchaba como un globo cada vez que comía. Esto iba acompañado de dolor y gases, y todos estos síntomas le impedían disfrutar de comer fuera de casa. La primera vez que efectuamos el QE, pasaron varios minutos antes de que los efectos se hicieran notar. Pero, lentamente al principio y después con más rapidez, llegué a ver cómo aquel estómago distendido se derretía igual que la mantequilla sobre una plancha caliente. Y a medida que la barriga de ese hombre se fue haciendo más y más pequeña, más y más amplia se fue volviendo su sonrisa. La mía también: se acabaron los gases.

Mi cliente aprendió el Quantum Entrainment, y ahora se lo aplica él mismo. Su dolencia ha mejorado notablemente, y también su estado mental. En la actualidad, sale a cenar siempre que quiere, y disfruta de la comida y de la buena compañía.

El QE no solo le proporciona al cuerpo un profundo y sanador descanso, sino que ejerce una influencia armonizadora sobre las emociones. La ansiedad o la ira, por ejemplo, tienen un impacto negativo sobre el aparato digestivo, pero el QE las equilibra. Es fundamental tener una mente tranquila para que sean efectivas tanto la digestión como la asimilación.

El simple hecho de que comamos algo no significa que nuestras células asimilarán los nutrientes que contienen esos alimentos. Comer con prisa o emocionalmente agitados tiene un efecto devastador, tanto si los nutrientes llegan a las células como si no. Consumir alimentos en situación de estrés puede producir una úlcera en el revestimiento del estómago, estreñimiento o diarrea, problemas de vesícula o de páncreas, vólvulos o torsiones del intestino, diverticulitis y muchas dolencias más.

Aunque no suele prestársele atención, el proceso de comer es de vital importancia para la salud y productividad general. Normalmente consideramos que la nutrición es buena para el cuerpo y la mente, pero incluso nuestras interacciones sociales están profundamente influenciadas por lo que comemos, cómo comemos y cómo se digieren y asimilan esos alimentos. Te aconsejo encarecidamente que realices el QE antes, durante y después de una comida –o de las tres–. ¿Tienes algo que perder, aparte de un poco de dispepsia?

Prueba a hacer este ejercicio cuando estés sentado a la mesa. Te quedarás asombrado del efecto que tiene sobre todos los aspectos de la nutrición, incluido el sentimiento de integridad y bienestar general.

Eucomer

Comer mientras eres consciente de la eumoción calma la barriga y el alma y permite disfrutar más de una actividad que normalmente damos por sentada. Así es como debes practicar el Quantum Entrainment mientras comes: antes de tomar un bocado, empieza por hacerlo durante treinta segundos. Deja que el aroma de la eumoción impregne tu conciencia. A continuación, comienza a comer. Estate atento a cómo el tenedor o la cuchara te llevan la comida a la boca. Siente la textura de los alimentos que reposan sobre tu lengua. Deja un momento la cuchara o el tenedor y encuentra de nuevo la eumoción. No deberías tardar más de un segundo, puesto que te estará esperando en silencio. Empieza a masticar y presta atención al olor y sabor de la comida. Identifica los diferentes olores y sabores (salado, ácido, amargo, dulce, astringente, picante) y prueba a ver si eres capaz de distinguir cuándo llega cada uno de ellos. Mastica hasta que los alimentos estén casi licuados, y después traga. Encuentra tu eumoción y fíjate en el sabor que te queda en la lengua.

Quizá no desees practicarlo durante toda la comida, pero hacerlo incluso durante un solo bocado beneficiará enormemente tu salud y el placer de comer. Una regla práctica es realizarlo durante al menos tres bocados por comida. Qué duda cabe de que sumirte en el eucomer durante la comida entera sería absolutamente beneficioso.

Ayudar a otras personas

En primer lugar, debo decir que comer con unos compañeros de mesa agradables ayudará a todos los presentes a relajarse mientras disfrutan de la ingesta. Pero si la persona con la que estás sentado engulle la comida como si estuviera en un concurso de feria y no es alguien inclinado a efectuar el QE por sí mismo, el hecho de que tú lo hagas puede ayudarle a tranquilizarse. Aunque el Quantum Entrainment no sea una técnica energética, crea embalses de sabiduría positiva y calmante alrededor de quien lo practica, y esa energía balsámica se abrirá paso de lado a lado de la mesa hasta llegar a ese compañero tuyo que engulle los alimentos sin pudor. En el transcurso de la comida, se calmará y empezará a actuar con más decoro. Y si te parece que su forma de comer ofensiva no cambia lo bastante rápido, levántate de la mesa, acércate a él, ponle la mano en la frente y aplícale el QE. Esto, con toda seguridad, le hará dejar de comer, aunque solo sea un momento, y probablemente logrará que tome conciencia de sí mismo.

Por cierto, cuanto más consciente seas de la conciencia pura, más paz generarás. Pero no te engañes pensando que la paz es un barómetro con el que medir el grado de conciencia. No lo es. El *Bhagavad Gita*, que da respuesta prácticamente a todos los problemas generales a los que se enfrenta la humanidad, nos advierte que nunca podemos saber cómo de evolucionada está una persona guiándonos solo por su aspecto exterior o por cómo nos sentimos en su presencia. No obstante, un comportamiento intolerable en la mesa es una señal casi inequívoca de falta de conciencia.

Por supuesto, también puedes ayudar a los demás realizando el QE para mejorar sus hábitos alimentarios y aliviar los síntomas. Recuerda que no necesitas permiso para aplicarlo a quien sea y en el momento que sea, dado que tú no haces absolutamente nada salvo ser consciente de la conciencia y observar luego lo que sucede. Tu intención no funcionará si es perjudicial en cualquier sentido para una persona o el entorno. Aparte de esto, eres libre de usar el QE para que tu pequeño corazón se pose sobre cualquier cosa que quieras. De hecho, te animo a que lo hagas.

Capítulo 32

El hambre y la sobrealimentación

En la mayoría de los países industrializados, es extremadamente raro que alguien se muera de hambre. Pero no será necesario que aumenten mucho los cambios climáticos, las guerras, la contaminación o las hambrunas para que incluso los ciudadanos de las naciones más ricas se encuentren sin alimentos suficientes para satisfacer sus necesidades. El proceso del QE puede ejercer una influencia excepcionalmente positiva sobre el hambre e incluso la más absoluta inanición.

A nivel individual, si tienes hambre, gracias al QE las punzadas en el estómago se reducirán o desaparecerán por completo en muy poco tiempo. Además, el QE alivia rápidamente el apego emocional a la comida, y por eso es útil también para aquellos que comen demasiado.

Es obvio que la conciencia del Ser no puede reemplazar a la comida, pero sí ralentiza considerablemente el metabolismo, haciendo que quememos menos calorías y necesitemos, por tanto, menos comida para sobrevivir. Un beneficio adicional del QE cuando se tiene hambre en diverso grado es su efectividad en cuanto a la materialización de nuestros deseos. La conciencia del Ser tiene una potente influencia armonizadora sobre el entorno, y nos brinda oportunidades y posesiones materiales –alimentos incluidos– de un modo que trasciende la forma de pensar lineal de nuestras mentes. Cuando practicamos la conciencia del Ser, todas las fuerzas creativas del universo se aúnan para satisfacer nuestras necesidades y deseos.

El QE para calmar el hambre debe efectuarse en sesiones cortas, de tres a cinco minutos. Lo mejor es que estés sentado tranquilamente, pero lo puedes hacer casi en cualquier circunstancia, incluso mientras trabajas, durante una conversación, mientras conduces, haces ejercicio, etcétera. El QE para poder hacer frente a una hambruna o a situaciones de hambre extrema debe practicarse continuamente, a fin de conservar la energía y otros elementos vitales del cuerpo. La mejor postura es sentados, pero será asimismo efectivo si estamos tendidos, en caso de que nos sintamos demasiado débiles.

Capítulo 33

Recuperar la vitalidad a mitad del día

A lo largo del día, hacemos un alto en la jornada laboral y nos levantamos a tomar un café, salimos a almorzar o nos paramos a charlar un rato con los compañeros de trabajo. Y si bien es cierto que estos descansos les dan un respiro a nuestro cuerpo y a nuestra mente al permitirles desconectar de la constante presión laboral, son a la vez relativamente inútiles en lo que concierne a lograr un profundo rejuvenecimiento, algo que ha demostrado ser increíblemente valioso para aquellos que practican el QE en su lugar de trabajo. Emplear el Quantum Entrainment en algún momento de la ajetreada jornada laboral te reportará grandes beneficios (a ti e incluso a tu jefe), como por ejemplo una actividad mental más clara y creativa, más energía, menos absentismo y una actitud más cordial y cooperativa hacia los compañeros. Hay dos formas de hacerlo: con los ojos abiertos o con los ojos cerrados.

La mejor manera de llevar a cabo el QE para el rejuvenecimiento a mitad del día es con los ojos cerrados en un lugar recogido y tranquilo, como un despacho privado o tu coche a la hora del almuerzo. Una vez que encuentres el lugar, simplemente cierra los ojos y observa tus pensamientos hasta que la eumoción salga a tu encuentro. Luego continúa con el QE con los ojos cerrados durante diez minutos. ¡Eso es todo!

Y si no encuentras un sitio donde poder cerrar los ojos, siéntate tranquilamente con los ojos abiertos y reposa la mirada en cualquier objeto. Luego realiza el QE y disfruta de tu eumoción. Dirige la mirada a otro objeto y vuelve a la eumoción. Hazlo durante diez minutos aproximadamente, acompañado de la eumoción cada vez que tus ojos pasan de un objeto a otro.

No necesito decirte que esta modalidad del QE funciona igual de bien en tu día libre. Te quedarás asombrado.

Capítulo 34

QE y el ordenador

Es fácil dejarnos absorber por esa esponja devoradora de tiempo a la que llamamos ordenador. Mucha gente se pasa horas mirando la pantalla, lo cual provoca tensión ocular, rigidez de músculos y articulaciones y un pensar embotado. El QE es perfecto para resolver los efectos del trabajo con ordenadores.

Esto es lo que debes hacer: siéntate cómodamente erguido, con los hombros y los brazos relajados. Párate con frecuencia y encuentra tu eumoción. Luego continúa lo que estés haciendo de esta manera: imagina que las palabras e imágenes salen del monitor y entran en tus ojos y en tu mente.

Normalmente hacemos lo contrario: tenemos la sensación de estar inclinados hacia la pantalla, de volcar la mirada en ella, y esto nos hace sentir que estamos trabajando, saliéndonos de nosotros mismos y entrando en el ordenador.

Cuando practicamos el QE y dejamos que las palabras e imágenes vengan a nosotros, se produce un cambio de percepción que nos hace tener la sensación de que, en lugar de estar trabajando, el trabajo viene a nosotros. El resultado es un operador informático con una mente más relajada y clara. Y ese operador eres tú.

No te olvides de tomarte un descanso cada veinte minutos aproximadamente y dedicar unos minutos al QE con los ojos cerrados.

Capítulo 35

Dormirse

Ahora que el día se acaba, tienes una oportunidad más de reavivar tu conciencia y ofrecerte a ti mismo la reconfortante influencia de la eumoción. Haciendo este ejercicio tan sencillo, liberarás cualquier estrés que se haya ido creando durante el día y te prepararás para dormir bien.

Justo antes de disponerte a dormir, siéntate en la cama y observa los pensamientos tranquilamente y con atención. Tu eumoción aparecerá muy pronto, lista para arroparte. Asentado en la suave conciencia de la eumoción, deja que tu mente repase de forma imprecisa los acontecimientos del día. Observa cómo pasan ante la pantalla de tu mente las experiencias de la jornada como si se tratara de una película y, cuando se produzca una pausa en los pensamientos, vuelve a tomar conciencia de la eumoción: pensamientos y eumoción, eumoción y pensamientos, que cruzan por tu mente como las nubes un día de sol.

Realiza este ejercicio de cinco a diez minutos, y luego deslízate bajo las sábanas y sumérgete en un sueño profundo y reparador... Buenas noches.

Capítulo 36

Hablar

La mayoría de la gente habla para transmitir alguna información, pero, por debajo de las palabras, el hablar tiene la intención de comunicar quiénes somos. En el fondo de todo –de nuestros pensamientos y emociones, gustos y antipatías, esperanzas y miedos–, se encuentra nuestra naturaleza básica.

A estas alturas ya sabes quién eres: tu verdadera esencia es la eumoción. La comunicación tradicional es superficial, y no está incluida en ella la conciencia de la eumoción. Hablar con alguien mientras somos conscientes de la eumoción confiere a la conversación un significado y un afecto más profundos, haciendo que la comunicación con esa persona sea más plena y satisfactoria. Te explico a continuación cómo darle una mayor profundidad a la comunicación con los demás.

Cuando saludes a alguien y te dispongas a hablar con él, toma conciencia de la eumoción al tiempo que pronuncias tus primeras palabras. Si estás atento durante la conversación, reconocerás que tu mente toma notas del otro individuo o incluso juzga lo que dice. Este es el momento perfecto para tomar conciencia de tu eumoción; hazlo cada vez que se dé la ocasión mientras conversáis. Si a tu interlocutor no le inquieta, mantén un cómodo contacto visual mientras eres consciente de la eumoción; de este modo, te sentirás más relajado y abierto, y aquellos con quienes hablas estarán también más tranquilos y confiados. En la mayoría de los casos, todos se irán más contentos.

Capítulo 37

Andar

Andar es algo tan automático que rara vez le prestamos atención mientras lo hacemos, pero el QE aporta gracia y fluidez al majestuoso arte de caminar. Así es como se hace: empieza por repartir el peso equitativamente entre los dos pies y mantén los hombros nivelados, con la espalda erguida pero relajada. Inspira hondo y, al espirar, deja que la mente encuentre con suavidad tu eumoción. Si lo necesitas, cierra los ojos y observa con atención tus pensamientos hasta que la eumoción aparezca. Ahora estás listo para caminar al estilo del QE.

Antes de dar el primer paso, imagina que eres el centro inamovible del universo; en lugar de caminar por el mundo, visualiza que es el mundo el que viene a ti. Incluso cuando empieces realmente a caminar, piensa que las plantas, la gente y los edificios vienen a ti, que son ellos los que están en movimiento mientras tú permaneces quieto. Los objetos entran en tu campo de visión, y luego, lentamente, van pasando de largo hasta salir de él mientras tus piernas parecen subir y bajar sin esfuerzo y sin moverse del sitio. Un detalle más: cuando los objetos entren en tu campo de visión, imagina que surgen de la nada, haz como si no existieran hasta que tú los ves. Después, a medida que van pasando de largo y quedan a tu espalda, imagina que se disuelven nuevamente en la nada. Cuando le prestes una minuciosa atención a esa nada, descubrirás que tu eumoción te sonríe.

Puedes poner en práctica el caminar del QE en cualquier momento: en casa o en el lugar de trabajo, cuando pasees por el campo o mientras recorres las sinuosas calles de la ciudad. Pronto descubrirás que andar se ha convertido en una auténtica alegría, natural, fluida, divertida y rebosante de una conciencia revitalizadora.

Capítulo 38

Paseo espacial

Andar es excelente para rejuvenecer el cuerpo: estimula el ritmo cardíaco y la circulación sanguínea, que aportan así a nuestros tejidos un oxígeno energizante y eliminan las toxinas causantes de discordia física y mental. Lo que pocos saben es que caminar puede ser además un excelente ejercicio para nuestro otro corazón, ese al que solemos denominar «alma» o «espíritu». Yo a esto lo llamo «paseo espacial» y sus beneficios superan con mucho a los del tradicional paseo por el parque. Deja que te explique en qué consiste.

La persona que pase a tu lado no apreciará ninguna diferencia entre el paseo espacial y el convencional acto de colocar, repetidamente, un pie delante del otro. Sin embargo, dentro del paseante espacial, suena la sinfonía de las esferas en perfecta armonía con el canto del gorrión, el silbido del viento que se filtra entre las briznas de hierba y el latido de los corazones de cada uno de los seres de la creación. ¿Suena imposible? Te equivocas. El paseo espacial no solo es posible, sino que es además algo muy sencillo una vez que sabes cómo hacerlo.

Mientras navegamos por el mundo de nuestros quehaceres cotidianos, los sentidos van quedándose atrapados en toda una diversidad de cuestiones y la mente se deja consumir por los pensamientos. Entramos en una habitación, por ejemplo, y advertimos los objetos que la ocupan. Vemos la taza de café sobre la mesa próxima al sofá en el que está plácidamente recostada la tía Tillie disfrutando de la siesta. Pero hay algo de inmenso valor en esa habitación y de lo que rara vez nos damos cuenta: el espacio. Sí, como lo oyes: ese espacio tan sencillo que lo envuelve todo.

Y cuando prestamos atención al espacio, en lugar de a los objetos que lo definen, de pronto sucede algo fascinante: la mente se calma y el cuerpo se relaja, y empezamos entonces a ver el mundo de un modo bellísimo y maravilloso. Parece increíble que el simple hecho de reconocer el espacio enriquezca hasta tal punto nuestra vida. Y la razón es esta: tanto los sabios y místicos como los científicos nos han contado que todo viene de la nada. Por eso, cuando somos conscientes de la nada, es como si hiciéramos un viaje de vuelta al lugar del que nacimos. Volver a casa revitaliza nuestro cuerpo y nuestra alma; nos hace sentirnos bien y –como verás dentro de un momento– es auténticamente positivo para nosotros.

No es cierto que el espacio no sea nada. El espacio es el vacío existente entre dos objetos. Puede contener aire, ondas de radio, olores, motas de polvo, vapor de agua..., pero para la mente, el espacio representa la nada, por lo que podemos utilizarlo como puerta a la dicha y la armonía. ¿Te parece que nos atemos los zapatos y aprendamos a caminar por el espacio?

Empieza por dar un paseo por algún lugar que te resulte agradable, y mientras lo haces, fíjate no en los pájaros, ni en los coches, ni en las plantas, sino en el espacio que hay entre ellos. Encuentra el espacio que existe entre los árboles, entre las ramas y luego más allá, entre las hojas. No mires las nubes; mira la vastedad que hay entre ellas. Allí donde veas dos cosas, fíjate en el espacio que hay entre una y otra.

Puedes utilizar también el sonido para encontrar el espacio. Escucha el sonido rítmico de tus pies al posarse en el suelo, y luego encuentra el silencio –el espacio– entre las pisadas. Escucha el silbido distante de una sirena; escúchalo con mucha atención hasta que el sonido muera en el espacio silencioso. El espacio está en todas partes, y solo necesitas tomar conciencia de él para empezar a andar por el espacio.

¿Entiendes de lo que se trata? Bien. Ahora estás preparado para el paso final, que es la parte más importante del paseo espacial. Una vez que encuentres el espacio, no lo mires como si fuera un objeto más que identificar. Tu mente se aburrirá muy pronto si lo único que haces es identificarlo; a la mente le gustan las vistas espectaculares y los problemas jugosos en los que poder hundir sus dientes, y el espacio no es ni lo uno ni lo otro.

Este es el truco –la magia de hallar tu alma y llenar tu corazón–: una vez que encuentres el espacio, penetra en él como si fuera una densa niebla y caminaras expectante, sin saber lo que aparecerá detrás. Penetra con la mirada hasta lo más hondo de cada espacio, y presta atención no solo a lo que ves sino también a lo que sientes. Eso es. Encuentra tu eumoción en el espacio entre dos objetos. Te derretirá el corazón.

Es más fácil de entrada observar el espacio, pero a medida que tu mente se vaya impregnando de conciencia pura, tendrá el mismo efecto observar el espacio que la sustancia.

Empieza por caminar por el espacio lentamente y haz que tu paso sea más enérgico a medida que vayas aprendiendo a captar el silencio que hay en él. Hay mucha gente que realiza una sesión de QE antes de un «paseo espacial». La ventaja de esto es que le recuerda a la mente la existencia del espacio entre pensamientos, y de ahí a ver y sentir el espacio entre los objetos, no hay más que un pequeño paso.

¿Te das cuenta de la cantidad de actividades en las que puedes introducir el paseo espacial? Puedes probar el trabajar espacial, el cocinar espacial o incluso el cepillarte los dientes espacial. ¡Que disfrutes!, y practícalo a menudo. Pronto lo harás sin ningún esfuerzo, y se te saltarán las lágrimas de alegría.

Enseñar a otros a caminar por el espacio

Puedes enseñar a otras personas a caminar por el espacio yendo a pasear con ellas y describiéndoles lo que haces. Es importante que, de entrada, permanezcan en silencio, y cuida de que la charla insustancial sea mínima. Si lo prefieres, puedes incluso empezar por una sesión de QE en casa antes de salir. Y si de verdad quieres divertirte, llévate a todo un grupo a un paseo espacial, pues la conciencia pura es más fácil de percibir en grupo. Eso sí, como es casi imposible eliminar por completo la cháchara en un grupo, te recomiendo que traces un plan de mantener cierto tiempo de silencio seguido de un breve intercambio de impresiones. Lo ideal es un grupo de tres a ocho personas; si son más, divídelas en dos.

El ejercicio es especialmente interesante para los pequeños. Si sales con un grupo de niños, anímales a que hablen de sus experiencias en el momento en que ocurren, en lugar de esperar al período de diálogo formal. A los niños les gustan los espacios, e igual te enseñan una o dos cosas sobre las alegrías de un paseo espacial.

Capítulo 39

Escuchar el silencio

El oído es el único sentido que está activo todo el tiempo y abierto en todas las direcciones, de ahí que algunos lo consideren el sentido más importante. Nos mantiene en contacto con nuestro entorno las veinticuatro horas del día. El llanto de un niño o un ruido sospechoso pueden incluso despertarnos del sueño más profundo.

El sonido tiene dos partes: la vibración, que impacta en el oído, y el silencio, pero nuestras mentes, por lo general, se centran solo en el sonido y se pierden la belleza y los beneficios del silencio. Escuchar el silencio llenará tu vida de estabilidad, energía y una sencilla paz que estará presente incluso en medio del sonido más cacofónico. Te recomiendo que incluyas en tu dinámica cotidiana estos experimentos tan sencillos que describo a continuación, y verás cómo tu vida se enriquece de un modo increíble.

Cuando oigas cualquier sonido prolongado, como el tañido de una campana, el silbido de un tren o el de una sirena, escúchalo hasta que decaiga por debajo de tu umbral de audición. En cuanto desaparezca, habrá silencio. Entonces escucha solo ese silencio, y encontrarás un sentimiento positivo –tu eumoción– que te está esperando.

Cuando escuches música, hazte consciente del silencio que hay entre las notas. Vete de silencio en silencio, dejando que las notas se desvanezcan al fondo. Pronto apreciarás en la música una plenitud más profunda, mientras la paz y la armonía cantan en tu corazón.

Mientras andas, sé consciente del sonido que hacen tus pies al posarse sobre el suelo. Luego, hazte agudamente consciente del silencio entre los pasos. A la vez que escuchas atentamente ese silencio, date cuenta de cómo te hace sentir. ¿Y qué sentimiento será ese? ¡Ni más ni menos que la eumoción!

Capítulo 40

Oler tu eumoción

Hemos infravalorado mucho nuestro sentido del olfato, cuando, lo cierto es que tiene una poderosísima influencia sobre el estado de ánimo y la motivación. Un determinado olor puede aclararnos la mente, avivar el espíritu o incluso provocarnos un mareo. Pero el olfato es embriagador también en otro sentido: es un camino directo a la eumoción.

Encuentra un olor o una fragancia que te guste –del café, el chocolate o una flor–. Inspira suave y profundamente su aroma, y fíjate en la textura y los matices del olor. Después de inhalar, contén la respiración durante un momento hasta que el olor disminuya y luego se disipe. En cuanto desaparezca, lo reemplazará la «ausencia de olor», un intervalo entre olores. Toma conciencia de él con naturalidad y presta atención a cómo te sientes. Por supuesto, descubrirás que la eumoción te está esperando justo ahí.

A continuación espira con suavidad mientras sigues siendo consciente de la eumoción. Acostúmbrate a hacer esto con cualquier olor que te encuentres a lo largo del día. Funciona incluso para disminuir el impacto negativo de los olores pestilentes. Oler mientras estás en contacto con la eumoción es una manera deliciosa y efectiva de lograr paz interior y conciencia exterior, así que pon a punto la nariz y empieza a olfatear.

Capítulo 41

Monitorizar el estado de ánimo

Pararte a observar con intermitencia tu estado emocional a lo largo del día hará de ti una persona más fluida, relajada y en paz. El QE como forma de monitorizar el estado de ánimo es una potente herramienta para eliminar las emociones improductivas, reemplazándolas por otras de naturaleza alentadora y creativa. Al principio tendrás que recordarte, utilizando la alarma del reloj o del móvil o pequeñas notas adhesivas, que es hora de comprobar las emociones que estés experimentando; cuando lleves un tiempo haciéndolo, se convertirá en algo natural.

Así es como debes hacerlo: en el transcurso de cualquier actividad habitual, hazte consciente de cómo te sientes. Puede que estés aburrido, irritado, frustrado, ansioso, contento, feliz o entusiasmado; se trata simplemente de que identifiques lo que sientes y luego observes ese sentimiento para ver qué ocurre. Asombrosamente, todos los sentimientos tienen en su raíz la eumoción, así que cuando observes tranquilamente cualquier sentimiento, pronto la encontrarás.

Si experimentas una emoción muy fuerte, se apoderará de ti por completo. En ese caso, solo tienes que esperar a que se calme un poco y después, con inocencia, observarla hasta que acabe por disolverse en esa eumoción tranquila y siempre positiva. Si en cierto momento te invade la negatividad, no intentes cambiar lo que sientes. Deja que tu eumoción lo haga por ti, y tú limítate a observar el sentimiento negativo sin tratar de hacer nada; verás que, milagrosamente, tu eumoción brilla a través de él y te alegra el día.

Capítulo 42

Cómo ser creativos

¿Se le ocurre a alguien de dónde pueden provenir las ideas? ¿Y si te doy una pista? Las ideas son pensamientos, ¿verdad?, y los pensamientos provienen de... la conciencia pura, así que ese es el lugar del que proceden las ideas. Las ideas son una forma de creatividad; por tanto, por fuerza han de venir de la fuente de toda creación. Y siendo esto así, es lógico que, si quieres ser más creativo, te convenga tener un contacto íntimo con la conciencia pura.

Vamos a repasar brevemente algunos de los principios que ya he mencionado. El trampolín para la acción abundante y eficaz es la acción mínima, es decir, el reposo. Vemos este principio escenificado a todo nuestro alrededor, pero por lo general estamos atentos solo a la parte de la acción. Por ejemplo, dormimos y, luego, desempeñamos una actividad. Nuestro corazón late después de cada fase de pausa, nuestros ojos se cierran en un parpadeo y a continuación se abren, y hay asimismo una pausa entre cada inspiración y espiración. La tierra descansa en invierno, y me pregunto si el universo en expansión no dará marcha atrás un día, se contraerá de nuevo y volverá a ser conciencia pura y absoluta.

Hay otro principio relacionado con la actividad y el descanso que es bastante obvio: cuanto más profundo es el descanso, más dinámica es la actividad. El ejemplo más evidente de esto es el sueño. Cuando es superficial e inquieto, al día siguiente no estamos en condiciones óptimas. Pero, además, podemos interpretar este principio en términos de dirección, diciendo que, cuando queremos ejercer una influencia en cierto sentido, debemos empezar por dirigirnos en sentido contrario. Normalmente no vemos la vida así, pero una simple reflexión nos muestra que es algo muy obvio.

Si, por ejemplo, quieres levantarte de la silla en la que estás sentado, ¿cuál es la primera acción que realizas? Empujas hacia abajo con las manos y los pies para poder levantarte, ¿a que sí? Si quieres construir un rascacielos, comienzas por excavar un agujero. Si deseas clavar un clavo, lo primero que haces es alejar el martillo en la dirección opuesta, al igual que haces si pretendes disparar una flecha para dar en un blanco.

Y si quieres construir un rascacielos más alto, clavar un clavo a mayor profundidad o hacer que una flecha llegue a mayor distancia, tienes que excavar un agujero más profundo, levantar más el martillo o tirar con más fuerza de la cuerda del arco. ¿Te imaginas lo que le sucedería a un edificio de veinte plantas si los cimientos estuvieran a solo tres metros de profundidad?

La conciencia pura es el estado de descanso más profundo que puedes conseguir, y por tanto, ser consciente de ella te permitirá realizar la actividad más dinámica posible. Como en los casos que acabo de mencionar, la conciencia pura se encuentra también en la dirección opuesta de cualquier actividad –recuerda que es ausencia de actividad, de modo que es siempre menor que cualquier actividad que realices–. El descanso más profundo y la actividad más dinámica nacen de ser conscientes de la conciencia pura.

Todo esto es bastante obvio; basta con ser un poco intuitivos para darnos cuenta de ello, pero al parecer pasamos completamente por alto este principio en lo que concierne a la creatividad. Estamos acostumbrados a que nuestras mentes trabajen sin tregua, disparando un pensamiento tras otro, día tras día, año tras año, hasta que el cuerpo-mente se disuelve al fin en el océano de conciencia del que nació. A lo largo de nuestra vida, les prestamos poca atención –y les rendimos menos homenaje aún– a la conciencia pura y al papel que desempeña en la creatividad, cuando sin ella no hay ni creatividad ni creación.

Para ser más creativos, hemos de hacer lo mismo que para disparar una flecha. Cuando disparamos la flecha, antes la hacemos retroceder todo lo posible, hasta que llega al límite y alcanza el punto de reposo. En ese momento está inmóvil, pero llena de potencial. ¿Qué debe hacer entonces el arquero para dar en el blanco? Simplemente apuntar y relajarse. Porque una vez que la flecha ha retrocedido hasta alcanzar el reposo y apunta en la dirección correcta, todas las fuerzas de la física se aúnan para apoyar su vuelo certero al centro de la diana.

Las ideas creativas nacen de la conciencia de una mente que ha retrocedido al máximo y reposa en la conciencia pura. La conciencia de una mente caótica ha retrocedido solo ligeramente, y el pensamiento y la actividad resultantes son débiles. No es necesario mirar muy lejos para ver lo insensibles, irracionales y dañinos que han llegado a ser los actos del ser humano. Actuar desde una mente caótica equivale a colocar la flecha en el arco, hacerla retroceder solo unos centímetros y soltar la cuerda. La flecha cae patéticamente a los pies del arquero inepto.

Probablemente pensarás que toda esta charla sobre las ideas, el pensamiento inconsistente y el hecho de realizar un movimiento en la dirección contraria a la deseada a fin de lograr plenitud está muy bien, pero ¿tiene algún valor práctico? ¡Sí que lo tiene! Podemos ser mucho más creativos –o, de hecho, dejar que la creatividad fluya a través de nosotros con menor esfuerzo– cuando somos conscientes de la conciencia pura. Afortunadamente, ya sabemos cómo hacer eso. No vendrían mal, sin embargo, unos pequeños ajustes, por lo que vamos a ver con mayor detalle cómo inspirar más creatividad en nuestras vidas.

Cómo sembrar la semilla de la creatividad

El procedimiento es bastante breve, así que no parpadees..., pero puedes sentarte cómodamente con los ojos cerrados. Repasa todos los puntos pertinentes de la situación en que te encuentres antes de realizar el Quantum Entrainment. Si, por ejemplo, eres escritor y te has quedado sin palabras delante de la página en blanco, o si no encuentras el color exacto que llevar al lienzo, o te faltan las notas que necesitas para poder terminar una obra musical, deja que tu mente repase con rapidez lo que en este momento interpretas como un fracaso. Descubre dónde te has quedado atascado y, cuando lo sepas con claridad, déjalo de lado.

Ahora siéntate y comienza el QE. Observa tus pensamientos, cómo se van refinando hasta que acaban por desaparecer y los reemplaza tu eumoción. Sigue observando tu eumoción, y será cada vez más plena. Una vez envuelto por completo en ella, ten un pensamiento de lo que quieres crear; solo uno: una simple intención, imagen o idea, y luego retírate para ver qué ocurre. Podría ser, por ejemplo, «obra completa», o «lienzo lleno de color». ¡Con pensarlo una vez basta!, no enturbies las aguas cristalinas de la conciencia pura. Una sola intención sutil, mientras eres plenamente consciente del Ser, es cuanto necesitas. A continuación, estate atento y espera.

Pueden suceder dos cosas: que la solución se presente de inmediato, y ya está, o que aparentemente no suceda nada. Si no recibes una respuesta al instante, puedes quedarte un poco más, si quieres, en ese sentimiento de plenitud. La creatividad, en contra de quienes creen que nace del sufrimiento, surge de la plenitud del Ser. Y si decides que tienes que cortarte una oreja, ¡al menos realiza el QE de camino a urgencias!

Dado que la creatividad nace de tu Ser, dedica un poco de tiempo a conocerlo. Para aumentar la creatividad, es mucho más efectivo el QE ampliado. Haz uso de él durante cinco, diez o incluso veinte minutos. En este último caso, aunque no necesitas repetir la intención, quizá compruebes que tu mente empieza a examinar el problema desde distintos ángulos. No inicies conscientemente ese examen. Déjalo que siga su curso y acuérdate de no interferir; simplemente observa. Puede que la solución se presente poco a poco, pero casi siempre se revela en un instante de claridad, y raramente como imaginabas ni cuando imaginabas.

Si la creatividad no llega de inmediato, se debe a que el pensamiento-semilla que lanzaste al mar de la conciencia pura mientras flotabas en la eumoción todavía está germinando. Está organizándose, reuniendo en torno a tu inquietud las fuerzas de la creación. La respuesta está de camino, así que solo te queda esperar y observar, pasando el rato con tu eumoción. Si no llegara en esta sesión, haz un descanso y empieza otra más tarde.

Este es un método infalible para acelerar la vena creativa, pero al principio se puede tardar un tiempo en ponerlo en marcha, sobre todo porque la mente sigue intentando hacer que algo ocurra. Te garantizo que la respuesta llegará, pero nunca como tú esperas, así que levanta el ánimo y date una vuelta. Si la respuesta llegara como esperas que llegue, ¿qué creatividad habría en ello? Lo mejor es que, una vez que dejes caer la pregunta en la tierra fértil de la conciencia, no te preocupes más por ella. Comprobar continuamente si tu intención surte efecto es como desenterrar cada día una semilla para ver si ha empezado a germinar: nunca crecerá si la molestas continuamente. Relájate y disfruta del regalo que es pasar el día en el océano de la dicha.

¿Cuándo llegará la creatividad? A veces se presentará al instante y la reconocerás sin problema; en otras ocasiones, pasarán unas horas o llegará al día siguiente. Cuando aprendas a no buscar la respuesta, aparecerá casi de inmediato.

Cuándo sembrar la semilla de la creatividad

La mente activa siembra semillas el día entero. Las llamamos deseos. Si escuchamos el tiempo suficiente nuestra cháchara mental, veremos que está llena de juicio y deseo. En el nivel más débil y superficial de la mente consciente, son muchos los pensamientos referidos a lo que queremos y a cómo conseguirlo, y esto se debe a que, en ese nivel, no somos en absoluto conscientes de la conciencia pura y, en nuestro aislamiento, buscamos la plenitud en el exterior, en los objetos, las personas, los sucesos y las ideas. Por muy intenso que sea nuestro deseo en ese nivel, la acción resultante será débil y el deseo no se satisfará, o, si se satisface, será solo a base de mucho trabajo y fuerza de voluntad.

La mente asentada en la conciencia pura tiene, por el contrario, pocos deseos aparte de aquellos que buscan el beneficio de todos. La palabra «deseo» es demasiado fuerte en realidad para referirse a ellos; estos impulsos son más una preferencia. En lugar de pensar: «Me encantaría tener un deportivo rojo», la mente asentada diría: «Qué bonito» y podría disfrutar de él por lo que es, sin necesidad de poseerlo..., lo cual, además, te ahorra las mensualidades del coche, la gasolina y el seguro. Y así, de inmediato, muchos de los deseos más fuertes que tiene tu mente activa se satisfacen cuando te deslizas bajo las olas de la actividad mental caótica y habitas las profundidades de la conciencia pura.

Si realizas actividades creativas como la pintura, la música, la escritura o la danza, ya sabes lo que es estar en la «zona». Con el QE, puedes superar esos momentos frustrantes en que tu producción artística sufre por un decaimiento de la corriente creativa. En el ámbito literario, se conoce como «bloqueo del escritor». Yo no lo he tenido nunca. A veces me enredo buscando la manera de decir algo o simplemente no tengo ganas de escribir, pero cuando me siento, escribo. ¿Por qué? Porque dejo que las palabras fluyan desde la conciencia pura a través de mi eumoción, y lo único que «yo» hago entonces es registrar lo que aparece. Si estás sufriendo un bache creativo, practica el QE a diario y a menudo, y luego estate más activo que de costumbre. Camina o vete a bailar, y después siéntate en silencio y sumérgete en el QE. Te quedarás sorprendido de la manera en que tus jugos creativos empiezan a fluir; quizá incluso tengas que llevar en el bolsillo pañuelos de papel para ir limpiando el exceso de jugo.

Si estás intentando resolver un problema de ingeniería o de matemáticas, la mecánica de la creatividad es la misma. Ten claro cuáles son los detalles del problema, y a continuación déjalos en manos de la eumoción y su silenciosa capacidad organizativa. Los anales de la ciencia y la tecnología están repletos de ejemplos de personas que encontraron la solución a sus problemas durantes sus ensoñaciones diurnas o justo cuando estaban a punto de quedarse dormidas. Por ejemplo, Fiedrich August Kekulé, descubridor del anillo de benceno, llevaba meses intentando comprender su estructura molecular, y al final se rindió. Agotado, se sentó en su butaca delante de la chimenea y, con la mente ahora libre del esfuerzo que se le había impuesto hasta el momento, se quedó mirando perezosamente el fuego, contemplando cómo las llamas danzaban y lamían los troncos crepitantes. Y, en ese momento de silencio, le llegó la respuesta. Estaba mirando cómo una llama se enroscaba sobre sí misma igual que una serpiente que se mordiera la cola. «¡Eso es! –pensó Kekulé–. ¡El benceno es un anillo!». Y así era.

Fue en su mente relajada, asentada en el orden de la quietud, donde la respuesta tomó forma y se abrió camino hasta su desinteresada conciencia. Él tuvo la fortuna de estar sentado delante del fuego en aquellas circunstancias, y tú eres más afortunado todavía, puesto que dispones del QE, y puedes visitar la conciencia pura y sumergirte en la plenitud de la eumoción mientras las fuerzas de la vida se apresuran a cumplir tus órdenes.

Así que recuerda, cuando te encuentres con un problema peliagudo del tipo que sea, repásalo con atención, y luego acude al QE. Una vez que seas consciente de la eumoción, pide tranquilamente que se te muestre la solución y luego espera con desinterés a que aparezca la respuesta, mientras sigues disfrutando de la plenitud de la eumoción.

Cómo ayudar a otros a superar los bloqueos creativos

Y si son otras personas las que están pasando por una crisis de creatividad, puedes ofrecerles ayuda. Solo tienen que pensar en aquello que quieren lograr, y a continuación les aplicas el QE. Lo más recomendable sería una sesión de QE ampliado y a distancia, pero eso depende totalmente de las circunstancias personales. El QE a distancia o el ampliado probablemente sean la manera más rápida de hacer que la creatividad vuelva a fluir. Y notarás que tu propia creatividad se activa también.

Capítulo 43

Problemas con la gente

No hay dos personas iguales, y por ello, no hay dos personas que vean el mundo de la misma manera. Incluso los gemelos lo perciben desde puntos de vista distintos, difieren en cuanto a capacidad intelectual y emocional, tienen habilidades físicas y problemas de salud diferentes, y diferentes esperanzas y sueños de futuro. Son las desigualdades las que nos definen y distinguen, y es aquello que hay en nuestro interior y que es igual en todos nosotros lo que nos unirá. La eumoción, en su nivel de manifestación más sutil, es la misma en todos los seres humanos, y por eso ser conscientes de ella favorece la unión entre personas, familias y países.

Debes saber que cuando tienes la impresión de que los demás son fuente de desarmonía, esa desarmonía proviene de ti, no de las acciones de los demás. Es posible que lo que hagan esté mal, pero tu reacción negativa no ayuda a mejorar la situación. Como se suele decir, «un error no se remedia con otro». El QE tiene la solución perfecta para los pensamientos negativos hacia los demás. Esto es lo que puedes hacer:

> *Con naturalidad, toma conciencia del acto ofensivo que haya cometido otra persona; hazlo entre cinco y diez segundos. A continuación, toma conciencia de tu reacción a su comportamiento durante diez o quince segundos. Por último, toma conciencia de tu eumoción y disfruta de esta percepción consciente durante uno o dos minutos. Asentado en tu eumoción, deja que tu mente vuelva a la visión del acto ofensivo y, luego, a cómo reaccionaste ante él en el pasado. Consciente de la eumoción, deja que tus pensamientos se alternen entre la actividad ofensiva y tu reacción. Si ves que has empezado a juzgar dicha actividad o a crear pensamientos inarmónicos adicionales, considéralo una reacción más al mismo comportamiento, y sigue observando con sencilla inocencia lo que quiera que aparezca en tu mente mientras continúas establecido en la conciencia de la eumoción. Hazlo durante dos o tres minutos.*

¿Cuándo puedes utilizar el QE para poner fin a la desarmonía entre dos personas? En cualquier momento y situación: cuando alguien muestre una actitud provocadora en un medio de transporte público, durante un desacuerdo con el jefe o un compañero de trabajo, para inculcar disciplina a los niños o lidiar con unos vecinos escandalosos..., y ¿qué te parece esta?, para aconsejar a los políticos que hayamos elegido para representarnos, por nombrar solo unos pocos casos.

Cuando no somos conscientes de la eumoción, solo vemos las diferencias entre nosotros y los demás, una percepción claramente divisiva, que se cura con la conciencia de la eumoción. No utilizamos la eumoción como herramienta para luchar contra la negatividad; de hecho, no la utilizamos para nada. La simple conciencia de la eumoción, sin ningún pensamiento sobre lo que es necesario hacer, sanará las heridas de nuestra sociedad fragmentada.

Capítulo 44

Cómo mejorar el rendimiento deportivo

Admiro mucho lo que los deportistas son capaces de hacer con su cuerpo. He practicado distintos deportes toda mi vida, y me encanta la sensación que me da desafiar al cuerpo a lograr un mayor rendimiento, entrenar en la especialidad que sea, solo para ser testigo de cómo el cuerpo se expresa espontánea e impecablemente durante la competición. Pero el deportista ha de mantener también un juego psicológico muy bien sincronizado. Conozco la presión a la que se ve sometida la psique cuando un magnífico cuerpo atlético se lesiona, hasta el punto de que, de hecho, en la mayoría de los casos, la caída en picado de un deportista tiene más una causa mental que física. El Quantum Entrainment consigue resolver admirablemente los problemas tanto mentales y emocionales como físicos, y, por supuesto, tiene también un valor incalculable para la salud integral del deportista.

Deja que tu Ser ocupe el asiento del conductor

¿Qué significa mejorar el rendimiento deportivo? Significa perfeccionar la coordinación entre el cuerpo y la mente. Pero ¿qué coordinación es esa y, para empezar, por qué necesitamos un cuerpo? ¿Te parecen preguntas tontas? Echemos un vistazo.

El mundo en el que vivimos la mayoría de nosotros no nos obliga a afrontar retos físicos demasiado grandes. No necesitamos escalar montañas, poner trampas y cazar con lanzas para poder sobrevivir. Aprendemos las técnicas fundamentales de supervivencia cuando somos niños, y luego nos deslizamos cuesta abajo el resto de nuestra vida. Pero los deportistas han elegido poner el listón más alto, obligando a su cuerpo a superarse continuamente y convirtiéndolo para ello en un instrumento de precisión.

El rendimiento deportivo empieza en la mente, receptáculo de todos los pensamientos. Miramos hacia fuera y percibimos el mundo a través de nuestros sentidos. Las impresiones sensoriales entran en la mente y allí se procesan; y luego, si decidimos ejecutar una acción necesaria, nuestro cuerpo responde para llevarla a cabo. Está claro que esta es solo una burda y excesiva simplificación de la realidad, pero basta para que entiendas lo que voy a explicar.

La mente desempeña el papel de conductor, y el cuerpo es el coche. Tu cuerpo es el vehículo de tu conciencia, y la lleva de paseo para que pueda experimentar a través de los sentidos y aumentar tu conocimiento relativo del mundo que habitas. Cuando quien conduce a la conciencia es el ego, tu motivación es el miedo, y no puedes disfrutar de verdad del paseo; es como conducir por una ciudad a la hora punta con la sensación de que todos los coches intentan chocar contra ti. En cambio, cuando es tu Ser el que ocupa el asiento del conductor, el cuerpo y la mente están relajados, y si necesitan responder, su respuesta es inmediata. Lo mismo ocurre en el deporte. El deportista asentado en su Ser está relajado, y tiene una respuesta física espontánea. Oirás a cualquier deportista que esté centrado en su Ser decir sobre su actuación: «Estaba en la "zona". La actuación del cuerpo ha sido impecable, y yo estaba tan tranquilo...».

Cuando es consciente de su Ser, actúa con libertad y fluidez, y tiene por tanto menos probabilidades de lesionarse. Suele parecerle como si su cuerpo hubiera conectado el piloto automático. Competir siendo consciente del Ser significa actuar sin esfuerzo; es una delicia, uno de los mayores gozos de la vida.

Muchos deportistas se equivocan al convertirse en jugadores profesionales. Ven la oportunidad de hacer lo que más les gusta y cobrar por ello; pero si fuera del terreno de juego no cultivan la conciencia del Ser, acabarán centrándose inevitablemente en la fama o el dinero y perderán muy pronto la alegría de jugar. Brillan con intenso fulgor momentáneamente, y luego se apagan. Han cambiado la suavidad del Ser por una vida infernal de ángulos rectos y bordes afilados. Sin embargo, el QE puede proporcionar un equilibrio, armonizando la vida personal y la profesional mientras protege el gozo que el juego despierta en el corazón del deportista.

El siguiente relato habla de uno de estos deportistas. Julian ha mantenido su pasión por la vida y el entusiasmo por el deporte dentro del ámbito terriblemente competitivo y estresante del tenis profesional. Es alemán y juega en una liga de veteranos mayores de treinta y cinco años, pero vio peligrar su continuidad en el deporte a causa de una lesión de rodilla que sufrió mientras jugaba, extremadamente cansado y en circunstancias muy difíciles. Él mismo nos lo cuenta:

> *Soy tenista profesional en la liga de veteranos mayores de treinta y cinco. A finales del año pasado, estaba agotado, sin fuerzas, y fue entonces cuando me lesioné la rodilla durante un partido. Me desgarré un ligamento, y ni siquiera podía rozar el suelo con esa pierna. Me pusieron hielo y me recetaron un antiinflamatorio, pero, después de una semana de tratamiento, la rodilla no había mejorado nada y el médico que me atendía quiso que me hicieran una resonancia magnética. Aquella semana conocí al doctor Kinslow. Me hizo un tratamiento de Quantum Entrainment en la rodilla durante unos cinco minutos, y de inmediato me sentí algo mejor. Cuando le pregunté si era posible continuar las sesiones, me dijo que podía hacerlo yo solo. Así que leí su libro* La curación cuántica *y empecé a realizar el QE en la rodilla.*
>
> *Al cabo de un par de días, sentí mi eumoción. A partir de entonces, cada vez que recurría al QE notaba una mejoría en la rodilla; sabía que se estaba curando. Lo practiqué a diario, y al cabo de cuarenta días el dolor había desaparecido por completo. Ahora juego —y gano— torneos, y la rodilla no ha vuelto a darme el menor problema.*
>
> *Pero trabajar con la rodilla me ha reportado un beneficio todavía mayor. Desde que aprendí a aplicar el QE, todos los aspectos de mi vida han mejorado. Me siento en paz de inmediato en cuanto lo necesito. Siendo un deportista*

> *profesional, dependo mucho de la calma interior para poder dar lo mejor de mí. Desde que empleo el QE, siento ese silencioso flujo casi a diario. Pero el verano pasado empecé a tener una experiencia de fluidez como nunca antes. Durante los torneos en los que participé, sentía al jugar una paz y una fuerza increíbles, que me permitieron alcanzar niveles de juego insospechados... y una inmensa dicha interior.*

Gracias al QE, Julian no solo se recuperó de su lesión de rodilla, sino que además comprendió que la dicha que experimentaba jugando cuando era consciente de su Ser podía experimentarla también fuera de la pista de tenis. Mantener de forma continuada esa conciencia del Ser le llevó a superarse en las competiciones de un modo asombroso. En 2007 y 2008 fue campeón de Europa, y en 2008 venció al mejor jugador del mundo de su grupo etario.

Julian está viviendo en la práctica la visión que desde hace mucho he tenido respecto a todos los deportistas, y que es la posibilidad de curarse a sí mismos dentro y fuera de sus actividades deportivas. Sin embargo, la visión no acaba aquí. Ya seamos deportistas, magos del ordenador, gerentes de empresa o encargados de un almacén, integrar el Quantum Entrainment en nuestra vida nos elevará inevitablemente por encima de la lucha y el esfuerzo que caracterizan a la condición humana, y nos hará libres para ser quienes por naturaleza somos y para hacer lo que de verdad nos apasiona.

Capítulo 45

El estrés físico y el QE

Es posible que, si se produce un desastre natural, tengamos que realizar trabajos que requieren una fuerza y una resistencia inusuales. Ayudar a retirar los escombros de un edificio que se ha derrumbado o recorrer grandes distancias a pie sin disponer apenas de agua o alimentos puede suponer un extremo desgaste para el cuerpo. Es importante recordar en estos casos que el proceso del QE proporciona un nivel de descanso muy profundo en muy poco tiempo. El descanso, como sabes, es el sanador universal. Cuanto más profundo sea el reposo, más intensa será la curación. Y el Quantum Entrainment proporciona al cuerpo un descanso más profundo aún que el que ofrece el sueño (aun así, ten en cuenta que el QE no es un sustituto del dormir).

Lo extraordinario del proceso del QE es que, además, no es necesario que detengas la actividad que estés realizando para poder obtener ese descanso sanador. Puedes practicarlo mientras estás activo, y se ocupará de sanar tu cuerpo en cuanto este acuse los efectos del estrés o sufra una lesión. Eso sí, cuando al final tengas ocasión de descansar, realiza el QE para que la experiencia de sanación sea todavía más profunda. Su eficacia para tratar las lesiones físicas es incuestionable; su acción es rápida y efectiva, sin ser invasiva en absoluto. No es doloroso aplicarlo y no puede causar ningún daño al tejido lesionado. ¡Es perfecto!

Cómo aumentar la energía y la resistencia

Cuando se necesite un arranque de energía, ya sea para mover una roca o levantar unas pesas, empieza a realizar el acto físico y luego date cuenta de qué músculos se contraen. Mientras continúes ejerciendo presión, hazte consciente de la eumoción. Tal vez descubras que eres consciente de ella y, a la vez, de los músculos que se están contrayendo. Esto crea unas condiciones únicas; es una especie de contracción relajada: los músculos se encuentran relajados a pesar de mantener una concentración extrema. Notarás también en ese momento un sosiego interior, como si tu cuerpo siguiera trabajando con todas sus fuerzas mientras la mente lo observa cómoda desde el sofá.

Cuando se precisa una energía más duradera, para correr cierta distancia o hacer una marcha prolongada, por ejemplo, emplea el QE cada vez que pienses en ello. Sé consciente de la eumoción no solo en la mente, sino también en el cuerpo; encuéntrala en este, así como en los objetos y espacios que haya a tu alrededor. El QE reducirá notablemente el tedio y los traumatismos que suelen acompañar a una actividad prolongada y extenuante.

Capítulo 46

Lesiones agudas

Permíteme que empiece por recordarte que el QE nunca debe reemplazar a la asistencia médica prestada por un profesional de la salud cualificado. Sin embargo, se debería utilizar siempre para apoyar y acelerar los procedimientos tradicionales en casos de urgencia.

Aunque el Quantum Entrainment no es en sí una técnica de curación, ha demostrado acelerar extraordinariamente el alivio y la curación de dolores y lesiones agudos. Lo he visto obrar maravillas en esguinces, torceduras, roturas de discos intervertebrales, dolores de cabeza y mareos, conmociones provocadas por un trauma, así como la confusión emocional, la depresión y el abatimiento motivados por la pérdida de un ser querido. Sea cual sea el trauma o la aflicción, debería aplicarse el QE rápida y continuamente, a la par que el tratamiento médico indicado, hasta que la persona afectada esté fuera de peligro, y luego continuar aplicándolo con normalidad hasta que la aflicción o lesión esté curada.

> *El QE será igual de efectivo tanto si puedes tocar físicamente a la persona afectada como si no. Si aplicas el tratamiento en una situación de emergencia, puedes realizarlo de modo intermitente cada vez que tengas ocasión. No hace falta que dirijas energía sanadora a la persona ni que tengas una intención de cómo debería desarrollarse el proceso curativo; el Quantum Entrainment se ocupa de eso por ti, automáticamente y sin esfuerzo alguno por tu parte. Basta con que lleves a cabo el proceso y seas consciente de la eumoción.*
>
> *La curación y la armonía empiezan a actuar de inmediato sin que tú hagas nada más; tu mayor desafío será, de hecho, no intentar forzar la curación. La actividad desmedida y la ansiedad que acompañan a las situaciones de emergencia pueden llevarte a intentar forzar el QE como si se tratara de una técnica de curación mediante la energía. ¡No funcionará! Si ves que intentas aferrarte a la eumoción o hacer que la curación se produzca, no trates de detenerlo; simplemente observa cómo lo intentas, y la idea de esfuerzo pronto se desvanecerá. Entonces encontrarás tu eumoción.*

Capítulo 47

Viajar con el QE

Hay personas a las que les encanta viajar, y otras a las que les parece un fastidio o incluso les da miedo. Vamos a examinar este último caso más a fondo para ver cómo puede ayudar el Quantum Entrainment a hacer que los viajes sean más apasionantes, placenteros y no supongan un esfuerzo. Aunque primero hablaré de los viajes en avión, cualquiera de las sugerencias que hago se puede aplicar igualmente a los viajes en coche, en barco, en tren, a pie, en burro y en avestruz..., por nombrar unos pocos. Y si te gusta volar –o al menos lo toleras porque el avión te lleva adonde quieres ir en un tiempo mínimo (generalmente)–, tenlas en cuenta para que la travesía sea más sencilla y puedas disfrutar más de ella.

Si la diferencia horaria del lugar al que viajas es considerable, te expones al fenómeno conocido como *jet lag*, descompensación horaria o ruptura de los ritmos circadianos, regulados por una diminuta región del cerebro situada en el centro del hipotálamo y llamada «núcleo supraquiasmático». Esta información puedes ahora borrártela de la mente como si nunca la hubieras leído, ¡para lo que te va a servir!, pero me apetecía presumir de mi habilidad para encontrar en Google el término «ritmos circadianos».

Sin embargo, hay una cosa que sí sé: cuando viajo en avión –sobre todo a otra región horaria–, realizo el QE casi todo el tiempo. Normalmente, no leo, no entablo conversación con otros pasajeros ni me quedo mirando por la ventanilla hasta haberme saturado de QE. Me encanta el silencio, la paz y el sentimiento de plenitud que me da, pero el verdadero regalo es llegar a mi destino como nuevo y –después de estirarme y bostezar– estar listo para comerme el mundo. Cuando haces un vuelo de larga distancia, tu cuerpo se ve sometido a un mayor estrés, al tener que adaptarse de golpe a todas esas energías sensoriales desconocidas y detestables que le afectan. Si vas caminando, tu cuerpo-mente tiene tiempo de adaptarse al nuevo entorno. Viajar en coche lo obliga a hacer un esfuerzo mayor para adaptarse a los impactos sensoriales, que van cambiando con rapidez. Pero un viaje aéreo tiene unos efectos desestabilizadores muchísimo mayores, debido a la velocidad vertiginosa con que atraviesas las zonas energéticas de influencia; es tal la rapidez con que tiran de ti en todas las direcciones que tu cuerpo-mente experimenta un continuo desequilibrio. Y si además cruzas distintas regiones horarias, a esto se suma el estrés que supone la alteración de tu reloj circadiano.

Así que el QE durante un vuelo –y, en menor medida, mientras conduces– te permitirá mantener una armonía relativa con los factores de estrés inevitables en el instante en que impactan en tu cuerpo-mente. Ser consciente de la conciencia pura crea una especie de flujo superconductor y exento de fricción que permite que el estrés pase a tu alrededor y a través de ti sin interferir en el funcionamiento normal del sistema nervioso, el metabolismo celular o los procesos de pensamiento. Viajar sigue exigiendo cierto esfuerzo y energía, pero al menos de este modo reducirás al mínimo las influencias perjudiciales. Si volar te causa ansiedad, el QE está hecho para ti. Efectúa una sesión prolongada de QE emocional antes de subir al avión, mientras esperas a embarcar, y durante todo el vuelo. Recuerda, no te escapes del miedo; míralo de frente con tranquilidad mientras eres consciente de la conciencia pura. La paz, la quietud u otra manifestación de tu eumoción irá creciendo en tu conciencia, y la ansiedad y el miedo desaparecerán.

Y si te mareas durante el vuelo, el QE te será también de ayuda. Puede que al principio sientas durante unos minutos que las náuseas aumentan; pero estate tranquilo, pues es señal de que se está produciendo la curación, y pronto las podrás controlar con solo ser consciente.

Cuando viajes en coche, el QE puede procurarte un verdadero bienestar. Yo rara vez escucho la radio mientras conduzco. Me encanta el silencio, y la conciencia pura me parece una acompañante cordial y comprensiva. Ni una sola vez me ha dicho que corro demasiado o que acabo de pasar de largo un magnífico sitio donde aparcar, como una esposa que conozco (no me refiero a ti, cariño. Estaba pensando en otra esposa que hace eso). Acostúmbrate a conducir consciente. Una vez que rompas el hábito del «necesito que suene algo» y apagues la radio, te encantará la plenitud del silencio que te rodea.

Y hablando de sitios donde aparcar, prueba con el QE cuando estés buscando aparcamiento o te encuentres en medio de un atasco. Simplemente, ten con naturalidad la intención de encontrar un hueco vacío o de que el tráfico se doblegue a tu intención, y luego olvídate de ello. La mayoría de las veces, te sorprenderá lo bien que la eumoción te resuelve las cosas.

Cómo ayudar a otros

Cuando conoces el Quantum Entrainment, ayudar a viajar a otras personas les facilitará las cosas a ellas y hará que tú disfrutes más. Desde luego, tendrás que estar pendiente, si quieres encontrar excusas para ponerte la capa y las medias de Hombre o Mujer QE y hacer tu aparición de salvador. Los problemas más frecuentes con los que puedes encontrarte en un aeropuerto son el cansancio, la irritabilidad y la prisa enfermiza. Si ves alguno de estos casos, puedes ayudar a los viajeros aplicándoles el QE a distancia, y si se trata de miembros de tu familia o amigos, puedes usar esta modalidad o bien tocarlos levemente. ¿Qué pasa, los niños empiezan a impacientarse? ¡El QE es la respuesta! ¿Necesitas ir al lavabo pero no puedes moverte de tu asiento? ¡QE! ¿Tienes hambre, te aburres o estás mareado? ¡QE, QE y QE! Piensa en QE primero, y luego en todo lo demás. El Quantum Entrainment es siempre una ayuda, nunca perjudica a nadie ¡y nos hace sentirnos tan bien...!

Capítulo 48

Superar los miedos

¿Te da miedo volar, cruzar un puente o incluso salir de casa porque padeces agorafobia? En ese caso, antes de subir a un avión, de cruzar un puente o de salir de casa, siéntate, cierra los ojos y practica el QE entre diez y quince minutos. Durante ese tiempo, deja que tu mente imagine eso que estás a punto de hacer. Déjala que se adelante en el tiempo unos segundos, y luego regresa a tu eumoción. Haz esto unos segundos cada minuto, aproximadamente, mientras dura la sesión de QE. Una vez que estés llevando a cabo la actividad en cuestión, párate de vez en cuando y toma conciencia de la eumoción. Si estás de viaje, es mejor que recurras a sesiones frecuentes y cortas que unas pocas sesiones largas, pero el QE funcionará en ambos casos. Si la fobia que tienes es muy fuerte, haz unos cuantos ensayos antes de realizar el acto real. Y algo importante: no estés constantemente comprobando si el miedo ha disminuido; en lugar de eso, disfruta de la eumoción y acepta lo que quiera que ocurra.

En un taller de Quantum Entrainment que impartí en Alemania, conocí a una mujer que había hecho un viaje desde Asia para asistir a él. No es que esto en sí mismo sea inusual; en nuestros talleres suele participar una estimulante variedad de gente de todo el mundo, pero su caso era distinto.

Esa mujer me dijo que había sufrido de agorafobia aguda. No podía ni salir de su casa. Le bastaba incluso con acercarse a la puerta de la calle –la abertura al mundo exterior– para que el miedo la inmovilizara. La asaltaban entonces unos temblores terribles, se le revolvía el estómago y sufría un repentino ataque de diarrea.

Cuando leyó mi libro *El secreto de la vida cuántica*, aprendió el Quantum Entrainment y empezó a practicarlo, y se dio cuenta de que podía acercarse a la puerta de la calle sin experimentar los síntomas habituales. Pronto fue capaz de abrir la puerta, y un día al fin, después de muchos años de reclusión, cruzó el umbral y salió al mundo. Siguió practicando el QE y aventurándose cada vez más lejos de casa y durante períodos más largos. Cuando supo que en Europa se estaban impartiendo talleres de QE, compró un billete para Hamburgo..., y el resto ya lo sabes.

No existe ninguna desarmonía que, en última instancia, pueda eclipsar tu conciencia de la eumoción. La armonía de la eumoción acaba por impregnarlo todo, así que, con tiempo, paciencia y práctica, puedes superar incluso el más terrible e intimidador de los obstáculos con QE, sesión a sesión.

Capítulo 49

Conducir

La mayoría conducimos sin ser conscientes de lo que hacemos, ¿no es verdad? Solemos tener la mente en otra parte mientras nos ocupamos del proceso mecánico de conducir un coche. La radio suena de fondo, y la mente vaga sin rumbo, pasando de un asunto a otro. Cuando llegamos a nuestro destino, apenas hemos sido conscientes de haber estado conduciendo y la mayor parte de las veces ni siquiera nos acordamos de en qué hemos estado pensando; o también cabe la posibilidad de que el tráfico estuviera imposible y lleguemos cansados y enfadados. Pero hay otra forma de conducir que ofrece una experiencia mucho más grata. El QE en la carretera no solo nos hace estar más conscientes de nuestros actos, sino que añade un mayor placer al gozo de conducir.

La próxima vez que te montes en el coche, apaga la radio y escucha la quietud. En esa quietud, encuentra tu eumoción. Cuando empieces a conducir, observa la carretera y los demás coches como si emergieran de la quietud de la eumoción. Mientras estás atento a la carretera, toma conciencia de tus manos apoyadas en el volante; siente cómo los músculos se contraen y relajan cuando haces un giro. Encuentra tu eumoción. No tengas la mente puesta en llegar a tu destino. Sal con tiempo y conduce por el carril derecho de la autopista, disfrutando del viaje y de tu eumoción. Te quedarás asombrado cuando veas que has llegado casi a la misma hora que si hubieras hecho el viaje a toda velocidad sorteando todos los vehículos de la carretera. Conducir con el QE te llevará a tu destino descansado y en paz.

Conducir en medio de un tráfico imposible

Viajar supone siempre cierto esfuerzo, y a veces puede ser completamente traumático. Voy a darte un par de ideas sobre cómo aplicar el QE si alguna vez te encuentras en medio de un atasco.

Cuando veas que empiezas a ponerte nervioso, hazte consciente de la eumoción. Es posible que pierdas conciencia de ella de inmediato, pero eso pronto pasará y podrás volver al cabo de unos instantes. No intentes aferrarte a ella, simplemente espera a que regrese. Sigue haciéndolo, y te darás cuenta de que la crispación pronto se va suavizando.

Avanzar a trompicones en medio de una caravana, los desvíos y otros contratiempos similares suponen un importante reto. Cuando veas que el tiempo avanza pero tú no, el QE puede serte de ayuda. Encuentra tu eumoción y ten un pensamiento rápido, algo como «llegar a la hora», «encontrar la carretera despejada» o «hacer un viaje agradable». Ahora, relájate y disfruta. No estés pendiente de si se produce algún cambio, ya que eso tendrá el efecto opuesto; simplemente deja que las fuerzas invisibles se encarguen de la conducción.

¿Estás buscando un sitio donde aparcar? Lo mismo: ten un pensamiento fugaz sobre el hueco que buscas, escucha con atención y luego suéltate de él. Ese es el secreto del éxito: tener un pensamiento, y a continuación relajarse y disfrutar. ¿Te cuesta hacerlo? En ese caso, recurre al QE para la desarmonía emocional.

Capítulo 50

Cómo enseñar a nuestros hijos

La mente del niño se inclina hacia la eumoción con sencillez, como lo más natural. Sin embargo, esto empieza a ser menos evidente a medida que crece y va recibiendo la influencia de sus padres, sus profesores e incluso sus compañeros, obsesionados todos con el control. Al ir haciéndose mayor, el niño renuncia a la completa indefensión y libertad de la infancia a cambio de la capacidad de manejar y organizar las cosas y a las personas de su entorno. Tiene que aprender a vivir dentro de los límites que se le imponen, y este desarrollo es bueno y necesario, puesto que todo ser humano ha de aprender a depender solo de sí mismo para poder llegar a depender solo de su Ser. Es necesario rendirse a la presión de los adultos; no es ese el problema. El problema es que, una vez que hemos aprendido a tener control sobre nuestras vidas, debemos reclamar a continuación la alegría de la niñez que hemos perdido por el camino, y que no es sino la espontánea y natural conciencia de nuestra eumoción.

Un niño abandonado a su suerte perecerá; tiene que aprender a sobrevivir. Pero una vez que haya aprendido a hacerlo y sea un adulto, para completar el ciclo de la vida debe retornar al ámbito mágico de la niñez y reunirse con su Ser. De ese modo, las dos mitades se completan –por un lado, el niño interior ha madurado y, por otro, el adulto recupera la inocencia y alegría de la infancia–, y la suma total es la libertad expresada sin límites, en la que está contenido lo mejor de los dos mundos. En esencia, contra lo que se suele decir, podemos tenerlo todo.

Nos equivocamos si creemos que, por el hecho de ser adultos, hemos terminado de madurar. Lo que denominamos «edad adulta» es más bien una extensión de la adolescencia. Han sido los adultos de este mundo los que, bienintencionadamente o no, nos han conducido a este precipicio en el que nos encontramos contemplando el insidioso derrumbe de innumerables culturas y la ruina de nuestra propia humanidad. Tenemos una capacidad de amor ilimitada y una inteligencia infinita, y sin embargo rara vez se expresan. Ya sea por ignorancia o por dejadez, la mayoría de los adultos no retornan a abrazar la pureza de su infancia.

Este es el segundo crimen, por orden de gravedad, que puede cometer un adulto. El primero es mantener a nuestros hijos en la ignorancia del Ser. Todos los males de la humanidad –y quiero decir *todos* nuestros males– se desvanecerían en una sola generación si nuestros hijos aprendieran simplemente a ser un día adultos libres, plenamente conscientes de su esencia, establecidos en los brazos protectores de la eumoción.

Yo te ofrezco ahora esa oportunidad. Enséñales a tus hijos –a todos los niños– las sencillas reglas de la conciencia del Ser. Recuérdales continuamente las alegrías básicas que hay en torno a ellos, el esplendor atemporal de su eumoción. Dales la oportunidad de ser libres en este momento y la opción de conservar esa libertad en la edad adulta. Permíteles aprender que su Ser es la permanencia que permea todos los cambios. Hazles el mayor regalo que podrían recibir, y luego retírate y contempla cómo la paz desciende sosegadamente sobre la Tierra.

QE para niños

La edad a la que un niño puede aprender Quantum Entrainment depende de cada caso concreto. Decidir en qué momento comenzar a enseñarle a volverse hacia su interior dependerá de su temperamento, sus cualidades, su experiencia de vida y su madurez emocional. Puedes empezar a prepararle en cuanto sea capaz de identificar sus sentimientos. Si es muy pequeño, quizá tengas que ayudarle a diferenciar entre los sentimientos positivos y los negativos antes de iniciarle en el QE, lo cual puede serles especialmente útil a los varones, a los que quizá su cultura anime a reprimir las emociones en preparación para ser hombres hechos y derechos. Una vez que tu hijo sepa lo que siente, está listo para aprender QE.

De la misma manera que tú aprendiste a seguir el curso de tus pensamientos y entrar así en el nivel silencioso de tu mente, has de guiar a tu hijo paso a paso para que aprecie conscientemente su expresión individual de la silenciosa dicha de la eumoción, que es su esencia más íntima. Se trata de hacer que el niño vuelva la atención hacia su interior durante breves períodos de tiempo. Es muy positivo alentar su percepción consciente mientras juega o desempeña las actividades cotidianas a fin de que aprenda a identificar al instante lo que siente en cualquier momento. Dependiendo de cómo sea tu hijo, esto puede llevarle algo de tiempo, así que no tengas prisa; el simple proceso de tomar conciencia de su cuerpo o de sus pensamientos y emociones le dará gran estabilidad y pronto desembocará en la eumoción.

Realiza alguna actividad que provoque en él una reacción positiva –de alegría, entusiasmo, risa...–. Podría tratarse de una actividad tranquila en la que le guste que participes, como sentarte con él a leer un cuento o jugar a algo, enseñarle a ser consciente de su cuerpo y de cómo funciona o sencillamente mantener una conversación interactiva suave. Leer en voz alta un cuento como *La dulce Martina y el viejo ogro malo*, con sus vívidas ilustraciones, ofrece un amplio abanico de interacciones personales y emociones que, a la vez que despiertan su interés, le facilitan el acceso a su mundo interior (el DVD y el CD en inglés de este cuento se pueden adquirir a través de la página web www.KinslowSystem.com, y también puede leerse traducido, aunque sin ilustraciones, en mi libro *El secreto de la vida cuántica*).

Lo mejor es empezar por algo que al niño le resulte familiar a nivel sensorial y avanzar hacia su interior a partir de ahí. Digamos, por ejemplo, que estás sentada en el suelo con tu hija y le pides que alargue el brazo y se mire la mano. Con suavidad, recorre con tus dedos una y otra vez la palma de su manita y pregúntale qué siente. Quizá te diga que le hace cosquillas, y se ría. Pregúntale luego cómo la hace esto sentirse por dentro. Tal vez responda: «Contenta», y se dibuje en su cara una ancha sonrisa. Con delicadeza, has trasladado su percepción consciente del exterior al interior, y ahora está preparada para tomar conciencia de niveles de su mente más profundos y silenciosos, así como de la completa quietud de la eumoción.

Es más fácil empezar por emociones tranquilas, como la felicidad o el amor. Una vez que el niño sienta una emoción positiva, pídele que la describa. Luego, dile que la observe o la sienta, muy quieto para ver qué ocurre. Esta es una parte sutil e importante del proceso de aprendizaje del QE: observar el sentimiento y estar atento a lo que hará a continuación. Puedes decirle que él es el gato y la emoción es el ratón, y que tiene que vigilarlo atentamente para ver cuál es su siguiente movimiento. Como tuviste ocasión de experimentar tú mismo cuando estabas aprendiendo, es la atención silenciosa la que descubre la eumoción. Tu hijo pronto aprenderá a aquietar el cuerpo y la mente.

Practícalo durante diez segundos como mucho, ya que la mente del niño estará interesada en divagar. Luego, después de conversar brevemente con él, haz que vuelva a tomar conciencia de su sentimiento de bienestar. Hazle darse cuenta de que, cuando observa atentamente ese sentimiento, empieza a sentirse más tranquilo o más contento. Su percepción consciente se va así refinando, y comienza a pasar de una emoción a una quietud y una paz más profundas y estables, expresiones de la eumoción.

Dile seguidamente: «¿Te das cuenta de que cuando observas muy quieto ese sentimiento bueno te hace sentirte tranquilo y contento por dentro?».

Pídele después que observe esa felicidad, esa quietud, esa paz o cualquiera que sea su eumoción en ese momento y, a continuación, describa lo que sucede. Quizá te hable de lo que está pensando o sintiendo, o te cuente un cuento. Déjale que hable un rato, y luego haz que se detenga y pregúntale si sigue percibiendo su sentimiento bueno. ¡Lo más probable es que te diga que sí!

Pídele que vuelva a observar ese sentimiento y hazle darse cuenta de lo feliz que le hace. Dile entonces que este es su «sitio feliz», su sitio secreto, al que puede ir siempre que quiera; dile que, cuando esté cansado, enfadado o asustado, puede ir a ese lugar, que siempre le estará esperando como un buen amigo.

Al principio, cuida de que las sesiones de aprendizaje sean cortas, de unos minutos como mucho. Muy pronto, bastará con que le recuerdes: «Ve a tu sitio feliz» para que tome conciencia de su eumoción con naturalidad. Al cabo de un tiempo, se dará cuenta de que su sitio feliz está a su disposición cada vez que quiera acceder a él. Es una dicha que llevará consigo el resto de su vida y, como adulto que vive en contacto con el amor, lo compartirá con el resto del mundo hambriento de eumoción.

Te recomiendo que te sientes con tus hijos durante uno o dos minutos varias veces al día mientras entran tranquilamente en su sitio feliz. Si empiezan a hablar, deja que terminen y luego recuérdales que vuelvan a su sitio feliz para ver lo que está sucediendo, y que estén muy atentos a cualquier cambio que se produzca. Muy pronto, irán a su sitio feliz ellos solos, o lo harán con sencillez cuando se lo recuerdes. Es preferible que no cierren los ojos, pues esto les ayudará a reconocer su eumoción incluso mientras juegan o interactúan con los demás.

A medida que vayan haciéndose mayores, pueden realizar sesiones de QE más prolongadas, pero, en general, es más beneficioso que sean sesiones cortas y más frecuentes. Con el tiempo, cuando hayan cumplido diez u once años y sus cuerpos y sus mentes hayan madurado un poco, pueden cerrar los ojos y explorar las silenciosas profundidades de su mente; será una meditación perfecta, sin que necesiten aprender nada. Pueden practicar el Quantum Entrainment con los ojos cerrados una o dos veces al día. Como norma, es una buena idea que lo hagan durante tantos minutos como años tengan. Por ejemplo, un niño de doce años efectuaría el QE con los ojos cerrados durante doce minutos una o dos veces al día. Aparte de esto, pueden ir a su sitio feliz y quedarse en él todo lo que quieran con los ojos abiertos.

Enseñar a los niños la existencia de su sitio feliz y cómo llegar a él es la herramienta más importante que puedes darles. Verás relucir en sus rostros el brillo de su luz interior y encontrarás reflejada en sus ojos la admiración y el asombro ante los misterios de la vida. Cuando sean hombres y mujeres adultos, palpitará en ellos esa dicha, que inspirará a otros adultos a encontrar también su sitio feliz.

Será el florecer de la más preciosa semilla, que con amor sembraste en el corazón de tu hijo muchos años atrás.

Capítulo 51

Cómo ayudar a nuestros hijos a eliminar el estrés

La fragilidad emocional y física y el delicado sistema nervioso de los niños acusan de inmediato los efectos de una situación estresante. El niño depende por completo de sus padres y otros adultos para obtener protección, cariño y sustento, y el QE les ayuda a proporcionárselos.

- Un sueño profundo y regular es esencial para el equilibrio físico y emocional del niño. Dos minutos de QE antes de que se duerma eliminan cualquier preocupación relacionada con los asuntos del día y preparan el cuerpo-mente para un sueño profundo y reparador. Si tu hijo suele tener pesadillas o miedo a que pueda haber monstruos escondidos bajo la cama, el QE disolverá sus miedos y le enseñará que su «sitio feliz» es más fuerte que ningún monstruo.

- Un niño físicamente agotado responde de inmediato a la presencia tranquilizadora y reconfortante de la conciencia del Ser.
- Los niños tienen dificultad para encontrar su centro, por eso les afecta tanto cualquier alteración de la rutina cotidiana y el hecho de que las cosas no vayan como ellos esperan. El QE equilibra rápidamente sus emociones, mostrándoles además que la estabilidad externa proviene del «sitio feliz» que hay en su interior.
- Enséñales a tus hijos a encontrar su «sitio feliz» y a que practiquen el QE ellos solos. Asegúrate de que la siguiente generación tiene el mejor comienzo, en un mundo de inmensos desafíos.

Capítulo 52

Por amor a nuestras mascotas

Nuestra mascota es un miembro más de la familia, un miembro que hemos adoptado y que depende de nosotros, en diverso grado, para satisfacer su necesidad de alimento, cobijo, etcétera. Pero una mascota es más que una posesión. Nuestra atención y afecto la pone contenta. Juzgados según criterios humanos, los animales con los que convivimos son extraordinariamente sensibles, de ahí que nuestra cordialidad sea tan vital para ellos como la luz del sol. Y la eumoción, el resultado de la profunda paz que genera el QE, es el sol más puro que les podemos ofrecer.

Los seres humanos tienen la capacidad de entablar con los animales relaciones profundamente gratificantes, vínculos con frecuencia más fuertes que con sus semejantes. Es casi como si el ser humano y su mascota estuvieran hechos el uno para el otro. De hecho, yo creo que es así, pues los animales nos devuelven un reflejo de pureza e inocencia; son una especie de diapasón espiritual que nos ayuda a vibrar a un nivel más elevado, en un ámbito de más amor... y nosotros, a cambio, avivamos en ellos una mayor conciencia.

El Quantum Entrainment se aplica a los animales del mismo modo que a los humanos. Los más diversos animales del mundo entero, desde caballos hasta sapos, se han curado de sus dolencias –de tumores y artritis a trastornos del comportamiento o una uña encarnada– con sesiones de QE. Tanto directamente como a distancia, el QE le reportará un profundo beneficio a tu mascota. Y no recurras a esta técnica solo en casos de necesidad. Puedes hacer una sesión rápida, de cinco segundos, cada vez que acaricies a tu animal o lo mires a los ojos, y reservar las sesiones de entre dos y cinco minutos para esos momentos en que disfrutáis de un modo más patente de vuestro vínculo de amistad. Realiza el QE antes de los paseos o del adiestramiento y cuando le das de comer. Contempla la eumoción como el terreno común entre especies, un ámbito en el que tu querido compañero y tú podéis encontraros con total inocencia, júbilo y amor.

Capítulo 53

El mal tiempo

Cuando se trata de la meteorología, todos sabemos que, por mucho que hablemos y nos quejemos, no podemos hacer nada. Pocas cosas nos hacen sentirnos tan impotentes como la imposibilidad de controlar el tiempo atmosférico. La simple mención de ello da risa. ¿Controlarlo? ¡Si casi no somos capaces ni de predecir el tiempo que hará mañana! Tradicionalmente, los pueblos indígenas han intentado ejercer control sobre él con oraciones, cánticos y ceremonias, obteniendo resultados limitados. El ser humano industrializado ni siquiera lo intenta; se considera ya más que afortunado si se ha acordado de llevarse el paraguas.

Aunque he recibido muchas cartas de practicantes del QE que, para su asombro absoluto, aseguran haber detenido en cierto momento la lluvia y el viento, conseguido que la temperatura subiera o bajara y aquietado el mar tempestuoso, yo no conozco a nadie que lo haga de forma continuada. Sería un campo de investigación interesante. Pero aunque no niego que quepa la posibilidad de controlar el tiempo atmosférico con el QE, creo que sería preferible centrar nuestra atención en lo que sin duda podemos controlar al instante, que es nuestra reacción a las inclemencias del tiempo.

Cuando estamos expuestos a un clima extremo, nuestro cuerpo ha de realizar un sobreesfuerzo para mantener la homeostasis. Si tienes calor, frío o estás deshidratado, tu cuerpo hará lo imposible por mantenerte dentro de los parámetros fisiológicos normales que te permitan seguir viviendo. Cuando practicas el QE, no es necesario que entiendas lo que tu organismo hace en esos momentos. Tú introduces en él armonía y sanación desde el nivel de funcionamiento más refinado de tu mente, y esto hace que los pulmones expulsen las toxinas y oxigenen la sangre, y que el corazón bombee esa sangre con precisión absoluta irrigando todos los sistemas y aparatos corporales. Esto significa que el QE le ofrece al cuerpo la mejor oportunidad de adaptarse a los cambios climáticos extremos.

¡Pero eso no es todo! El QE extinguirá los efectos negativos que el mal tiempo tenga sobre tu mente. Es, por ejemplo, uno de los mejores tratamientos para los síntomas depresivos del trastorno afectivo estacional (TAE), resultado de la falta de luz solar.

Capítulo 54

Agua pura y plantas sanas

Se sabe desde hace mucho que nuestros pensamientos y emociones tienen un marcado efecto sobre el entorno. La física cuántica nos dice que el medio ambiente es un reflejo de nuestros pensamientos y emociones, y numerosos estudios sólidamente fundamentados muestran que tanto los pensamientos positivos como los negativos afectan íntimamente al crecimiento de las plantas e incluso a la estructura molecular del agua. Así que fíjate en lo importante que es lo que pensamos. Vayamos adonde vayamos, da igual a qué parte del mundo, veremos que la mayoría de la gente está atrapada en la interminable red de la conciencia común, o, lo que es lo mismo, sumida en una dinámica de pensamiento descentrada, frágil y dispersa. Lo opuesto de la conciencia común es la que aflora de la práctica del QE: una conciencia que entra en contacto con el pensamiento allí donde este se concibe, en las profundidades de la mente, y no en el nivel superficial. Los pensamientos que surgen de esta conciencia, que es la conciencia del Ser, son fuertes, vibrantes y armonizadores.

Es el pensar inarmónico, propio de la conciencia común, el responsable de la contaminación de las aguas y el envenenamiento de las plantas, y basta un poco de conciencia del Ser para neutralizar el daño que se ha hecho. Esto es lo que debes hacer para depurar el agua y para lograr que las plantas prosperen:

> *Si es posible, toca la planta o retén un poco de agua en las manos. Si no, mira o imagina el bosque o la masa de agua. Por ejemplo, quizá vivas en Europa, pero puedes imaginar la quema masiva de la selva amazónica. Toca la planta o el agua con la mano, o visualiza mentalmente la imagen, y toma conciencia de todo lo que puedas percibir. Hazlo durante unos treinta segundos. Ahora, consciente de tu eumoción, crea una intención del QE. Mientras eres consciente de la eumoción, deja que tu conciencia vuelva con naturalidad a tu percepción del agua o de la planta. Hazlo de tres a cinco minutos, o todo el tiempo que quieras.*

Si tienes alguna manera de comprobar la reacción de la planta o del agua después de la sesión, quizá te parezca interesante hacer una prueba de evaluación previa y posterior a la sesión de QE; si no, dependerás de la retroinformación que te den tus sentidos: el gusto, el olfato y la vista. A veces se producen cambios evidentes y espectaculares en muy poco tiempo. Tengo un papayo que, una semana después de trasplantarlo, seguía en estado de shock. Se le habían marchitado las hojas e iban cayendo al suelo. Lo toqué con delicadeza y le apliqué un par de minutos de QE. Veinte minutos después, las hojas que le quedaban eran de un verde más intenso y se habían vuelto, orgullosas, hacia el sol. También es fácil notar cómo cambia el sabor del agua.

El potencial de purificación es inmenso, pero sé sensato: no ingieras plantas o agua contaminadas ni siquiera después de aplicarles el QE a menos que puedas verificar con toda certeza que hacerlo no supone ningún riesgo. El QE para depurar el medio ambiente tiene un efecto purificador inmediato, tanto en el medio como en las mentes de quienes causaron el problema.

Capítulo 55

Insectos y otras plagas

Los seres humanos civilizados hemos conseguido aislarnos de la naturaleza y, al hacerlo, hemos perdido en buena medida la inmunidad natural a la acción de los insectos y otras plagas.

Tanto si un buen día te encuentras viviendo en la calle como si simplemente sales de acampada un fin de semana, el QE te puede ayudar a vencer el enfado, o incluso el peligro, provocado por... ¡cualquier cosa!, desde una picadura de insecto hasta una mordedura de serpiente. (Puedes consultar también la sección referida al dolor agudo en el capítulo 46.)

Si te pica un insecto, por ejemplo un mosquito o una avispa, realiza el QE de inmediato. Al principio, es posible que la picazón o el dolor se intensifiquen por un momento; es señal de que la curación se está llevando a cabo. Poco después, el dolor o el picor remitirán a medida que el cuerpo empieza a funcionar con más eficiencia y se neutralizan las toxinas. Si eres alérgico al veneno de abeja o de avispa, tienes que empezar el QE al instante, y de forma continua mientras se te trata la picadura. La disminución de gases en la sangre, el aumento del gasto cardíaco y la dilatación capilar, acompañados de una atenuación del miedo y la ansiedad, ayudan al cuerpo a neutralizar el veneno y a paliar los síntomas del shock anafiláctico. Debe seguirse el mismo procedimiento en caso de mordedura de serpiente o de otros animales.

Puedes utilizar el proceso del Quantum Entrainment incluso para eliminar de tu casa cualquier plaga. Si has sufrido una invasión de hormigas, termitas o cualquier otro insecto o roedor, aplícalo una o dos veces al día con el tranquilo pensamiento de fondo de que los invasores se vayan. Si tienes la mala suerte de convertirte en plato principal de un festín para mosquitos, realízalo con la idea de que no te piquen. Mucha gente ha conseguido librarse así de plagas que invadían su casa o que significaban una agresión a sus cuerpos. Yo soy lo que mis amigos llaman «un imán de insectos»; me llevan con ellos de acampada no porque les deslumbre mi personalidad, sino porque los bichos se ceban conmigo y a mis «amigos» les dejan disfrutar a sus anchas de estar sentados al aire libre. En lo que a mí respecta, el QE me ha ayudado solo ligeramente a mantener a los parásitos a raya, pero ha sido una gran ayuda para aliviar la picazón derivada de las picaduras de mosquitos y otros insectos.

Capítulo 56

Paz instantánea: observar al observador

La vida cotidiana puede ser ajetreada y perturbadora. En el momento más inesperado, puede ocurrir cualquier cosa que te desorganice la vida entera y te provoque un sentimiento de intranquilidad y desarmonía. Ocurra lo que ocurra, tienes que encontrar una manera de tomar conciencia de la eumoción rápidamente incluso en las circunstancias más catastróficas. Voy a explicarte un proceso de tres pasos, verdaderamente efectivo, con el que conseguirás justo eso:

> *Mientras realizas cualquier actividad, sé consciente de lo que estás haciendo; estate atento a la actividad que va desarrollándose ante ti. A continuación, toma conciencia de que estás observándote observar esa actividad. Se trata del «observador del observador», una conciencia expandida que te vigila mientras tú vigilas lo que haces. A*

continuación hazte consciente de lo que sientes cuando observas al observador: quietud, paz, asombro, alegría, dicha. Esta es tu eumoción, que espera a que la descubras en la conciencia expandida de observar al observador.

Observar al observador es una enseñanza espiritual muy común, pero puedes hacer que la experiencia sea muchísimo más profunda si tomas conciencia de la eumoción. La mente pronto se aburre de ser consciente del observador indiferenciado; pero cuando tomas conciencia de tu eumoción en el observador del observador, la eumoción ilumina el alma y aviva la mente. Es el paso final y necesario que abre de par en par tu conciencia a la alegría inefable de ser plenamente humano.

Capítulo 57

Trabajar en grupo a favor de la paz mundial

Es un error pensar que solo si cientos de miles de personas resueltas protestan activamente y practican la paz, se hará realidad la paz mundial. De hecho, nada más lejos de la realidad. Es muy evidente que el mundo no está ni un ápice más cerca de la paz, a pesar de los esfuerzos concertados de millones de personas bienintencionadas a lo largo de los últimos cien años. La paz mundial nunca se logrará solo con la acción externa; necesita contar, en primer lugar, con el apoyo de la paz interior, y aquí es donde entra el QE.

Gracias a un fenómeno natural denominado «efecto n^2», basta con que la raíz cuadrada del uno por ciento de una población –ya sea de fotones o de seres humanos– vibre de determinada manera para que se produzca un cambio espontáneo y el caos se transforme en coherencia. En la década de 1970, el hecho quedó demostrado de un modo espectacular cuando un grupo de meditación trascendental logró reducir el índice de criminalidad entre un catorce y un veintidós por ciento en las ciudades más importantes de Estados Unidos, para lo cual fue suficiente con que el número necesario de meditadores experimentara a diario paz interior en cada una de esas ciudades. No es preciso entender de ciencia para conseguir la paz mundial; es mucho más sencillo.

Basta con que poco más de ocho mil personas practiquen Quantum Entrainment al mismo tiempo para vencer el caos del mundo y sustituirlo por una forma de vida menos demoledora y más productiva. ¿Qué podría esperarse de un planeta lleno de paz, más coherente? Un mundo fundamentado en el QE alentará la expresión armoniosa individual dentro del grupo, es decir, que las necesidades, deseos y esperanzas individuales apoyarán las necesidades, deseos y esperanzas del grupo y recibirán apoyo de él: de la unidad familiar, la ciudad, la región y el país. ¿Qué puedes hacer para inclinar la balanza a favor de la paz mundial? Me alegro de que lo preguntes...

- Practica el QE cada hora a la hora en punto. Da igual que lo hagas durante un segundo o un minuto; al inicio de cada hora del día, deja que tu mente saboree con naturalidad la paz de la eumoción. Lo estarás haciendo junto con otros miles de practicantes de QE de todo el mundo, y en unos días te quedarás asombrado de los cambios que se producirán en tu propia vida.
- Hazte miembro del foro del QE, donde encontrarás a personas afines a ti. En él podrás

compartir ideas y sesiones de sanación y unirte a un grupo de QE en favor de la paz mundial. Puedes acceder al foro en www.KinslowSystem.com.

- Practica el QE para ti mismo y para otras personas tan a menudo como quieras. La fuerza más potente para lograr la paz mundial es tu paz interior. Tu armonía individual se añadirá a la de miles de individuos del mundo entero y, sin más esfuerzo que ese, la paz mundial se hará realidad.

Cómo celebrar una sesión de QE de grupo por la paz mundial

Hay muchas maneras de realizar una sesión de QE a favor de la paz. Puedes dejar que tu imaginación haga de guía, y disfrutar muchísimo en el proceso. Voy a explicarte el perfil básico.

Empieza por pedirles a los participantes que se sienten en círculo mirándose unos a otros. El iniciador es también el cronometrador. Siguiendo el sentido de las agujas del reloj, cada persona expresará un deseo profundo con una palabra o una frase. Si, por ejemplo, uno de los miembros quisiera curarse de una enfermedad grave para poder vivir libre de dolor y preocupación, podría decir simplemente: «Salud y felicidad». Una vez que todos los participantes tengan en mente una palabra o una frase en las que esté contenido su deseo, estáis listos para empezar.

- Sentaos en círculo, unos enfrente de otros.
- El iniciador le pide a la persona sentada a su izquierda que exprese una palabra o una frase que

representese su deseo individual. Todos los participantes miran entonces a esa persona.

- Una vez expresado el deseo, todo el mundo cierra los ojos y practica el QE durante el tiempo predeterminado. Unos dos minutos es lo más apropiado, pero los grupos pequeños pueden llegar a cinco o diez minutos si lo desean, y los grandes quizá tengan que contentarse con uno.
- Cuando el tiempo se cumple, el iniciador/cronometrador dice: «Siguiente».
- Todo el mundo abre los ojos (obligatoriamente) y, siguiendo el sentido de las agujas del reloj, mira a la siguiente persona del grupo. Una vez que todos los participantes han abierto los ojos, esa persona expresa su deseo con una palabra o una frase, y el ciclo se repite hasta que el iniciador –el último en hablar– ha manifestado su deseo.
- Cuando se ha cumplido el tiempo dedicado al deseo del iniciador, él mismo dice: «Siguiente». Presenta entonces el deseo del grupo, la paz mundial, y los participantes realizan el QE por última vez.

Capítulo 58

Cómo organizar un grupo de práctica del QE

El Quantum Entrainment siempre resulta más divertido y mucho más eficaz cuando se hace en grupo. ¿Recuerdas lo que te decía sobre el efecto n^2? Los resultados se multiplicarán de acuerdo con el número de personas junto a las que lo practiques. Y no solo eso, sino que las relaciones de amistad que se entablan entre los miembros de un grupo de práctica de QE suelen ser inusualmente fuertes, pues se establecen en el nivel más profundo en que puede darse la interacción humana, aquel que todas las diferencias se disuelven: el nivel de la eumoción.

Esta es tu guía para vivir plenamente en ambos lados de la vida: el interno y el externo. Si haces caso de las sugerencias y pones en práctica las técnicas que se describen en estas páginas, ten por seguro que disfrutarás de la vida al máximo, pues vivirás desde una profundidad insondable.

Te he presentado conceptos revolucionarios y prácticas muy potentes de un modo suave, claro y funcional. Has aprendido a despejar tu mente de todo pensamiento en cuestión de segundos, a aplicar la técnica de triangulación del QE y a ofrecer una curación rápida y profunda en unos minutos, y sabes también cómo encontrar la eumoción, tu esencia más íntima y el eje alrededor del cual gira toda la creación. Has aprendido el Quantum Entrainment a distancia y lo puedes aplicar a la desarmonía física y emocional, a los problemas económicos, a las relaciones, al deporte, a los viajes, a las enfermedades crónicas y a la creatividad.

Dispones ahora de lo necesario para ejercer una influencia positiva sobre todos los aspectos de la vida moderna. Aprendiste a encontrar la quietud absoluta de la eumoción pura, y a crear en ella una intención del QE para lograr prosperidad exterior al tiempo que se desvelaba tu esencia más íntima, profunda y verdadera. Aprendiste incluso a enseñar a los niños a encontrar su «sitio feliz», que les garantiza una vida de paz y armonía, a ellos y a las siguientes generaciones.

Este libro es una guía práctica para la felicidad, la plenitud y la prosperidad. Es un juego de herramientas con las que construir puentes que te conduzcan a tus sueños. Pero aún hay más, pues todavía falta algo que acelerará increíblemente tu éxito..., algo que multiplicará exponencialmente tu práctica a la vez que añadirá alegría, camaradería y disfrute. ¿Y cuál es ese ingrediente que falta? Sencillamente este: un grupo de práctica de Quantum Entrainment, que te permitirá compartir esta experiencia con personas afines, ya sea presencialmente o a distancia. El grupo de práctica de QE es el medio más rápido y divertido de hacer realidad el mundo que te gustaría crear. Unirte a un grupo, o incluso organizar uno tú mismo, es un acontecimiento estimulante e inspirador que está al alcance de cualquiera. A continuación, te explico de lo que se trata exactamente y cómo puedes beneficiarte de ello.

¿Qué es un grupo de práctica del QE?

Un grupo de práctica del QE consiste en varias personas que se reúnen para practicar las diversas técnicas y aplicaciones del Quantum Entrainment. Son personas dinámicas, alegres y llenas de vida, y la presencia de esas mentes y corazones afines a los tuyos refleja y amplifica la sanación y la armonía. Es una oportunidad de conversar con otros sobre lo que has aprendido, de compartir con ellos tus experiencias y participar de las suyas. En pocas palabras, un grupo de práctica del QE es un viaje vertiginoso a ser plenamente humano.

¿Qué tamaño tiene un grupo de práctica del QE?

Bastan dos personas para formar un grupo, aunque, obviamente, cuanta más gente haya, mayor será la influencia del grupo en todos sus miembros. El efecto n^2 se hace más que evidente con que haya dos personas trabajando juntas, así que imagina hasta qué punto obtendrás beneficios si te unes a un grupo de cientos de miembros.

¿Se puede formar el grupo a distancia?

¡Claro que sí! Los grupos de práctica del QE a distancia abundan en estos momentos por lo prácticos que resultan. Conviene reunirse personalmente con otros practicantes del QE siempre que sea posible, ya que no hay nada como compartirlo en persona, pero los grupos que trabajan a distancia son igual de eficaces y, para muchos, la única manera de establecer contacto con los demás. Yo te sugiero que te hagas miembro de los dos, y cuadrupliques así tus beneficios. ¿Por qué limitarte?

¿Quién puede asistir a un grupo de práctica del QE?

Para unirse a un grupo, primero tienes que saber realizar el Quantum Entrainment. En un grupo de práctica del QE no se realiza enseñanza de ningún tipo, ya que está pensado para ocuparse de un modo práctico de este método y sus aplicaciones. Así que, por lo menos, tienes que haber aprendido y practicado por tu cuenta la técnica de triangulación del QE y el QE refinado. Si quieres aprender el QE en grupo, tienes que asistir a un taller, pero recuerda que no es necesario que aprendas en grupo.

Puedes aprenderlo estudiando las técnicas en este libro o en otros libros sobre el Quantum Entrainment, es decir, *La curación cuántica*, *El secreto de la vida cuántica* y *La eumoción*, o, si lo prefieres, escuchando los CD y viendo los DVD que puedes adquirir en la página del sistema Kinslow (www.KinslowSystem.com) y que son excelentes para este fin (encontrarás una lista detallada de libros, CD, DVD y otros productos sobre QE al final del libro). ¿Te das cuenta de lo fácil que te lo he puesto? Me he encargado de que no tengas el menor problema para aprender el QE tú solo. Lo único, asegúrate de que aprendes y practicas la técnica de triangulación del QE y el QE refinado antes de asistir a una práctica de grupo.

Cuando acudas a tu primera sesión de grupo, es importante que llegues con unos minutos de antelación, pues se te pedirá que realices la técnica básica de triangulación del QE a otro miembro para que demuestres que la has entendido. Si no la sabes hacer, se te pedirá que esperes hasta que la hayas aprendido para unirte al grupo. Así que, por favor, aprende y practica este sistema tan fácil antes de llegar.

Una vez que seas miembro de un grupo de práctica del QE, conviene que sigas leyendo sobre él y practicándolo entre sesiones de grupo. Te animo también a que disfrutes de los beneficios de practicar el Programa de 90 días de QE (encontrarás más información en el capítulo siguiente). Como verás, no se parece en nada a ningún régimen que hayas podido hacer en tu vida, a ninguna dieta, entrenamiento físico ni práctica de un instrumento musical. Para tener éxito en este programa, el único requisito es no hacer ningún esfuerzo. Ha de ser fluido y natural, y has de disfrutar siguiéndolo; de otro modo no funcionará.

¿Cuánto duran las sesiones de grupo?

Lo normal es que duren entre hora y media y dos horas, aunque también es frecuente que se hagan sesiones más cortas, a veces de tan solo diez minutos. No se recomiendan las sesiones de grupo que duren más de dos horas, a menos que haya circunstancias atenuantes. Son muchos los factores que determinan la duración de una reunión de grupo, como por ejemplo el número de personas, el lugar de reunión o la hora del día. Como te he indicado, la duración óptima es de entre hora y media y dos horas.

¿Quién puede organizar un grupo de práctica del QE?

Cualquiera que haya aprendido las técnicas de triangulación del QE y el QE refinado y las haya practicado con otra persona (y en persona) puede hacer de anfitrión de un grupo. Ahora bien, es muy importante tener presente que quien inicia un grupo de práctica no es un profesor, sino que su función se limita a organizar el grupo. No es una autoridad, puesto que no puede haber en un grupo de práctica del QE autoridad alguna; todos los miembros están en un plano de igualdad independientemente de cuántos libros hayan leído o del volumen de experiencia que hayan adquirido practicando el Quantum Entrainment. Se recomienda que el papel de anfitrión vaya rotando por turnos dentro del grupo, lo cual ayuda a que el centro de atención sea el grupo y no el anfitrión. Recuerda que en un grupo de práctica del QE no hay ninguna autoridad. Cuando yo asisto a una sesión de grupo, lo hago como participante, y la razón es que no hay ni profesores ni nada que enseñar en las sesiones de grupo; por eso se denominan sesiones de «práctica».

Probablemente convendría aclarar en este momento que Quantum Entrainment es una marca registrada a nivel internacional y hace referencia exclusivamente a la técnica del Quantum Entrainment, de la que soy el único profesor. Te cuento esto no para alardear de mi posición, sino para que tengas cuidado con cualquiera que se considere capacitado para enseñar QE, a ti o a quien sea. Nadie puede hacerlo. Aunque es fácil de aprender, quizá no lo parezca pero es muy difícil de enseñar. Invariablemente, cuando un impostor intenta enseñar QE, acaba por transmitir, junto con su enseñanza, impurezas pequeñas y a veces no tan pequeñas que pueden debilitar durante largo tiempo los efectos del QE e incluso crear daños a nivel físico y psicológico. Como mi profesor solía decir: «La seguridad es lo primero». ¿Por qué arriesgarte con un impostor cuando puedes acceder tan fácilmente y de forma tan segura a la enseñanza original?

Mi sueño es que el QE esté al alcance de cualquier persona de este mundo que quiera aprenderlo. He ofrecido el Quantum Entrainment, por una cuantía simbólica, en talleres, libros, diversos CD y DVD y seminarios web. Piénsalo. Puedes aprender directamente de mí, el descubridor y diseñador del QE, una técnica que puede eliminar el dolor y la desarmonía emocional en cuestión de minutos y dejar paso a la dicha de vivir plenamente consciente, mejorando de forma significativa la magnitud y calidad de tu vida por menos de quince euros. Formaré a otros profesores cuando llegue el momento, pero, hasta entonces, todo aquel que quiera aprender QE puede hacerlo con suma facilidad directamente de mí o a través de mis productos. Así que los grupos de práctica del QE solamente *practican*. Créeme, es ahí donde radica su poder.

En algunas ocasiones es posible que los miembros del grupo interpreten de manera diferente algún aspecto del QE durante una sesión conjunta. No hay por qué preocuparse. Sea lo que sea, no perdáis el tiempo discutiendo ni intentando encontrar la respuesta; no es necesario resolverlo durante la reunión. Dejad que la discrepancia siga en pie hasta la sesión siguiente, y entre una reunión y otra podéis encontrar la respuesta de diversas maneras:

- Lee directamente uno de mis libros o escucha la respuesta que doy en algún CD o DVD. Te sugiero que encuentres dos o tres referencias que ayuden a aclarar la cuestión.
- Consulta el apartado de preguntas frecuentes en el sitio web del QE o los vídeos de preguntas y respuestas en YouTube.
- Únete a uno de nuestros sitios web en redes sociales como Facebook o Twitter.
- Pregunta si es posible participar en un taller de Quantum Entrainment en línea.
- Envía tu pregunta a Info@KinslowSystem.com. Como contestamos personalmente a cada pregunta, es posible que tardes un poco en recibir nuestra respuesta sobre tu sesión de grupo, así que considera esta opción solo si no has conseguido hallar respuesta a tu pregunta de ninguna de las formas anteriores.

¿Qué materias se tratan en una sesión práctica de grupo?

En las sesiones de práctica del QE que se celebren en grupo, se practicarán y comentarán exclusivamente aquellas materias fundamentadas en el QE. Hay cientos de filosofías, sistemas y técnicas excelentes hoy en día y estoy convencido de que todos ellos reportan algún tipo de beneficio, pero el grupo de práctica del QE tiene interés en un solo sistema, el Quantum Entrainment, y su único objetivo es practicarlo. Durante la experiencia de grupo, disfrutamos del tiempo que le dedicamos, de ahí que nunca comentemos ni practiquemos otros sistemas.

Cuando se rompe esta regla, los miembros de los grupos de práctica del QE se sienten confundidos y frustrados; el grupo se dispersa rápidamente y se deshace, y los miembros pierden así la oportunidad de disfrutar de los beneficios del Quantum Entrainment y de integrarlos en sus vidas personales. Suelo sugerir que, si hay individuos que deseen comparar y contrastar el QE con otros sistemas, se reúnan en otro momento y lugar sin utilizar el grupo como respaldo. Durante la sesión, centraos en el tema que os ha traído a ella y respetad las pautas que indico a continuación; de ese modo evitaréis la confusión y el daño ocasional que pudieran derivarse de actuar de forma distinta. No me cansaré de repetir lo importante que es esto.

¿Cómo se organiza un grupo de práctica del QE?

Voy a enunciar unas pautas generales que deben seguirse en una sesión de práctica del QE en grupo. Respetad los tiempos que os sugiero y obtendréis el máximo beneficio de cada sesión.

1. Empezad con una sesión de cinco minutos de QE a distancia o dirigido a vosotros mismos.
2. Sesión de práctica (treinta minutos).
    - Leed una determinada técnica o experimento de un libro, escuchadlos en un CD o vedlos en un DVD de QE.
    - Seguid las instrucciones con exactitud.
    - Practicad el proceso (limitaos a una sola técnica o a un ejercicio experimental por sesión).

- Comentad las experiencias, resultados y testimonios (no entabléis conversaciones entre vosotros en este momento).

3. Sección de filosofía (de cinco a diez minutos). Escuchad en silencio algún fragmento interesante de un libro, CD o DVD. Fijaos en que digo «escuchad en silencio», ya que esto es fundamental. No hagáis comentarios durante esta sección dedicada a la filosofía; una persona lee, o atendéis a un CD o a un DVD, y todos los miembros escuchan en silencio hasta que termina el pasaje. A continuación, sin ningún comentario, pasáis a la siguiente sesión. Sé que no es la forma tradicional de actuar y puede parecer extraña, pero hacerlo de esta manera tendrá un impacto muy concentrado. Aprender de este modo tiene dos beneficios de mucha importancia:

    - Gracias a las actividades previas, el que escucha se encuentra ya en el nivel de conciencia del Ser, lo cual significa que el conocimiento se comprende y asimila mejor en ese estado de silencio natural. Es como si el conocimiento fuera una semilla que se siembra en el lecho del silencio; de este modo, la semilla del conocimiento adquiere mucha más fuerza y, con naturalidad y rapidez, dará fruto durante las semanas y meses venideros.
    - Elimina la confusión que puede nacer de las conversaciones con otros miembros que tal vez hayan malinterpretado la materia que se

ha leído u oído. Y es que, al no haber una autoridad presente que pueda indicar las sutilezas de la enseñanza, tal vez se cree una confusión que desemboque en frustración y desilusión.

4. Sesión de grupo a favor de la paz mundial (de cinco a veinte minutos).
   Encontrarás las pautas para una sesión de grupo por la paz mundial en el capítulo 57 de este libro.
5. Interacción social.
   Este es el momento de conversar unos con otros y disfrutar de vuestra respectiva compañía. Es el momento de compartir experiencias del QE, de hablar de la familia, del trabajo o simplemente del tiempo. Comentar la filosofía y la técnica del QE no está fuera de lugar, pero solo si surge con naturalidad en la conversación. Sigue sin ser aconsejable hablar sobre otros sistemas. Este debería ser un momento relajado en el que dar y recibir las alegrías de la conciencia del Ser a la que nos conduce el QE. El tiempo que se dedica a intercambiar impresiones al final de la sesión de práctica de grupo no se considera que forme parte del tiempo de grupo propiamente dicho; es un momento adicional en el que compartir unos con otros la dicha de ser plenamente humanos.

Hacer alteraciones en una sesión de QE en grupo

Si no disponéis de tiempo suficiente, podéis abreviar la sesión del grupo de práctica de QE para ajustarla a vuestras necesidades. Si solo tenéis unos minutos, id directamente a la sesión de grupo por la paz mundial. Si disponéis de media hora, empezad por unos minutos de QE dirigido a vosotros mismos o de QE a distancia y luego practicad una de las técnicas o ejercicios de QE. Podéis ajustar las actividades del grupo a vuestros horarios, pero nunca cambiéis las reglas que dirigen el grupo, y así disfrutaréis siempre de una sesión enriquecedora e inspiradora.

Contadnos lo que hacéis

Escribidme contando vuestras vivencias. Nos encanta saber de vosotros y de vuestro grupo de práctica de QE. Estamos a vuestra disposición, y quizá podamos haceros alguna sugerencia que os ayude a sacarle todo el partido posible a vuestra experiencia del QE en grupo. Enviad vuestros mensajes de correo electrónico a info@KinslowSystem.com.

Capítulo 59

Programa de 90 días de QE

Ser plenamente humano no exige ningún esfuerzo una vez que se cobra impulso, es decir, una vez que puedes tomar conciencia de tu eumoción automáticamente siempre que lo necesites. Al principio, cuando oyes hablar de la eumoción por primera vez, aunque ha estado contigo toda tu vida, es necesaria cierta dirección consciente por tu parte para poder tomar conciencia de ella. Pero esto no siempre será así. En realidad, muy pronto podrás ser consciente de la eumoción cada vez que pienses en ella. Es como cuando te pones el abrigo un día de invierno. Nada más ponértelo, sientes su peso y su calidez; al cabo de un rato te olvidas de él y haces lo que tengas que hacer, pero el abrigo está contigo en todo momento dándote calor. Siempre que quieras, puedes preguntarte: «¿Tengo el abrigo puesto? ¿Me da calor?», e inmediatamente, sin ningún esfuerzo, tu percepción consciente se dirige al abrigo y sabes que lo llevas puesto; un instante después, eres consciente del calor que te da. El abrigo es como la conciencia pura, y el calor es la eumoción. Una vez que tu mente se acostumbre –lo cual podría ocurrir casi de inmediato–, se salta el paso de tomar conciencia del abrigo y simplemente toma conciencia del calor... que es, en definitiva, la razón por la que te lo has puesto.

Imaginemos ahora que estás acostumbrado a vivir en el trópico pero te encuentras de repente aislado en una casa de madera en una región remota de un país nórdico en pleno invierno. Sales a dar un paseo y, cuando vuelves, la cerradura de la casa se ha helado y la llave no gira. Podría ser peligroso, y al instante te pasa por la cabeza un aluvión de pensamientos angustiosos sobre tu muerte inminente. A pesar de tu envidiable bronceado, la idea de convertirte en un polo humano no te resulta nada atractiva. Cada vez más nervioso, empiezas a corretear alrededor de la casa dando golpes en puertas y ventanas buscando la manera de acceder a la seguridad y el calor del hogar. Hasta que recuerdas que no llevas puesta tu camisa hawaiana estampada con flamencos rosas, sino un abrigo a prueba de viento y nieve que te protegerá del frío. Te das cuenta de que, en realidad, te da bastante calor, y tu mente empieza a calmarse. Ya más tranquilo, te acuerdas de repente de que llevas un mechero en el bolsillo. Lo sacas, con la llama calientas la llave y la metes en la cerradura. La llave caliente derrite el hielo y la cerradura gira, dándote la bienvenida al calor de tu cabaña.

Vale, ya sé que es una analogía absurda, pero me servirá para explicar lo que quiero decir al hablar de «impulso». Ser consciente de que llevabas puesto un abrigo y del calor que te daba te permitió calmarte. Tu mente se tranquilizó y pudo pensar con más claridad. De ese modo te acordaste del encendedor que llevabas en el bolsillo, y la solución a tu problema se presentó de inmediato.

Si no practicas el Quantum Entrainment y no eres consciente de la eumoción, es como si vivieras en el ártico vestido todo el tiempo con una camisa de manga corta estampada con flamencos. Como no estás preparado para el frío ártico, te encuentras con un problema tras otro y vives prácticamente de continuo en un estado de agitación. Estás por completo a merced de los elementos, y tarde o temprano acabarás convertido en un polo helado con sabor a flamenco.

Cuando empiezas a realizar el QE y a ser consciente de la eumoción, es como si vivieras vestido con la camisa de flamencos pero te pusieras un abrigo cuando te encuentras ante una dificultad; no te acuerdas del abrigo hasta que tienes un problema. Cuando cobras impulso es como si llevaras el abrigo siempre puesto, y los beneficios que de él obtienes son protección, calor y bienestar continuos.

Cuando aprendemos el Quantum Entrainment, es conveniente empezar de inmediato el Programa de 90 días de QE a fin de cobrar impulso. No es como hacer un entrenamiento o una dieta. El programa para ser plenamente humanos apenas supone ningún esfuerzo y es en realidad bastante divertido. De hecho, no podemos forzarlo ni intentar hacer que funcione. Funciona únicamente cuando es casi natural, y digo «casi» porque, al principio, debes ser lo bastante consciente para tomar conciencia de la eumoción, y este paso exige dirigir en cierto modo la atención, desviándola de lo que quiera que estés haciendo a la eumoción. Pero verás cómo te resulta fascinante y, en muy poco tiempo (90 días o incluso menos), te darás cuenta de que estás viviendo una existencia exultante y próspera.

El primer paso es el siguiente: multiplica por cuatro el número de años que has vivido. Si has vivido cuarenta y cinco, el resultado será ciento ochenta. Este número representa el total de períodos de noventa días que ha habido en tu vida. Ahora imagina lo que vas a disfrutar y a experimentar, y todo lo que vas a conseguir en el próximo período de noventa días. ¿Estás listo para empezar?

El programa de 90 días de QE

- *Juega continuamente con el QE a lo largo del día. Al principio quizá debas colocar pequeñas notas adhesivas en el espejo del cuarto de baño, el ordenador, el salpicadero del coche, el frigorífico... ¿Qué escribes en las notas? ¡Nada! Sirven solo para que te acuerdes de la conciencia pura y de lo que tienes que hacer una vez que hayas tomado conciencia de la eumoción. A medida que vayas haciendo del QE un «hábito», te quedarás sorprendido de lo pronto que se manifiesta por sí solo del modo más natural.*
- *Practica el QE dos o tres veces al día durante al menos diez minutos cada vez. Mucha gente lo hace nada más despertarse, antes de dormir por la noche y en algún momento a mitad del día para eliminar el estrés y recobrar la energía.*
- *Procura emplear a diario tantos tipos de QE como te sea posible: básico (toque), refinado, intención del QE, a distancia, emocional, a ti mismo, para niños y de grupo*

por la paz mundial. Aplícaselo a tu mascota, a una piedra, al cielo, a una chocolatina...

- *Realiza el QE para otras personas con frecuencia. Regálaselo. No necesitas que te den permiso, puesto que tú no haces nada. Simplemente hazlo, en abundancia.*
- *No tengas expectativas en cuanto a los resultados. Deja que se presenten de improviso y te sorprendan. Sencillamente, lleva a cabo el QE y sigue con tu vida normal.*
- *Pásalo bien, y disfruta del QE por lo que es: una expresión natural de vivir en armonía, de ser plenamente humano. Y recuerda: si no es fácil y divertido, no es QE.*

Despedida y cierre

Bueno, amigo mío, ha llegado el momento de partir (¿queda todavía alguien que hable así? Es divertido, ¿no te parece?). He disfrutado de verdad del tiempo que hemos pasado juntos, y me anima ya pensar en nuestro próximo encuentro. Mientras tanto, disfruta descubriendo tu nuevo mundo, el que se ve con los ojos de la eumoción. Es una bella perspectiva de lo mundano. Así es: tu vida no parecerá distinta, pero será fundamentalmente distinta. Sabrás cada día más sobre la igualdad que unifica las diferencias; te resultará natural y familiar, y a la vez completamente nueva.

Este mundo, tu mundo, es perfecto tal como es, y lo que acabas de iniciar te abrirá a esa perfección. La encontrarás en los lugares más extraordinariamente ordinarios: la atención concentrada de un niño que está aprendiendo a escribir, una brizna de hierba que asoma por una grieta de la acera, el brillo en la mirada de un rostro surcado de arrugas... La encontrarás en ti, esperando como espera una madre a su hijo que ha estado lejos demasiado tiempo. Este mundo proviene de la eumoción, y está hecho para que lo vivamos y amemos. En sus profundidades, antes de que se astille en los infinitos fragmentos que componen los mundos fenoménicos de la mente y la materia, está quieto. Tú conoces esa quietud; la has abrazado repetidamente durante este tiempo. Es tuya. Eres tú. No desperdicies esta parte de ti. Sé su amigo, y visítala a diario. Deja que te visite en tu mundo; deja que te llene con su presencia y su paz. Que la preocupación y el torbellino del mundo pasen de largo sin rozarte, asentado y a salvo en los brazos del silencio. Eres, amigo mío, un reflejo inefablemente precioso de eso que brilla en todos nosotros. Felicidades, y bienvenido a casa.

La historia de nada y de cómo cambió el mundo

De niño, viví en el Japón de después de la II Guerra Mundial. Me recuerdo haciendo la clase de cosas que les encantan a todos los niños: atrapar abejas con un tarro, construir fuertes en la tierra con rocas y palos, y tenderme de espaldas a mirar las nubes algodonosas que surcaban el cielo intensamente azul. La mirada del niño es la mirada del santo. Pero todo eso cambia, ¿verdad? Fue en esta época cuando tuve el primer despertar espiritual. Durante una clase de judo, en cierto momento me sentí desanimado y furioso. Estaba sentado sobre el tatami, frustrado y a punto de explotar, cuando mi *sensei* se acercó y me enseñó una técnica de dominio mental sobre la materia que se llevó la ira y me llenó de quietud interior. Para mi sorpresa, me sentí invadido de dicha.

Durante toda la adolescencia y la juventud, practiqué yoga, técnicas respiratorias y meditación, y leí mucho sobre estos temas. Fui capaz de mantener viva la mirada de niño incluso en la universidad, y luego cuando me casé y fui padre. A principios de los años setenta me hice profesor de meditación trascendental y estudié la Ciencia de la Inteligencia Creativa (CIC) bajo la benévola guía de Maharishi Mahesh Yogui. Más tarde, la CIC sería la base para una exploración más profunda del ámbito que está más allá de la mente: la conciencia pura.

Durante quince años, me dediqué de lleno a la exploración espiritual. Meditaba tres horas y media al día, y dedicaba además tiempo al estudio y la enseñanza de prácticas espirituales. Sumados en total, pasé casi tres años de meditación silenciosa y profunda, literalmente recluido en las cimas de los Alpes franceses y suizos durante meses seguidos. La fuerza que impulsaba aquella dedicación era el ferviente deseo de alcanzar el estado sublime y absolutamente inaprensible de la iluminación. Creía que podría iluminarme a base de fuerza de voluntad y prácticas austeras y arcanas.

Durante esa época, tuve muchas experiencias espirituales profundas y trascendentes. Empecé a experimentar niveles de existencia cada vez más sublimes. Tuve ocasión de aprender en el nivel de los ángeles y se me impartieron las enseñanzas de los maestros ascendidos. Encontré la forma de Dios y la vi disolverse en la esencia informe de las cosas de Dios. Y finalmente, adquirí conciencia de la conciencia pura, la Nada omnipresente de la que todo nace y en la que todo se disuelve de nuevo.

Me encontré de repente en medio de dos mundos: un pie en el mundo competitivo del vivir cotidiano y el otro en los etéreos reinos de seres sutiles y delicada entrega. No fue una época fácil, ni física ni emocionalmente. Me costaba dedicar atención a mi familia y al trabajo cuando el sereno silencio del «otro» mundo me llamaba desde toda forma, rutilante de vida.

A finales de la década de los ochenta me uní a un pequeño grupo de buscadores espirituales para estudiar y practicar técnicas de meditación. Fue entonces cuando empecé a recibir instrucción de mi maestro desencarnado, el destructor de la ignorancia, Siva. Transmití las enseñanzas al resto del grupo, y las pusimos en práctica y las transmitimos a otros. Estas técnicas fueron las precursoras del Quantum Entrainment. Con ellas podíamos curar, hacer predicciones e incluso despertar en otras personas la experiencia de la paz. Pasé siete años enseñándolas, pero cuando miré en mi interior para ver si estaba un poco más cerca la iluminación, sinceramente no pude decir que fuera así. Volví entonces la mirada a quienes seguían mis enseñanzas, y vi que eran capaces de inspirar curaciones e interés por las prácticas esotéricas, pero tampoco en ellos había tenido lugar un crecimiento interior significativo. Así que a mediados de la década de los noventa me alejé de mis alumnos y de mis enseñanzas y empecé a indagar profundamente en mi interior para hallar la respuesta a la búsqueda de toda mi vida: cómo estar libre de sufrimiento.

Decidí apartar de mí todo aquello que no favoreciera la iluminación, y empecé a desprenderme de todo lo que no funcionaba. El proceso duró siete años más. Fue la época más dolorosa de mi vida. Durante aquel período, puse fin a un matrimonio que había durado treinta años, dejé la enseñanza, cerré la consulta de quiropráctica, me enamoré y desenamoré, y me marché lejos de mis amigos y mi familia, a una ciudad en la que me encontré prácticamente solo. Fue entonces cuando empecé a escribir *Beyond Happiness: Findind and Fulfilling Your Deepest Desire*.

Descubrí que nada de lo que había hecho había funcionado. En mi nueva casa, solo y sin rumbo, caí gravemente enfermo. Me pasaba los días en cama bajo la oscura nube de la depresión mientras mi cuerpo sucumbía finalmente a los años acumulados de estrés y desengaño. Desarrollé dolencias físicas que me minaban la energía y me impedían pensar con claridad. Pasé diez meses sin poder escribir.

Mientras estaba sumido en la oscuridad más profunda, tuve un extraordinario despertar, distinto de todo lo que había experimentado hasta entonces. Destacaba como un faro en la negrura de la noche. En el fulgor de un instante, vi que nada se mueve, que todos los pensamientos y todo lo creado son reflejos inmóviles de la conciencia pura. Y lo que es más, vi que en realidad, aunque ahora no sería capaz de explicarlo, la forma no existe. Vi que forma y movimiento son un único vacío inmóvil. Cualquier intento de poner en palabras lo que experimenté es tan inadecuado que da risa; pero, pueda explicar o no aquella cognición, resuena en lo más hondo de la quietud que es mi esencia (no mi esencia, sino la Esencia). Es desde ella desde donde pienso y trabajo, amo y lloro. Fue en aquel tiempo cuando empezó a abrirse a mi percepción la mecánica de la creación. A partir de ello nacería el Quantum Entrainment y yo comenzaría a aprender a curar.

Pasaron aún varios años antes de que el pleno impacto de aquella cognición enraizara; de hecho, sigo observando cómo se desarrolla el proceso. Es como si el reflejo de conciencia pura al que llamo «yo» tuviera que imbuirse de plenitud poco a poco a lo largo de un tiempo aparente. Y así, sin esfuerzo, he observado cómo iba teniendo lugar una silenciosa metamorfosis de dentro hacia fuera. Continuamente estoy tanto en paz como en medio de un aparente tumulto. Mi vida es como era antes: me siento frustrado, me enfado, estoy triste y feliz. Momentáneamente me domina la condición humana, pero con rapidez y sin esfuerzo vuelvo renovado a la quietud interior y soy como una pradera prístina después de una tormenta de verano. Pero mi vida –o, más exactamente, esta vida– es también insondable, es una vida libre de forma y función, libre para ser... nada.

Me repetía sin cesar que nada funciona. Luego me di cuenta de que nada funcionaba, es decir, de que la «nada» de la conciencia pura es lo único que funciona, precisamente porque es nada. Todo el tiempo que había pasado meditando, leyendo y enseñando tenía la meta de liberarme del sufrimiento. Y si tenía una meta, quería decir que no estaba satisfecho donde estaba. ¿Entiendes? Una meta crea un camino, y un camino te aleja de donde te encuentras. Pero aquella cognición me había mostrado que la nada de la conciencia pura está en todas partes todo el tiempo; en otras palabras, que no hay adónde ir ni nada que hacer para conseguir paz, puesto que la paz habita donde estás ahora. No se puede conseguir algo que ya tienes; lo único que necesitas hacer es darte cuenta de que lo tienes, ¿no? Una meta y un camino son meras ilusiones, que apartan a la mente de la conciencia inmóvil y la enredan en el mundo ilusorio de lo positivo y lo negativo, lo correcto y lo erróneo, la felicidad pasajera y el sufrimiento final.

Así que en esto reside la esencia de mi enseñanza: *no hace falta que hagas nada para ser consciente de la conciencia pura. Ya tienes conciencia pura; por tanto, lo único que debes hacer es tomar conciencia de ella*. Todo el tiempo que pasé en meditación profunda y estudiando para liberarme del sufrimiento no hizo sino intensificar mi sufrimiento. No era necesario. Percibir conscientemente la conciencia pura es cuanto necesitamos para ser libres, y eso es lo más sencillo que hay en esta existencia.

No hace todavía dos años, contemplaba en silencio la situación tan difícil en que se encuentra la humanidad en la Tierra. Me preguntaba cómo se podría reemplazar el sufrimiento por la paz interior que han alabado tanto los santos como los sabios de todos los tiempos. Quería saber por qué son tantos los seres humanos que se vuelcan hacia el exterior –y le dan la espalda a la dicha interior– para abrazar los placeres fugaces de los sentidos. Y fue esta simple indagación la que me abrió la conciencia a la genialidad de lo que luego denominaría Quantum Entrainment. Por favor, quiero que entiendas que no me atribuyo ningún mérito por esta percepción; ni siquiera me atribuyo la autoría de la pregunta. En realidad, tanto la pregunta como la respuesta son superfluas, pero esa es otra historia.

De lo que me di cuenta es de que nuestras mentes caprichosas necesitan sentirse estimuladas por algo antes de poder prestarle la debida atención. Así que le ofrecí a mi mente el pensamiento de la curación instantánea. Eso despertó su interés al principio, pero el problema es que la nada de la conciencia pura no le resulta estimulante a nuestra mente; de hecho, nuestros sentidos no pueden experimentar la conciencia pura y nuestra mente nunca podrá entenderla. ¿Qué podemos hacer, entonces? El reto que se me presentaba era encontrar la manera de mantener el interés de la mente en algo que no se podía experimentar y enseñarle algo que no se podía entender, tras lo cual la mente tenía que permanecer en ese estado de no experiencia que es la conciencia pura el tiempo suficiente para que cuerpo y mente recibieran sus armoniosos efectos. Tendría que ser un proceso muy rápido, considerando lo inquieta que es la mente. Y la respuesta se me dio en forma de la eumoción, un golpe de genialidad absoluta. La eumoción equilibra la mente entre la absoluta ausencia de movimiento de la conciencia pura y su actividad impulsiva constante. La eumoción retiene a la mente hasta que se beneficia no solo el cuerpo-mente del iniciador, sino también el del compañero con el que este trabaja. Era una idea excepcional, única. Estaba impaciente por ponerla a prueba.

Cuando lo hice, me quedé maravillado de la velocidad y profundidad de curación de este nuevo proceso. A continuación decidí enseñarlo, y vi que otras personas podían aprender el QE con la misma rapidez y facilidad con que el proceso se desarrollaba. Varios meses después de descubrir el Quantum Entrainment, escribí *La curación cuántica* para que la gente de todo el mundo pudiera aprender a experimentar la conciencia pura a través de la curación.

✦✦✦

En el momento de escribir estas líneas, la traducción al alemán de *La curación cuántica* (*Quantenheilung*) ha sido el número uno en ventas tanto en la categoría de esoterismo como en la de curación natural los últimos dos años. Se ha conseguido gracias al boca a boca, y la palabra continúa propagándose. El resto de Europa –y, en realidad, el resto del mundo, desde Australia hasta Austria y desde Angola hasta Estonia– está empezando a despertar al gozoso potencial del QE.

Con todo, la expansión del QE ha sido extraordinaria, si consideramos que nació hace solo seis años y se encuentra todavía en la infancia. Pero, una vez más, no debería sorprendernos, ya que una de las primeras intenciones que acuné en mi mente después de desarrollar esta técnica fue la rápida difusión del Quantum Entrainment y, con él, la armonía en este mundo. Aspectos como la necesidad de paz mundial, la inestabilidad ecológica o la pobreza no tienen fácil solución, al menos mientras se siga trabajando en el mismo nivel de desarmonía que creó estos problemas. El pensar discordante ha de reflejarse por fuerza en una acción discordante. La respuesta a cómo establecer armonía en el mundo no está en los detalles sino en descubrir nuestra naturaleza armoniosa más íntima. De la misma manera que la naturaleza insidiosa del pensamiento caótico ha debilitado nuestro mundo, los vivificantes rayos del Ser pueden curarlo. Estoy convencido de que el QE añadirá la fuerza espiritual necesaria para inclinar la balanza a favor de la paz. Entonces conseguiremos, todos, lo que solo unos pocos iluminados han alcanzado hasta ahora. Descansaremos, completos, reflejando total armonía en un mundo que estará en paz consigo mismo.

Glosario

Conciencia común: percepción que carece de conciencia del Ser, de la eumoción. La conciencia común está supeditada al miedo y los prejuicios del ego; es generalmente destructiva incluso cuando sus intenciones sean positivas. Sentimos que somos los propulsores de nuestras acciones, los creadores de los pensamientos y las cosas. Es la forma de conciencia que prevalece en el mundo, la antítesis de la *conciencia del Ser*.

Conciencia del Ser: acción realizada mientras somos conscientes de la eumoción. Conciencia que trasciende los confines de la causa y el efecto, libre de miedo y desarmonía. Somos el observador, el testigo de la creación que se lleva a cabo a través de él, no a partir de él, lo opuesto a la *conciencia común*.

Conciencia pura: conciencia de lo que es inalterable, sin principio ni fin. Conciencia de Nada. El estado en el que no hay pensamientos, el intervalo. No somos conscientes de la conciencia pura mientras nos hallamos en este estado, que se encuentra más allá de la energía y de la forma. Todo lo creado es la inmóvil e inexistente ilusión de la conciencia pura.

Ego: cuando la mente se olvida de la eumoción, surge el sentimiento ilusorio de individualidad. Es la entidad controladora de la mente inconsciente. Nace del miedo, que es a la vez su envoltura y su combustible. Quiere ser íntegro y fundirse con la eumoción pero teme que esta lo asimile. El ego intenta eliminar lo que no puede controlar. Siente que, si lo controla todo, estará completo. Es la causa primera del sufrimiento. Tiempo, miedo y ego son uno. El ego es una ilusión. La conciencia del Ser elimina la destructora influencia que el ego tiene sobre la mente, pero no destruyéndolo, sino expandiéndolo hasta el infinito.

Error del ego: la creencia falsa de que el ego puede llenar el vacío que ha quedado al separarse de la eumoción saturando su existencia de cosas materiales, conceptos mentales y el juego de las emociones, es decir, de la continua búsqueda exterior, que aleja a la mente de la eumoción.

Eumoción: es la «emoción eufórica», una percepción del todo indivisible, la percepción del primer vislumbre de conciencia en la mente. Es el estado natural del ser humano cuando es consciente del Ser. La eumoción es atemporal y no puede morir. La mente la reconoce como paz pura, quietud, dicha, compasión, amor, éxtasis. Es la lente a través de la cual la conciencia pura lleva a cabo su creación. Es la base de la conciencia del Ser. *Eumoción* y *Ser* son sinónimos.

Eumoción pura: la percepción de la eumoción antes de que tome forma en la mente. La experiencia de ser conscientes de la conciencia pura mientras seguimos conscientes –sin pensamientos, sin sentimientos, pero conscientes–. El estado desde el que se obran los milagros. La materialización espontánea de formas corpóreas, como la multiplicación de los panes y los peces, la ceniza sagrada o la curación espontánea de la enfermedad. El estado más puro de conciencia individual.

Intención del QE: la satisfacción natural del deseo mientras se es consciente de la eumoción. Resuelve de inmediato la desarmonía emocional y el apego al deseo, al tiempo que organiza las fuerzas de la creación en torno al deseo para que lo satisfagan en el plano material. Satisfacción del deseo principal y más profundo del ser humano, que es reunirse con su Ser, libre de miedo. Es el desear sin ego. Siempre da más de lo que se pide. Crea a partir de la armonía perfecta. No se puede oponer a las fuerzas creativas básicas. No puede causar ningún daño.

Quantum Entrainment (QE): el proceso natural de guiar la conciencia común a la conciencia pura y de permanecer luego conscientes de la eumoción. El QE tiene éxito cuando deja de operar en el estado de conciencia pura.

Ser: consulta *eumoción*.

Sobre el autor

El doctor Frank J. Kinslow ha dedicado más de treinta y cinco años a la investigación y enseñanza de técnicas curativas. Cuenta con la experiencia clínica que le dio su trabajo de médico quiropráctico, ha estudiado a conciencia las filosofías y prácticas esotéricas orientales y tiene auténtica pasión por la teoría de la relatividad y la física cuántica. En 2007 nació el proceso de curación instantánea que denominó Quantum Entrainment, fruto de una crisis personal que dejó al doctor Kinslow sin *ningún lugar adonde ir ni nada que hacer*. De esa *nada*, fue capaz de crear para sí una vida vibrante y plena. Empezó entonces a escribir y a impartir lo que había aprendido, y lo hizo con tal sencillez y claridad que, en apenas unos años, decenas de miles de personas de todo el mundo eran capaces de procurarse una vida vibrante y plena simplemente con leer sus libros.

El doctor Kinslow es médico quiropráctico, especialista en educación para sordos y doctor en asesoramiento clínico espiritual. En la actualidad, continúa escribiendo e impartiendo cursos por todo el mundo. Vive en Sarasota, Florida, con su esposa, Martina.

Su página web es www.KinslowSystem.com

Sobre la organización. El sistema Kinslow

El doctor Kinslow es el creador del Sistema Kinslow y el único profesor de Quantum Entrainment. Imparte seminarios y da conferencias por todo el mundo. Para obtener más información sobre el Sistema Kinslow y el Quantum Entrainment, puedes ponerte en contacto con la organización:

www.KinslowSystem.com
info@KinslowSystem.com
Teléfono: (877) 811-5287 (gratuito en Norteamérica)

Productos del Sistema Kinslow

Libros:

- *La curación cuántica*
- *El secreto de la vida cuántica*
- *La eumoción: el arte de crear paz interior y prosperidad*
- *Beyond Happiness: Finding and Fulfilling Your Deepest Desire*

- *Martina and the Ogre* (cuento infantil de QE)

Libros de audio

- The Secret of Instant Healing
- The Secret of Quantum Living
- Eufeeling! The Art of Creating Inner Peace and Outer Prosperity
- Beyond Happiness: Finding and Fulfilling Your Deepest Desire

CD

- *Exercises for Quantum Living* (CD doble)
- *Exercises for Quantum Living for Two* (CD doble)
- *Quantum Entrainment Exercises*
- *Martina and the Ogre* (cuento infantil de QE)

DVD

- *Quantum Entrainment Introductory Presentation*
- *What the Bleep QE Video*
- *Martina and the Ogre* (cuento infantil de QE) (en Blu-ray)

Otros servicios que pueden encontrarse en www.KynslowSystem.com:

- Blog del Sistema Kinslow
- Redes sociales
- Circular gratuita *The QE Quill*
- Descargas gratuitas de material
- Foro del QE
- Vídeos y fotografías sobre el Sistema Kinslow

Índice